"十四五"职业教育国家规划教材

U0688997

电子商务网站建设与实践

第5版

梁露 刘健 ◉ 主编

孙刚凝 王涛鹏 陈星野 钟小平 ◉ 副主编

赵春利 ◉ 主审

CONSTRUCTION AND PRACTICE
OF E-COMMERCE SITES

人民邮电出版社

北京

图书在版编目（CIP）数据

电子商务网站建设与实践 / 梁露，刘健主编. -- 5
版. -- 北京：人民邮电出版社，2023.7（2024.2重印）
工业和信息化精品系列教材
ISBN 978-7-115-62266-2

Ⅰ．①电… Ⅱ．①梁… ②刘… Ⅲ．①电子商务—网
站建设—教材 Ⅳ．①F713.361.2②TP393.092.1

中国国家版本馆CIP数据核字(2023)第123717号

内 容 提 要

本书系统地讲述创建电子商务网站的基础理论、基本技术和应用技巧。本书共有 8 个项目，主要内容包括电子商务网站建设规划、网站建设入门、电子商务网站设计与开发、数据库的管理与使用、电子商务网站管理、电子商务支付、电子商务网站推广，最后通过综合实例模拟电子商务网站创建的全过程。

本书由基础理论入手，按照电子商务网站创建的过程展开介绍，特别适合初学者由浅入深地学习。本书知识面宽、内容可操作性强、理论难度适中、自成体系，不仅适合高职高专学生学习使用，也适合网站开发人员自学参考。

- ◆ 主　　编　梁　露　刘　健
　　副 主 编　孙刚凝　王涛鹏　陈星野　钟小平
　　主　　审　赵春利
　　责任编辑　桑　珊
　　责任印制　王　郁　焦志炜
- ◆ 人民邮电出版社出版发行　　北京市丰台区成寿寺路 11 号
　　邮编　100164　电子邮件　315@ptpress.com.cn
　　网址　https://www.ptpress.com.cn
　　三河市君旺印务有限公司印刷
- ◆ 开本：787×1092　1/16
　　印张：15.25　　　　　　　　　　2023 年 7 月第 5 版
　　字数：428 千字　　　　　　　　2024 年 2 月河北第 2 次印刷

定价：59.80 元

读者服务热线：(010)81055256　印装质量热线：(010)81055316
反盗版热线：(010)81055315
广告经营许可证：京东市监广登字 20170147 号

第5版前言

本书全面贯彻党的二十大精神，以社会主义核心价值观为引领，传承中华优秀传统文化，坚定文化自信，使内容更好体现时代性、把握规律性、富于创造性。

《电子商务网站建设与实践》自 2005 年 1 月出版以来，受到了许多高等职业院校师生的欢迎。编者结合近几年电子商务网站建设技术的发展情况和广大读者的反馈意见，在保持原书特色的基础上，对原书进行了全面修订，这次修订的主要工作如下。

- 技术更新。本书在修订时，采用了现在建设网站更为流行的 Apache+MySQL+PHP 的方式，即使用 Apache 作为 Web 服务器、MySQL 作为数据库、PHP 作为服务器端脚本语言，使用这种方式就可以建立一个稳定、免费的网站系统。

- 兼容第 4 版。本书在拓展实验部分，保留了第 4 版建设网站所采用的 IIS+SQL Server+C#的方式，即使用 IIS 作为 Web 服务器、SQL Server 作为数据库、C#作为服务器端语言；并在拓展实验部分保留了第 4 版的案例，让使用这种方式建设网站的读者也可以通过学习本书，建立自己的网站。

- 问题修正。对第 4 版存在的一些问题加以修正。

- 任务驱动。采用任务驱动教学法，在保留原网站设计任务的同时，细分了完成冬藏网络书店网站设计的步骤，便于读者按步骤学习。

- 数据更新。更新了书中的相关数据。

- 将任务实施和拓展实验的步骤制作成二维码，方便读者用手机扫码观看，移动学习。

修订后，本书在保留原有的完整网站建设应用实例的同时，调整了任务实施、拓展实验内容，增加了习题的数量，以进一步提高读者的网站建设能力，达到与中小型企业网站建设需求相一致的目标。本书的主线是电子商务网站创建与管理的流程及相关技术，包括操作系统的选择、服务器的配置、网页的设计、数据库的使用、网站的管理与维护、电子商务支付、网站的推广等。本书通过真实的网站建设流程实例，使读者牢固掌握建设网站的知识和技能，特别适合初学者由浅入深地学习。网站技术是多种技术的集合，因此本书选用了大量与电子商务相关的应用实例。每个项目的习题能够帮助读者在课后巩固已学知识，提高知识应用能力。本书的参考学时为 68 学时，教师可适当安排实验、实习和实训。

本书由梁露、刘健任主编并统稿，孙刚凝、王涛鹏、陈星野、钟小平任副主编，赵春利任主审。项目一由梁露编写，项目二由孙刚凝编写，项目三由王涛鹏、赵春利编写，项目四由刘健编写，项目五由陈星野编写，项目六和项目八由钟小平编写，项目七由梁露、孙刚凝编写。特别感谢青岛云集控制技术有限公司钟小平老师为本次修订所做的工作。本书的实验环境由北京财贸职业学院提供，在此表示诚挚的感谢！

由于编者水平有限，书中难免存在不足之处，恳请广大读者批评指正。

编者的联系方式：lianglu1966@163.com。

编者

2023 年 5 月

目　录

项目一

电子商务网站建设规划 ……… 1

【知识目标】 ……………………………… 1
【技能目标】 ……………………………… 1
【预备知识】 ……………………………… 1
1.1　创建网站的准备 ……………………… 2
　　1.1.1　市场分析 …………………… 2
　　1.1.2　人员配置 …………………… 6
　　1.1.3　技术准备 …………………… 7
　　1.1.4　宏观环境分析 …………… 12
1.2　确定建站目的 ……………………… 12
　　1.2.1　形象宣传 ………………… 13
　　1.2.2　数据展示 ………………… 13
　　1.2.3　电子商务 ………………… 15
1.3　规划建站阶段 ……………………… 17
　　1.3.1　准备阶段 ………………… 17
　　1.3.2　电子商务主要功能实现的阶段 … 19
　　1.3.3　电子商务功能齐备的阶段 … 22
【任务实施】 …………………………… 23
【拓展实验】 …………………………… 23
【项目小结】 …………………………… 23
【项目习题】 …………………………… 23

项目二

网站建设入门 …………… 24

【知识目标】 …………………………… 24
【技能目标】 …………………………… 24
【预备知识】 …………………………… 24
2.1　域名注册 …………………………… 24
　　2.1.1　选择域名 ………………… 25
　　2.1.2　注册域名 ………………… 27
　　2.1.3　解析域名 ………………… 27
2.2　选择企业建立网站的方式 ………… 28
　　2.2.1　网站服务器的选择 ……… 28

　　2.2.2　服务商的选择 …………… 31
　　2.2.3　网站服务器硬件配置 …… 32
　　2.2.4　网站服务器软件配置 …… 35
　　2.2.5　建设和运作网站所需费用的
　　　　　　估算 ………………… 39
2.3　企业网站软件功能配置 …………… 40
　　2.3.1　安装操作系统 Windows Server
　　　　　　2016 ……………………… 40
　　2.3.2　企业 Web 站点的创建与管理 … 43
　　2.3.3　Web 站点虚拟主机的创建 … 47
　　2.3.4　FTP 站点的创建和使用 … 47
【任务实施】 …………………………… 49
【拓展实验】 …………………………… 49
【项目小结】 …………………………… 49
【项目习题】 …………………………… 50

项目三

电子商务网站设计与开发 … 51

【知识目标】 …………………………… 51
【技能目标】 …………………………… 51
【预备知识】 …………………………… 51
3.1　网站开发工具与技术 ……………… 52
　　3.1.1　HTML5 和 Dreamweaver CC
　　　　　　2018 ……………………… 52
　　3.1.2　网站编程语言 PHP 简介 … 53
　　3.1.3　PHP 应用程序实例 ……… 56
3.2　电子商务网站设计与制作 ………… 60
　　3.2.1　电子商务网站内容设计的流程 … 60
　　3.2.2　网站信息结构的设计 …… 63
　　3.2.3　网页的可视化设计 ……… 66
　　3.2.4　网站配色设计 …………… 70
　　3.2.5　首页设计 ………………… 77
　　3.2.6　其他页面的设计 ………… 79
　　3.2.7　网页制作 ………………… 81
　　3.2.8　用 Dreamweaver 制作动态
　　　　　　网页 ………………… 84

3.3　网页发布 ·············· 91
　　3.3.1　选择 Web 服务器 ··········· 91
　　3.3.2　测试站点 ··············· 92
　　3.3.3　远程站点设置 ············ 92
　　3.3.4　发布网页 ·············· 93
3.4　网页的更新 ············· 94
3.5　制作移动设备网页 ········· 94
　　3.5.1　移动端应用程序的类型 ······ 94
　　3.5.2　移动设备网页的特点 ········ 95
　　3.5.3　移动设备网页开发技术 ······ 96
　　3.5.4　在 Dreamweaver 中使用 jQuery
　　　　　Mobile 制作移动设备网页 ····· 97
【任务实施】··············· 101
【拓展实验】··············· 101
【项目小结】··············· 101
【项目习题】··············· 102

项目四

数据库的管理与使用 ········ 103
【知识目标】··············· 103
【技能目标】··············· 103
【预备知识】··············· 103
4.1　MySQL 简介 ············ 103
　　4.1.1　MySQL 数据库的特点 ······ 104
　　4.1.2　MySQL 的版本 ·········· 104
4.2　MySQL 图形化管理工具 ····· 104
4.3　数据库的创建与管理 ······· 106
　　4.3.1　数据库和数据库对象 ······ 106
　　4.3.2　创建数据库 ············ 107
　　4.3.3　查看已有的数据库 ········ 109
　　4.3.4　打开数据库 ············ 109
　　4.3.5　删除数据库 ············ 109
4.4　表的创建与管理 ·········· 110
　　4.4.1　数据类型 ············· 110
　　4.4.2　创建表 ··············· 111
　　4.4.3　修改表结构 ············ 112
　　4.4.4　删除表 ··············· 113
4.5　数据查询 ·············· 113
　　4.5.1　SQL 简介 ············· 113
　　4.5.2　SELECT 语句 ··········· 114
　　4.5.3　INSERT 语句 ··········· 123

　　4.5.4　UPDATE 语句 ··········· 124
　　4.5.5　DELETE 语句 ··········· 125
【任务实施】··············· 126
【拓展实验】··············· 126
【项目小结】··············· 126
【项目习题】··············· 126

项目五

电子商务网站管理 ·········· 128
【知识目标】··············· 128
【技能目标】··············· 128
【预备知识】··············· 128
5.1　背景介绍 ·············· 128
　　5.1.1　网络架构的发展 ········· 129
　　5.1.2　管理架构体系 ·········· 131
5.2　人员管理 ·············· 132
　　5.2.1　人员构成 ············· 133
　　5.2.2　权限分布 ············· 136
　　5.2.3　权限控制 ············· 137
　　5.2.4　日志管理 ············· 139
5.3　系统管理 ·············· 141
　　5.3.1　网站系统功能分析 ········ 141
　　5.3.2　网站系统功能管理 ········ 141
　　5.3.3　系统管理架构与维护 ······ 142
5.4　数据管理 ·············· 144
　　5.4.1　数据的分类 ············ 145
　　5.4.2　数据的存储与更新 ········ 147
　　5.4.3　数据的备份 ············ 149
　　5.4.4　数据的恢复与清除 ········ 153
5.5　电子商务网站设备管理 ······ 154
　　5.5.1　网络节点与端点设备管理 ···· 154
　　5.5.2　日常维护 ············· 155
5.6　电子商务网站环境管理 ······ 157
　　5.6.1　门禁系统 ············· 158
　　5.6.2　动力供配电系统 ········· 158
　　5.6.3　网络布线及其维护 ········ 159
　　5.6.4　静电及灾害防范 ········· 159
　　5.6.5　计算机工具 ············ 160
【任务实施】··············· 161
【拓展实验】··············· 162
【项目小结】··············· 162

【项目习题】 ……………………… 162

项目六

电子商务支付 …………… 163
【知识目标】 ……………………… 163
【技能目标】 ……………………… 163
【预备知识】 ……………………… 163
6.1　电子商务支付简介 …………… 163
　　6.1.1　传统支付 ………………… 164
　　6.1.2　电子支付 ………………… 164
6.2　网银支付 ……………………… 166
　　6.2.1　网银与电子商务支付 …… 166
　　6.2.2　基于网银的电子商务支付系统 … 167
　　6.2.3　网银支付结算流程 ……… 168
6.3　第三方支付 …………………… 168
　　6.3.1　第三方支付平台 ………… 169
　　6.3.2　第三方支付平台结算流程 … 169
　　6.3.3　第三方支付的特征 ……… 170
　　6.3.4　快捷支付 ………………… 170
　　6.3.5　第四方支付与聚合支付 … 171
　　6.3.6　第三方支付主要平台 …… 171
6.4　电子商务网站在线支付 ……… 172
　　6.4.1　电子商务网站在线支付流程 … 172
　　6.4.2　选择电子商务网站支付接口 … 173
　　6.4.3　电子商务网站支付接口申请 … 174
　　6.4.4　电子商务网站集成支付宝支付
　　　　　 接口 ……………………… 175
　　6.4.5　电子商务网站集成微信支付
　　　　　 接口 ……………………… 179
【任务实施】 ……………………… 180
【拓展实验】 ……………………… 181
【项目小结】 ……………………… 181
【项目习题】 ……………………… 181

项目七

电子商务网站推广 ………… 182
【知识目标】 ……………………… 182
【技能目标】 ……………………… 182
【预备知识】 ……………………… 182
7.1　传统推广方式 ………………… 183

　　7.1.1　传统媒体广告 …………… 183
　　7.1.2　VI 系统推广 …………… 183
7.2　网络推广方式 ………………… 184
　　7.2.1　登录搜索引擎 …………… 184
　　7.2.2　群件发送推广 …………… 186
　　7.2.3　信息流推广 ……………… 187
　　7.2.4　微信推广 ………………… 190
　　7.2.5　网络广告与交换链接推广 … 193
7.3　对推广效果进行监测 ………… 198
　　7.3.1　推广的效果 ……………… 198
　　7.3.2　推广的后期工作 ………… 198
7.4　电子商务网站的优化 ………… 199
　　7.4.1　网站关键词的选取 ……… 199
　　7.4.2　页面优化 ………………… 200
　　7.4.3　动态页面静态化 ………… 200
　　7.4.4　站内相关内容推荐 ……… 201
【任务实施】 ……………………… 201
【拓展实验】 ……………………… 201
【项目小结】 ……………………… 202
【项目习题】 ……………………… 202

项目八

综合实例 ………………… 203
【知识目标】 ……………………… 203
【技能目标】 ……………………… 203
【预备知识】 ……………………… 203
8.1　规划和建设"冬藏"网络书店 … 203
　　8.1.1　系统商务分析 …………… 203
　　8.1.2　系统规划设计 …………… 204
　　8.1.3　网站建设规划设计 ……… 204
8.2　建设一个简易的网络书店 …… 206
　　8.2.1　网站的主题 ……………… 206
　　8.2.2　网站的名称 ……………… 206
　　8.2.3　网站的布局与结构 ……… 206
　　8.2.4　订购和付款方式 ………… 206
8.3　设计后台数据库 ……………… 207
　　8.3.1　创建数据库 dongcang …… 207
　　8.3.2　创建表 …………………… 208
8.4　会员注册与登录的实现 ……… 208
　　8.4.1　会员注册 ………………… 208
　　8.4.2　会员登录 ………………… 211

8.5 书目信息的动态更新·············· 213
　　8.5.1 概述················ 213
　　8.5.2 页面的实现············ 213
　　8.5.3 功能实现············· 214
8.6 书店库房管理················ 215
　　8.6.1 增加书目信息·········· 215
　　8.6.2 查询书目信息·········· 219
　　8.6.3 修改书目信息·········· 222
　　8.6.4 删除书目信息·········· 225
8.7 实时订单处理················ 226
　　8.7.1 实时订单处理要解决的问题····· 226
　　8.7.2 解决问题的步骤········· 226

8.8 更进一步的思考·············· 232
　　8.8.1 改进客户服务·········· 232
　　8.8.2 改进购物结算·········· 233
　　8.8.3 订单管理············· 234
　　8.8.4 库存管理············· 234
　　8.8.5 商品配送············· 234
　　8.8.6 人员管理············· 234
　　8.8.7 统计分析············· 234
【任务实施】··················· 235
【拓展实验】··················· 235
【项目小结】··················· 235
【项目习题】··················· 236

项目一
电子商务网站建设规划

01

【知识目标】

1. 了解互联网发展状况与动态；
2. 掌握创建网站的准备事项；
3. 理解网站、网站规划的目的，理解网站建设的内涵与外延；
4. 知道规划企业网站需要匹配的要素。

【技能目标】

1. 能够广泛浏览与所建网站相近类别的其他网站，并能够提炼知名网站的结构；
2. 能够进行所建网站的定位分析，根据建站目的梳理涉及的技术；
3. 能够独立或者与小组成员一起撰写网站设计规划书。

【预备知识】

1. 计算机和网络基础知识；
2. 管理学基础知识；
3. 电子商务基础知识；
4. 网页设计基础知识；
5. 网络营销基础知识。

随着 Internet 在全世界范围内的迅猛发展，上网的用户和企业数量不断增多。Internet 作为双向交流信息和通信的工具，备受企业青睐，被称为继广播、报纸、杂志、电视后的第 5 种媒体——数字媒体。传统媒体价格昂贵，又受到时间、地区等多方面因素的限制，其效果难以令人满意。与其他几种媒体相比，数字媒体的宣传费用低，而回报却毫不逊色，能把握广阔的国际发展空间，是能够 24 小时轮播的广告窗口，让企业有更好的发展前景和更大的生机。越来越多的企业已建立起自己的网站，并以此为窗口向全国、全世界介绍自己，以达到自我宣传的目的。

为了创建美观实用、功能完善的网站，设计人员应根据企业的有关资料，结合企业的特质，确定符合用户要求的网站风格与特色，拟出详细的工作计划，从域名注册，到虚拟主机空间租赁、网页制作与上传、搜索引擎登录等，依照工作计划进行网站建设，减少在各个环节中所耗费的时间，最终成功创建网站。当然，在上述环节中，有些环节需要反复几次才能较好地实现企业的网站创建目标，如网站规划环节就需要反复论证才能确定。网站的规划包括 3 部分内容：创建网站的准备、确定建站目的和规划建站阶段。

1.1 创建网站的准备

企业在创建电子商务网站时要面对的是大环境，企业未来的经营活动要在这个大环境中进行，因此要建好自己的电子商务网站，就必须先对这个大环境有全面的了解，在调查、分析、论证的基础上确定企业网站的创建方案。

影响企业创建电子商务网站的因素很多，创建之初有必要进行系统的调查、分析，这样有利于全面平衡和协调各个方面因素的影响。

1.1.1 市场分析

企业电子商务活动的最终目的是通过网站宣传、销售自己的产品或服务，提升企业的知名度，为产品或服务提供售后服务或技术支持，在此基础上，实现自己的社会和经济目标。只有那些适用于电子商务的产品或服务才会得到消费者的认同。企业在进行市场分析时要考虑以下几方面因素。

1. 目标市场定位

① 企业应当调查在传统形式下企业所面对的个人消费者群体的详细情况。企业应调查如消费者群体的年龄结构、文化水平、收入水平、消费倾向及对新事物的敏感程度等情况。据中国互联网络信息中心报告，截至 2021 年 6 月，我国网民人数已达到 10.11 亿，其中上网用户男女性别比例情况见表 1-1，上网用户年龄段比例情况见表 1-2，城乡用户网民比例情况见表 1-3。

表 1-1　上网用户男女性别比例情况

用户性别	男性	女性
所占比例（%）	51.2	48.8

表 1-2　上网用户年龄段比例情况

年龄段	10 岁以下	10～19 岁	20～29 岁	30～39 岁	40～49 岁	50～59 岁	60 岁及以上
所占比例（%）	3.3	12.3	17.4	20.3	18.7	15.9	12.1

表 1-3　城乡用户网民比例情况

农村用户状况		城市用户状况	
农村网民规模（亿人）	占整体网民比例（%）	城市网民规模（亿人）	占整体网民比例（%）
2.97	29.4	7.14	70.6

并不是所有上网用户都会成为电子商务网站的用户。中国互联网络信息中心 2021 年 8 月发布的报告显示，用户只有经常访问电子商务网站，才有可能实现交易。网络购物用户数超过我国网民人数的 80%，即达到 8.12 亿人。通过表 1-4 可以看出网络购物用户数和所占比例的状况。

表 1-4　网络购物用户状况

网络购物用户		不网络购物用户	
网络购物用户数（亿人）	占整体网民比例（%）	不网络购物用户数（亿人）	占整体网民比例（%）
8.12	80.3	1.99	19.7

通过中国互联网络信息中心 2021 年 8 月发布的报告中的数据（见表 1-5），可以看出网络支付成为增长较快的网络服务，电子商务类应用增长率保持上升。

表 1-5　电子商务类应用增长率

使用项目	增长率（%）
网络支付	86.3
外卖	46.4

企业对于个人消费者群体的分析需要上述数据的支持，这样的定位才有效。

② 企业应当调查在传统形式下企业面对的消费者群体的详细情况，一般称为交易对象的情况。企业应调查如交易对象是否喜好新生事物、是否有电子商务经历，偏好的交易方式、网络使用年限、金融信誉情况等信息，以及交易对象可提供的信息是否全面、准确。对于那些有电子商务经历的交易对象而言，交易过程会比较简单明确，而且易达成交易。对企业来说，和自己有供应链关系的交易对象应当首先作为电子商务的对象。如果供应链上的交易对象很多，那么企业电子商务网站创建的价值会很大。

2. 市场的环境

准备参与电子商务的企业，面对崭新的市场，要分析的问题很多，如所在地区经济发展状况、政府在经济领域颁布的各项政策、企业所在地及周边地区的基础设施状况、同行业企业的电子商务活动参与程度等。据商务部电子商务和信息化司发布的《中国电子商务报告（2020）》可知，全国电子商务交易额达 37.21 万亿元，全国网上零售额达 11.76 万亿元，全国农村网络零售额达 1.79 万亿元，全国跨境电商进出口总额达 1.69 万亿元，电子商务服务业营收规模达 5.45 万亿元，电子商务从业人数达 6015.33 万人，快递服务企业业务量累计完成 833.6 亿件。毫无疑问，如果同行业企业到目前为止都还没有参与电子商务，那么哪个企业越早参与电子商务，哪个企业获得更多市场份额的可能性就越大。反之，如果同行业企业大都参与了电子商务，而某企业还在为是否参与而犹豫不决的话，那么该企业很可能会在较短时间内失去较大的市场份额。

具体来讲，企业要分析的市场环境要素如下。

（1）所在地经济发展状况

所在地经济发展状况越好，经济实力越强，越能带动企业整体实力的提高。有实力的企业在参与电子商务时会给其他消费者或企业留下较好的印象，另外企业也有可能加大对电子商务网站建设的资金支持，使电子商务活动形成规模，从而获得效益。

（2）政府的作用

在电子商务网站的建设过程中，地方政府的作用十分重要。地方政府有较强的发展意识，会大力促进电子商务在其所辖地区的普遍实现，并将此作为经济发展的重要体现。如果企业在这样的地区，那么企业的电子商务发展往往会比较顺利。政府部门可以为企业从宏观上提供指导，可以对企业之间电子商务的形成与实现起到推动作用。

（3）基础设施状况

企业建设电子商务网站不能脱离所在地区的基础设施状况，基础设施状况的好坏直接关系到企业未来电子商务能否实现。如果企业所在地区的基础设施完备，企业在构筑电子商务网站建设方案时，可以尽情地享用已有资源，而不必为通信速度、网络安全、服务质量和费用等担心。这些基础设施包括随时可以连接的 Internet 主干网、宽带网、快速的综合业务数字网（Integrated Services Digital Network，ISDN）、非对称数字用户线（Asymmetric Digital Subscriber Line，ADSL）、光纤通信网络、卫星通信网络等。

（4）同行业企业的情况

在分析同行业企业情况时，要特别注意这些企业的电子商务发展进程，这样就可以把握本企业在整个行业内所处的状况。由于电子商务将在未来决定企业的市场份额，企业起步太迟，很可能会失去市场。

3. 产品与服务的特点

宣传、销售产品或服务是进行电子商务活动的最终目的。企业有必要分析究竟什么样的产品或服务适合利用电子商务网站进行宣传或销售；交易对象最熟悉的企业和品牌有哪些；电子商务是否适用于一切产品或服务；电子商务是否能对消费者产生消费推动作用。这样的分析可以帮助企业确定进行电子商务活动的产品或服务。

中国互联网络信息中心 2021 年 8 月发布的报告显示，用户对于互联网应用是有一定选择性的（见表 1-6）。表 1-6 中使用即时通信、网络视频、短视频、网络支付、网络购物、搜索引擎、网络新闻服务的用户比例均超过 75%。只有充分考虑用户的需求特点，针对本企业产品和服务的特点规划和设计的电子商务网站才能打开市场。

表 1-6　各类互联网应用用户规模和网民使用率

应用	2020 年 12 月		2021 年 6 月		增长率（%）
	用户规模（万）	网民使用率（%）	用户规模（万）	网民使用率（%）	
即时通信	98 111	99.2	98 330	97.3	0.2
网络视频（含短视频）	92 677	93.7	94 384	93.4	1.8
短视频	87 335	88.3	88 775	87.8	1.6
网络支付	85 434	86.4	87 221	86.3	2.1
网络购物	78 241	79.1	81 206	80.3	3.8
搜索引擎	76 977	77.8	79 544	78.7	3.3
网络新闻	74 274	75.1	75 987	75.2	2.3
网络音乐	65 825	66.6	68 098	67.4	3.5
网络直播	61 685	62.4	63 769	63.1	3.4
网络游戏	51 793	52.4	50 925	50.4	-1.7
网上外卖	41 883	42.3	46 859	46.4	11.9
网络文学	46 013	46.5	46 127	45.6	0.2

4. 价格

价格的高低经常是决定交易成功与否的关键。在这里分析的价格通常应该包括两个方面：一方面，是电子商务网站所提供的产品或服务的价格；另一方面，是交易对象通过网站交易的成本。企业应当分析哪些产品或服务的价格容易波动、产品或服务价格面向的不同对象的承受能力如何、交易对象对价格变动频率的适应程度如何，企业可以利用电子商务网站对那些经常变动价格的产品或服务进行动态宣传。与此同时，如何降低交易成本，使交易的达成不会给交易双方增加经济负担也是电子商务企业要解决的问题。

中国网络服务价格近年在稳定中有所下降，个人用户每月实际花费的上网费用因带宽不同而不同，如表 1-7 所示。大中型用户可以采取独享带宽的服务方式，采用更快、性价比更高的方案。

表1-7　中国移动极光宽带

带宽	资费标准
300Mbit/s	98元/月
500Mbit/s	128元/月

除上网费用外，规划电子商务网站还要考虑物流配送的价格。以某家网上商城的配送价格来看，用户到商家自取不收费（保留3天），用户到就近的邮局自取2元/单；送货上门，5元/单。目前部分电子商务企业配送范围已经扩大到全国，上述价格适用于北京城区。某网上书店有如下收费标准。北京城区送货每次5元。国内其他地区（除北京以外）购书款低于50元的，平邮费为购书款的15%；购书款为50～500元的平邮费为购书款的10%；购书款高于500元的免邮费。用EMS快运的邮费为购书款的50%。购书款不少于15元且寄往国外的，需要负担的费用更高，航空快递（DHL）一般需要一周，不限重，费用按照系统计算结果收取。面向B2B的大批量配送，价格另议。

5. 配送方式

网站上的交易一旦确定，企业往往要提供配送服务。企业在分析市场交易量与交易范围的同时，要调查企业对产品或服务送达渠道的需求情况。只有广泛的配送渠道、多种配送方式、便捷的服务才能圆满完成电子商务活动。

目前，配送的主要方式包括用户到网站自取、用户到指定的代理商店自取、用户到邮局自取、网站送货上门及第三方物流等。如果交易双方同处一个城市或地区，配送会比较容易实现，因为可选择的配送工具比较丰富，比如自行车、汽车等；如果交易双方处于不同城市或地区，配送会比较困难，因为可选择的配送工具比较有限，而且，配送工作往往需要借助多种工具才能实现，比如先借助火车、轮船、飞机再借助汽车等。无论网站选择的是什么样的配送方式，在网站的规划、设计中均要有所体现。用户自取对于网站来说是最好不过的；网站自己送货会占用网站大量的资金和人力，成本比较高；第三方物流是发展方向。

所谓第三方物流（Third Party Logistics，TPL）是指，物流的实际需求方（第一方）和物流的实际供给方（第二方）之外的第三方部分或全部利用第二方的资源，通过合约向第一方提供的物流服务。第三方物流提供者是被外部客户管理、控制的提供物流服务作业的公司，他们并未在供应链中占有一席之地，仅是第三方，但通过提供一整套物流活动来服务于供应链。第三方物流的优势是能够向用户提供增值服务，表现在物流总成本的下降，企业购买第三方物流服务，有助于减少库存、降低成本。因此，第三方物流在美国、德国、日本等工业发达国家以其独特的魅力备受企业的青睐，呈现出蓬勃的生命力，享有企业发展的"加速器"和21世纪的"黄金产业"的美誉。在欧洲，全年高达1290亿欧元的物流服务市场，约1/4由第三方物流完成。苹果计算机、通用汽车等就是依托第三方物流而达到近乎"零库存"管理的，这种管理要求极大地带动了全球第三方物流的发展。好的物流系统由众多的因素组成，客户数和配送系统是两个最关键因素。电子商务说到底还是商务，有再先进的平台和技术，没有基础的客户和配送网络都不行。

6. 营销策略

网络营销是指在网络上开展营销活动。有人说，足不出户就可营销天下，这说的就是网络营销。企业可通过Internet建立网站、传递商品信息、吸引网上消费者注意并购买商品。有人预计，网上购物将是21世纪人类最主要的购买方式之一。在我国，随着时间的推移，已经有越来越多的消费者在网上购物。

企业有必要在调查研究的基础上，分析企业产品或服务的特点、交易对象的特点，确定本企业的网络营销策略。作为新兴的营销方式，网络营销虽然具有强大的生命力，但还会遇到不少阻力，所以宣传与推广成为网络营销的重要工作。

下面的成功案例可以给进行网站创建工作的企业一些启示。生产电位器的上海某贸易有限公司，常规的销售推广方式为参加展销会、印刷产品目录后邮寄给潜在客户、在杂志报纸上登广告，基本每年广告费用为三四万元，但效果不是很好。该公司作为一家小型企业，特别是正处于创业阶段，宣传经费不高，对于宣传效果的好与坏特别重视。通过 E-mail 广告信推广和参加一些网站会员服务等，这些五花八门的推广方式哪个比较有效？该公司无法分辨，也担心走冤枉路。该公司抱着试试看的想法，将公司的网站放在搜索引擎上，结果，全国很多客户打电话来咨询电位器。虽然不是和每个来电的客户都能做成生意，但是平均每天都有 5～10 位新客户打电话咨询产品。现在，该公司进行网上推广的网站有：搜狐、新浪、网易、百度等。

1.1.2　人员配置

无论是在企业电子商务网站的创建过程中，还是电子商务网站创建后的使用阶段，对人员的需求都会与以往有所不同。企业有必要进行人员的重新配置，以适应这一变化的需要。

具体来讲，企业进行电子商务活动、创建和维护网站等工作需要的人员包括以下类别。

1. 技术支持人员

技术支持人员主要负责电子商务网站创建、维护等技术工作，包括网络环境的规划设计工作、系统管理工作、首页制作与更新工作、程序开发工作、网站初期试用与调试工作、系统维护与完善工作等。由于传统模式下的经营方式，对这类技术人员的需求有限，目前企业中此类人才储备大都严重不足。社会潜在的人力资源中具有系统分析能力、熟悉网络管理、掌握网络操作系统和数据库技术的技术人员十分匮乏。企业要有人才意识，要配置好进行电子商务活动所需的各种技术人员。

企业在配备电子商务技术人员时应当注意其技术的全面性、系统性及连续性等。由于在创建网站的过程中，涉及的技术非常丰富，只有借助于全面互补的技术人员，网站的创建才能顺利实现。就系统性而言，网站的技术人员应该具有系统分析能力，把握整个系统的能力，对于系统的分阶段开发有统一的构想与深入的计划，否则企业的网站很难长久。IT 企业人员流动性较强，技术人员更是如此，企业对这一点要有充分的考虑，保证人员的连续性，不能因为人员的流动影响网站建设与维护，否则对企业的危害很大。

2. 普通应用人员

在网站创建后，主要由普通应用人员来从事和管理日常的电子商务活动。他们往往是企业中的一般工作人员。这些人员一般不关心电子商务的技术问题，只要求掌握常规的操作方法，由于对技术没有深入的研究，所以他们对使用的电子商务网站的要求是操作简单、维护方便。企业对这部分人员在技术上不能有太高的要求，但要使他们树立电子商务意识，特别是要让他们了解电子商务可能为企业带来的好处。在配置这部分人员时，教育培训必不可少。

普通应用人员对电子商务网站的应用水平和对工作的态度，直接影响电子商务网站经营的效果。例如，对用户意见的反馈是否周到、负责，反应是否迅速等。如果对用户的意见反馈迟钝，或者根本没有反馈，用户对该企业的网站会失去信心。

用户与企业的联系密切与否，与网站工作人员的态度有很大的关系。企业的员工服务态度好，那么他在进行工作时一定是比较积极主动的。此外，与用户直接打交道的普通工作人员更容易发现用户的需求，可及时满足用户需求从而促进企业网站的进一步完善。

3. 高级管理人员

企业的决策者们一般是企业的高级管理人员，电子商务意识往往比较淡薄，让这样的人来管理电子商务必然影响电子商务的发展。配备高级管理人员时，要先为他们灌输基础知识，让他们懂得电子商务对消费者、企业、政府均有好处，电子商务可以在企业与政府之间、企业与企业之间、企业与消费者之间、政府与消费者之间搭建桥梁，方便他们对企业的管理与指导，方便政府与群众的沟通。这样他们才有可能管理好电子商务，才有可能促进电子商务的持续发展，才有可能给企业带来长远利益。

企业的高级管理人员不是一个人，而是一个集体。他们既不是技术专家，也不是营销专家，但具有远见、勇于创新、勇于承担责任。他们有了对新事物的认识才能相互启发，为企业做出的决策才能扬长避短，而不因首席执行官（Chief Executive Officer，CEO）的个人决策影响整个企业的前景。

4. 其他相关人员

除企业必须配备的上述人员外，企业在创建电子商务网站过程中还需要方方面面的人员。这些人员可以是身兼数职的全才，也可以是企业临时聘用的人员，如掌握金融知识、法律知识、网络公共关系的人员等。

对以上人员的合理配置是企业进行电子商务的必要条件之一。

1.1.3 技术准备

在各种相关技术中，有些是企业一开始创建电子商务网站就需要的，有些可能是随着电子商务发展到一定层次才会需要的；有些是需要企业自己投资的，有些则是可以利用的已有的公用技术或国家投资的技术。无论哪一种情况，都可能对企业创建电子商务网站产生影响，企业有必要在进行各项技术分析的基础上做好全面的准备。

1. 网络与通信技术

传递信息是网络与通信技术的主要功能。网络与通信技术包括网络技术和通信技术，主要涉及以下几种技术。

（1）ISO/OSI 参考模型

企业创建电子商务网站离不开网络体系的创建。国际标准化组织（International Standards Organization，ISO）所确定的开放系统互连（Open System Interconnection，OSI）标准，简称 ISO/OSI 参考模型，如图 1-1 所示。该模型包括物理层、数据链路层、网络层、传输层、会话层、表示层和应用层。这种模型是各界建立网络的基础模型，在实际应用中还可以结合自己的情况加以改变，如增加子层、扩展某一层等。

图 1-1 ISO/OSI 参考模型

企业在掌握该模型后，可以灵活地对其进行修改，以适配自己的应用特点。同时该模型满足了不同企业创建网站时对网络系统的一致性要求，使企业间通过网络进行沟通变得更加便利。

（2）局域网

局域网是一个数据通信系统，它在适当的地理范围内，把若干独立的设备连接起来，通过物理通信信道，以适当的数据速率实现各种独立设备之间的直接通信。局域网的网络分布直径一般只有几千米，比如一座大楼内、一个相对集中的宿舍区内、一个工厂厂区内等。通常认为，局域网的覆盖面积不超过 10 平方千米，多为单位所有。局域网选用的通信介质通常是专用的同轴电缆、双绞线或光纤专用线等。局域网通信使用的通信方式主要是数字式通信方式。局域网信息传输时间短、信息响应快、管理相对简单。局域网投资少，不需要很高的运行维持费用。但这项建设主要由所有权单位自己开发，企业如果进行这样的建设，企业本身既是投资者，也是使用者和受益者。

企业在创建电子商务网站前一般会首先实现企业内部的信息化，这时就会选择局域网。企业内部的信息交流较多地在网络上进行。一旦企业创建电子商务网站，前后台就可以有机地结合起来，为网站的用户服务。

（3）广域网

广域网是应用公共远程通信设施为用户提供远程快速信息交换功能的系统。该系统的网络遍布一个地区、一个国家甚至全世界。大多数广域网选用的通信介质是公用线路，如电话线等。其通信方式以模拟方式居多，实际应用中微波通信、光纤通信较为普遍。广域网传输时延时长，远程通信要配置功能较强的计算机、各种通信软件和通信设备，通信管理十分复杂。广域网虽然建设投资大，并且需要高额的运行维持费用，但企业只需要了解所在地区的情况，并不需要企业直接投入。在我国，这项建设主要是由电信部门完成，企业只是一般用户。

企业内部的局域网创建得再完善，也不能实现电子商务网站的全部网络需求。企业的电子商务网站对用户的服务一定要与广域网结合起来，这样才可能扩大用户群，提供丰富的服务功能，满足不同用户的个性化需求。

（4）卫星通信

卫星通信系统由通信卫星和地球站组成，通过通信卫星的转发或反射电信号来实现与地球站和通信卫星之间的通信。有人说，卫星就是无人值守的空中微波中继站，它把从地球发来的电信号经过放大、变频后再发送回地球。通信卫星位于高空，可以覆盖地球表面的最大跨度是 18 000 多千米，也就是说可以覆盖地球表面积的 1/3。卫星通信的特点是传输环节少、通信质量高、相对成本低。在实际应用中，可用于实现日常电视、电话业务，已经或正在发展电子邮政、电视教育、传真、电话会议及数据传输等。据此，企业可以使用卫星通信作为日后网络通信的重要手段之一。

（5）光纤通信

光纤是光导纤维的简称，只有头发丝那么细，由包层和芯层两部分组成。包层的折射率小于芯层的折射率。光纤也可以像电缆一样做成多芯的光缆。光从光纤的一端按特定的角度射入，由于光在芯层和包层的界面处发生反射，所以就被封闭在光纤内，经过多次反射后，从光纤的另一端传出去。此外，光纤体积小、重量轻、柔软、不怕潮湿和腐蚀，可以埋在地下，也可以架在空中，敷设方便。光在光纤中传输损耗小，不怕雷击，不受电磁波干扰，没有串音，传输保密性好。目前全世界光纤的长度在 1 亿千米左右，其信息容量是非光纤信息容量的数倍。企业可以利用已有的光纤设施进行信息的传递，这将大大提高企业信息传递的速度与质量。

如果不是特殊需要，企业可以不考虑使用的通信介质，只要提供者能够满足企业对通信服务的需求即可。

（6）其他相关技术

除上述技术外，企业还应分析网络多媒体技术、网络传播技术，关注与网站建设和网络通信有关的新技术的出现与应用情况，如量子保密通信方面的新动态等。目前移动技术发展速度快，应用范围广泛，企业的网站建设也要有这方面的技术应用。

2．Internet 技术

Internet 是全球最大、覆盖面最广的计算机网络，它的中文名为因特网。它把全世界不同国家、不同部门、不同结构的计算机，国家骨干网、广域网、局域网等通过网络设备使用传输控制协议/因特网协议（Transmission Control Protocol/Internet Protocol，TCP/IP）连接在一起，实现资源共享。有人说 Internet 是由那些使用公用语言相互通信的计算机连接而成的全球网络。一旦连接 Web 节点，就意味着计算机已经连入 Internet。

Internet 的基本功能是共享资源、交流信息、发布和获取信息。从这个角度看，网站的创建离不开 Internet 技术。Internet 的服务主要包括：万维网（World Wide Web，WWW）信息查询服务，电子邮件服务，文件传输服务，远程登录服务，信息讨论与公布服务，网络电话、传真、寻呼和网络会议服务，娱乐与会话服务，等等。

3. EDI 技术

自 20 世纪 90 年代以来，EDI（Electronic Data Interchange，电子数据交换）成为世界性的热门话题。为竞争国际贸易的主动权，各国的企业界和商业界人士都积极采用 EDI 来改善生产和流通领域的环境，以获得最佳的经济效益。全球性、区域性的各种 EDI 交流活动也十分频繁，EDI 正在以前所未有的速度发展。

全球贸易额的上升带来了各种贸易单证、文件数量的激增。虽然计算机及其他办公自动化设备的出现可以在一定范围内降低人工处理纸面单证的劳动强度，但由于各种型号的计算机不能完全兼容，实际上又增加了对纸张的需求。美国森林及纸张协会曾经做过统计，得出了美国用纸量超速增长的规律，即美国年国民生产总值每增加 10 亿美元，用纸量就会增加 8 万吨。此外，在各类商业贸易单证中有相当大的一部分数据是重复出现的，需要反复地输入。有人对此也做过统计，计算机的输入平均 70% 来自另一台计算机的输出，且重复输入使出差错的概率增高。据美国一家大型分销中心统计，有 5% 的数据存在错误。同时重复输入浪费人力、浪费时间、降低效率。因此，纸面贸易文件成了阻碍贸易发展的一个比较突出的因素。

另外，市场竞争也出现了新的特征。价格因素在竞争中所占的比重逐渐减小，而服务性因素所占比重增大。销售商为了降低风险，要求货物小批量、多品种、供给快，以适应瞬息万变的市场行情。而在整个贸易链中，绝大多数的企业既是供货商又是销售商，因此提高商业文件传递速度和处理速度成了所有贸易链中成员的共同需求。现代计算机的大量普及和应用以及功能的不断提高，已使计算机应用从单机应用走向系统应用，同时通信条件和技术的完善、网络的普及为 EDI 的应用提供了坚实的基础。

由于 EDI 具有高速、精确、远程和巨量的技术性能，因此 EDI 的兴起标志着一场全新的、全球性的商业革命的开始。国外专家深刻地指出："能否开发和推动 EDI 计划，将决定对外贸易的兴衰和存亡。如果跟随世界贸易潮流，积极推行 EDI，对外贸易就会成为腾飞的巨龙，否则就会成为灭绝的恐龙。"

企业电子商务网站建设离不开 EDI，所以研究 EDI 成为创建网站的重要工作。

4. 数据库技术

数据库技术是实现电子商务的重要技术支持，它主要包括硬件平台、软件平台、数据库管理人员和数据库用户 4 个方面。由于企业要创建自己的电子商务网站，因此一方面需要构筑自己的数据库系统，包括企业开发数据库所需的计算机设备、开发所需的操作系统、数据库开发工具、开发与管理人员及与前台链接的数据库技术等；另一方面，还要具备登录到 Internet 后共享其他资源时需要的各种数据库技术及相关技术人员，如共享资源所需的硬件设备、软件平台、掌握大型数据库使用方法并熟悉网络操作系统的人员等。

（1）CGI 技术

近几年，CGI（Common Gateway Interface，公共网关接口）技术十分流行，它是最早的 Web 数据库连接技术，大多数 Web 服务器都支持这项技术。程序员可以使用任何一种语言来编写 CGI 程序。CGI 程序可以与 Web 浏览器进行交互，也可以通过数据库的接口与数据库服务器进行通信。例如，它可以将从数据库中获得的数据转化为 HTML 页面，然后由 Web 服务器发送给浏览器；也可以将从浏览器获得的数据存入指定数据库。

（2）Sybase 数据库

作为老牌数据库产品，长期以来 Sybase 致力于 Web 数据库功能的开发与利用。其新版产品可以建立临时的嵌入业务逻辑和数据库连接的 HTML 页面，也可以建立超薄、动态、数据库驱动的 Web 应用。此外，Sybase 数据库技术还可用于管理公司信息，为网站后台管理工作提供技术支持。

（3）Oracle 数据库

Oracle 是一种基于 Web 的数据库产品。它功能强大，可以建立直接用于 Internet 的数据库，也可以建立发展于 Internet 平台的数据库。通过 Oracle 的支持，将大大减少用户用于建立 Web 数据库的开支，使在线进行的商务处理、智能化商务得以实现。Oracle 可以用于管理大型数据库中的多媒体数据，对电子商务网站十分重要。

（4）IBM Db2 数据库

IBM 作为电子商务倡导者，其开发的 Db2 数据库具有非常适合电子商务网站功能的先天优势。它提供了对 Web 数据库的有力支持，它的某些版本提供了对大多数平台的支持，使得该数据库技术广泛应用于电子商务。同时，Db2 支持大型数据仓库操作，提供多种平台与 Web 连接。

（5）SQL

SQL 是 Structure Query Language 的缩写，称为结构查询语言。SQL 是数据库的标准语言，主要用于对存放在计算机数据库中的数据进行组织、管理和检索，是一种特定类型的数据库——关系数据库的标准语言。当用户想要检索数据库中的数据时，就使用 SQL 发出请求，接着数据库管理系统对该 SQL 请求进行处理并检索出所要求的数据，最后将其返回给用户。上述过程经常在实际操作中用到，所以掌握 SQL 十分重要。它的主要功能就是同各种数据库建立联系。一个电子商务网站，有可能需要连接多个数据库，这正是 SQL 的长处所在。

（6）Informix 数据库

作为重要的数据库品牌之一的 Informix 数据库，提供了 UNIX 和 Windows NT 平台的 Web 产品，支持多种浏览器，具有数据仓库功能。因为支持 Linux，所以它具备多种第三方开发工具，在网站数据库建设方面有特殊的地位。

（7）MySQL

它是由瑞典 MySQL AB 公司开发的关系数据库管理系统，在 Web 应用方面，由于其具有体积小、速度快、易上手、总成本低、开放源代码等特点，一些中小型网站的开发者钟情于它。

5. 安全技术

企业创建电子商务网站需要很高的安全技术作为保障，安全问题是阻碍电子商务发展的重要因素。由于 Internet 具有集成、松散和开放的特点，企业容易受到攻击。黑客可能攻击网络，窃取他人商业信息，甚至破坏系统。在这样的环境中，企业必须采取各种保证安全的措施。企业可以采取的措施包括数据加密技术、身份验证技术、代理服务技术、防火墙技术、网络反病毒技术等。此外，企业在安全方面要考虑的问题还有计算机病毒的干扰、自然灾害的影响、电磁波辐射的侵害等。

（1）数据加密（Data Encryption）技术

所谓加密是指将信息（或称明文）经过加密密钥及加密函数转换，变成无意义的密文，而接收方则将此密文经过解密函数、解密密钥还原成明文。加密技术是网络安全技术的基石。

（2）身份验证技术

身份识别（Identification）是指用户向系统出示自己的身份证明过程。身份认证是系统查核用户的身份证明的过程。人们常把这两项工作统称为身份验证（或身份鉴别），它们是判明和确认通信双方真实身份的重要环节。

（3）代理服务技术

代理服务（Proxy Service）技术是在 Internet 中广泛采用的工作方式，如域名代理服务。许多人把代理服务看成一种安全性能。从技术上来讲，代理服务是一种网关功能。

（4）防火墙技术

在计算机领域，把能使网络及其资源不受网络"墙"外"火灾"影响的设备称为"防火墙"。用更专业一点的话来讲，防火墙（Firewall）就是一个或一组网络设备（计算机系统或路由器等），用来在两个或多个网络间加强访问控制，其目的是保护一个网络不受来自另一个网络的攻击。

（5）网络反病毒技术

由于在网络环境下，计算机病毒具有不可估量的威胁性和破坏力，因此对计算机病毒的防范也是网络安全性建设中重要的一环，网络反病毒技术也得到了相应的发展。网络反病毒技术包括预防病毒、检测病毒和杀毒 3 个方面。

6. 电子支付技术

企业创建电子商务网站需要根据自己企业的条件，选择一种或多种电子支付手段。目前使用较多的电子商务支付系统有两种：SET 结构和非 SET 结构。SET（Secure Electronic Transaction，安全电子交易）是由 Visa 和 Mastercard 两家公司提出的，用于 Internet 事务处理的一种标准。该标准包括多种协议，每一种协议用于处理一个事务的不同阶段。通过复用公共密钥和私人密钥技术，单个 SET 事务最多可用 6 个不同的公共密钥加密。非 SET 结构的电子商务支付系统指使用除了 SET 协议以外的其他协议的电子支付系统，包括 eCash、eCheck、智能卡、商家或其他机构发行的购物卡、银行卡等。

很多在电子商务网站交易的个人或单位都选择传统的支付方式，如货到付款（一般个人消费者采用现金交易较多）、电汇、支票预付款等多种方式。对于创建网站的企业来说，这些支付方式也要加以考虑。

随着在线支付技术的发展，越来越多的用户选择在线支付。从应用层面看，支付宝和微信支付成为众多消费者的首选。企业开发网站时有必要做好支付接口，以实现网站的支付功能。

7. Java 开发技术

由于 Java 具有与平台无关的特性，它一出现就成为电子商务网站开发语言。这项技术包括：电子商务框架，即开发电子商务应用程序的平台和结构化框架；电子商务应用程序，即实现电子商务框架中的一些基本服务，使得开发者可以方便地创建各种电子商务应用程序；电子商务开发工具，即开发复杂电子商务应用程序所需要的特定工具等。

8. 浏览器技术

浏览器是 Internet 的主要客户端软件。随着 Web 的发展，浏览器的地位变得越来越重要。目前流行的浏览器主要有 QQ 浏览器、Firefox、Opera、Chrome、百度浏览器、360 浏览器、UC 浏览器等。浏览器的诞生为访问电子商务网站的用户提供了便利条件。

9. PHP 技术

PHP（Page Hypertext Preprocessor，页面超文本预处理器）是在 1994 年由拉斯马斯·勒德尔夫（Rasmus Lerdorf）创建的，最初只是一个简单的用 Perl 语言编写的统计他自己网站访问者数量的程序。其因开源、开发效率高、性能提升快、支持跨平台使用等优势受到拥护。PHP 的经典部署方式是 Linux+Nginx+MySQL+PHP，鉴于相关软件的开源模式，开发者可以降低网站建设成本，直接使用正版开发工具。无论项目的规模如何，都可以找到适用的 PHP 版本。目前，PHP 已经升级到 8.1.11 版本，新增功能解决了之前版本中的问题。

10. 网页制作技术

由于网页是用户访问网站首先接触到的内容，所以有人说，网页是网站的核心内容。也有人说，网页就是浏览器窗口出现的文件，当用户使用统一资源定位符（Uniform Resource Locator，URL）时，该文件被调用，并且出现在窗口中。可见，对于用户来说网页十分重要。网页制作技术包括以下几方面。

（1）美学设计

在这方面，需要设计者熟知企业文化，掌握色彩原理，通过色彩搭配、色彩设计和网页色彩长期实践工作，完成网页的美学设计工作。

（2）静态网页设计

在这方面，目前流行的是 Dreamweaver 技术。Dreamweaver 是由 Macromedia 公司（现已被 Adobe 公司收购）开发的用于网页制作的专业软件。它具有可视化的特点，而且可以制作跨越平台和跨越浏览器的动态网页，受到专业人士的普遍欢迎。非专业人士使用 Dreamweaver 可以脱离代码的编写过程，直接看到网页编辑的结果，这无疑推动了该技术的普及与推广。Dreamweaver 的主要功能包括动态内容发布、站点地址编辑、图形艺术工具、增强的表格编辑功能及可扩展环境。

（3）动态网页设计

Dreamweaver 支持 HTML、CSS、JavaScript 等技术设计的 Web 网站应用，动态网页可以通过 HTML、CSS、JavaScript 语言、DIV+CSS 布局等来实现。

（4）网页美工

从事这方面工作的人员，需要借助 Photoshop 等工具，完成网页字体设计、网页 Logo 设计和网页旗帜广告设计。

网站的创建会使用到许多技术，在此不赘述。

1.1.4 宏观环境分析

1. 中介服务

围绕企业的电子商务活动出现了一些特有的中介服务。这些中介服务涉及组织生产时的供应链中介、商品流通时的批零中介、信息发布时的传播中介等多个领域。新交易方式下新中介的产生，对企业进入 Internet 领域进行电子商务活动有较大的辅助作用。

2. 物流配送

网上交易达成后，商品或服务的实体就要送达交易的交付处。由于 Internet 的无边界性、无时限性，要求企业有强大的物流配送系统作为后盾。

3. 金融服务

各种金融服务是保证电子商务顺利实现的基础。如果企业所处环境的金融服务全面、准确、周到，企业就有可能迅速抢占 Internet 上的市场；如果金融服务的环节不协调，就有可能导致电子商务无法顺利实现。

4. ISP 服务

企业的广告宣传、数据库的维护与使用、信息的获取无一不与因特网服务提供方（Internet Service Provider，ISP）服务有着千丝万缕的联系。好的 ISP 服务包括 Internet 接入服务、Internet 平台服务、Web 页面制作、网上信息反馈及在线服务等。如果企业选择了一家好的 ISP，对日后的电子商务一定有很大的促进作用。

5. 法律服务

总体来讲，目前我国关于电子商务的法律、法规还有待健全，企业、个人在进行电子商务活动时容易出现纠纷。这是制约电子商务发展的宏观因素。但随着电子商务在世界范围内的不断兴起，整个国际社会会制定出越来越适合电子商务的法律、法规，以此来规范这种新事物。

企业创建网站的准备工作就绪，规划工作进入下一阶段，确定企业电子商务网站的建站目的成为当务之急。

1.2 确定建站目的

企业在确定创建电子商务网站时应该有明确的建站目的。通常企业创建网站有 3 种不同的状态。第 1 种，被上级单位强令创建网站；第 2 种，被网站建设单位或相关企业动员创建网站；第 3 种，企业主动创建网站。当企业处于第 1 种状态时，往往企业内部的准备并不充分，企业处于比较被动的状态，企业的投入往往会随上级的最低要求而设定。在这种情况下，完成上级的要求就是企业的建站目的。当企业处于第 2 种状态时，往往企业处于犹豫阶段，伴随着建议者的说服和解释工作，企业的态度会有所改变。但总体来看，企业仍然处于被动状态。企业的建站目的一时难以确定，往往会采取与同类型企业一致的做法，或按照建议者的思路进行创建。企业的投资不会一步到位，而是采用分期分批的投资方式。只有第 3 种状态的企业不同，这类企业建站的目的明确，投资有信心。对于这样的企业，可以说创建电子商务网站的动机是比较成熟的。

创建企业电子商务网站的实施形式有 3 种。第 1 种，委托网站建设单位完成，企业自己提供资料，而不参与实际的创建；第 2 种，企业自行创建网站，这时企业一定具有相应的人力资源、财力资源和比较完整的建站资料；第 3 种，企业与网站建设单位联合创建电子商务网站，这种形式比较实用。创建电子商务网站不会一步到位，一般先从宣传企业形象入手。

1.2.1　形象宣传

以形象宣传为建站目的的情况非常适合这样一些企业：企业规模为中小型，企业的知名度比较小，企业对电子商务能否为企业带来利益持怀疑态度。如果要创建电子商务网站，这些企业往往会比较谨慎，网站的创建规模有限，处于初步的尝试阶段，因此，利用网站做企业的形象宣传成为网站的主要功能。

在具体实施过程中，企业准备的资料应包括以下几方面。

- 企业视觉识别系统资料：如无完善资料，至少要具备 Logo（企业标识）及标准色。
- 企业介绍性资料：如公司简介、形象、产品、包装样品等尽量详细的图片。
- 企业业务资料：产品的文字资料及相关市场资料。
- 确定的负责人：为保证制作质量，相互沟通是必需的，在网页制作期间应明确负责人。
- 其他资料：企业需要在网站上宣传的其他内容的资料。

从图 1-2 可以看出，万达电影的网站就是以企业形象展示为主的。在首页上用户可以了解到关于我们、新闻中心、投资者关系、商务合作、加入我们、影片咨讯等方面的内容。该网站对于具体的服务没有提供交互式窗口，也没有显示价格信息。作为交易对象，如果想与该企业交易，可以借助网站提供的联系方式进行。可以说，网站为该企业提供了一种形象宣传方式，为全面开展电子商务打下了基础。

图 1-2　万达电影网站首页

1.2.2　数据展示

以数据展示为建站目的的情况适合这样一些企业，企业要发布的信息主要是关于产品的价格、服务收费的标准、产品的规格及产品的数量等的。如果以形象宣传为目的就不太合适。当然，这里提到的数据并不单指阿拉伯数字。数据包括不同类型的数字、字符、计算公式等信息，还包括其他多媒体信息。

1. 静态数据展示

以数据展示为建站目的对部分商业企业十分适用。从图1-3中可以看出，北京京客隆商业集团股份有限公司通过电子商务网站展开一系列促销活动。优惠销售的产品内容和日期通过网页展示给用户，数据信息量大，内容更新快，对企业营销十分有利。由于该网页主要用于提供企业信息，缺乏用户与企业交流的内容，所以信息一经发布，就是静态的数据，直至企业用新信息来替代现有内容。对于用户来说，打开该网页就会被动地接收信息，而没有主动询问的机会。这样的数据展示通常会随企业的促销活动主题而改变。因此，可以说这是一种以企业为主的数据展示方式。

图1-3 北京京客隆商业集团股份有限公司促销信息

2. 动态数据展示

从图1-4中可以看出，在艺龙旅行网的首页上用户可以清楚地浏览旅游信息，如旅游指南、酒店预订、机票预订及旅行社报价等。这样的网页是企业数据展示的窗口，是用户快速、准确地获得信息的桥梁。由于网页提供了交互式的工作界面，用户可以通过网页主动地获得数据，如北京经南京到黄山的游览线路、预算、发团日期、主要景点及团费等其他数据。这样的数据展示通常会随用户的需要而改变。因此可以说这是一种以用户为主的数据展示方式。

图1-4 艺龙旅行网的首页

1.2.3　电子商务

当企业的管理集团明确认识到电子商务对企业长远发展有促进作用，同行业企业已经开始创建网站，企业的资金有了保障，企业的信息化程度比较高时，众多企业以电子商务为网站创建目的的时代就到来了。

1. 传统企业创建的电子商务网站

传统企业创建电子商务网站，一般具有超前的意识，比如那些本身信息化水平较高，在行业内将起到"领头羊"作用的企业。广州友谊商店的友谊网乐购（首页见图1-5）是全国同行中，首个以实体店为依托的网上商店，线上售卖的商品皆可在友谊环市东店中找到，顾客购买后还可亲自到店内验证、提取货品。作为广州友谊商店历史最悠久的主力旗舰店之一，友谊环市东店通过完善而严密的商品采购、销售、售后服务保障制度以及对进货、经营、厂家等方面的严格监管，成为许多顾客心中商品质量保证的象征。在它的护航下，友谊网乐购成为名副其实具有实体店保障的网上商店，带给顾客的不仅是商品正品质量的保证，还有如朋友、亲人般可以信赖的感觉。

图1-5　友谊网乐购网站的首页

2. 具有中介性质的企业创建的电子商务网站

阿里巴巴作为国内被广泛使用的电子商务网站，从创建之初一直受到国内外电子商务企业的认同，被《福布斯》杂志选为"全球最佳网站"之一，被《远东经济评论》杂志读者选为"最受欢迎 B2B 网站"。

阿里巴巴为千万中小型企业服务，以批发和采购业务为核心，通过专业化运营，完善客户体验，全面优化企业电子商务的业务模式，目前已覆盖原材料、工业品、服装服饰、家具百货、小商品等16个行业大类，提供原料采购、生产加工、现货批发等一系列的供应服务。阿里巴巴的首页如图1-6所示。

在这里，买卖的双方可以经常"见面"，大家可以探讨共同关心的经营问题，网站会动态地提供供需双方的信息，交流电子商务的心得……阿里巴巴的生意就在生意人中间进行着。

图 1-6　阿里巴巴的首页

3. IT 企业创建的电子商务网站

IT 企业作为新兴的产业，掌握着先进的技术，具备雄厚的资金实力。当各行各业开始进军电子商务领域时，IT 企业不甘落后，有些采取与综合性网站联合创建商城的办法；有些采取单干的办法。IBM 是世界上最早提出电子商务概念的企业之一。一直拥有比较成熟的电子商务网站，企业的理念随时通过网站进行发布，影响了全球无数业内外的人们。目前 IBM 没有将重点放在网站是否达成交易，而是注重宣传企业理念、推送企业研究方向、提供市场营销和电子商务方面的新技术。其中文网站首页如图 1-7 所示。

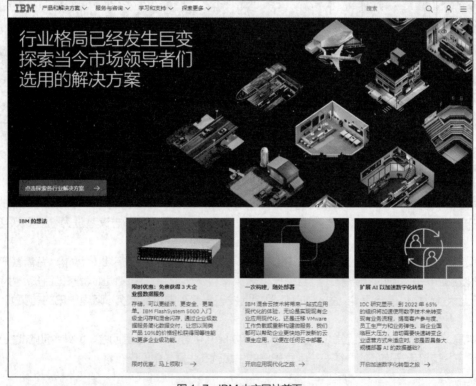

图 1-7　IBM 中文网站首页

1.3 规划建站阶段

企业要创建电子商务网站，需要确定企业电子商务目标、企业顾客群及企业网站的核心内容，分阶段完成创建网站的所有任务。

1.3.1 准备阶段

对企业来讲，首先要经历电子商务网站从无到有的准备阶段。在这个阶段里，企业不能以求全、求大为目标，而要以确实行之有效的目标为着眼点。企业应实现的目标如下。

1. 电子商务意识的培养

在电子商务企业内部，培养电子商务意识非常重要。通过培训的方式，使企业一般管理人员和高级管理人员具备电子商务的基础知识，重点应放在意识的培养方面，使相关工作人员懂得电子商务具有信息量大、信息传递速度快、信息发布范围广、通信与获得信息成本低等特点，使员工逐步认识到，如果高级管理人员支持电子商务的发展，企业的一般人员可以完成电子商务网站的日常工作，企业发展的后劲是不可估量的。企业相关员工应掌握 Internet 的基础知识，掌握浏览器的使用方法，掌握电子邮箱的使用方法，并为有条件的员工讲授电子商务的实施过程，为下一阶段的工作做好准备。

2. 企业使用电子邮箱作为日常通信手段

为了真正实现信息的动态交流，使用电子邮箱作为日常通信手段不能忽视。在企业内部，可以使用局域网创建的邮箱；在企业外部，可以使用 Internet 的电子邮箱。

（1）确定上网方式

在企业内部的局域网上，为企业的每一位员工设置一个邮箱，通过局域网的连接，企业内部的员工可以收发简报、会议通知等公司内部的信息，以提高建站企业内部信息的使用效率。企业员工也可以通过局域网来访问 Internet。访问的方式包括以下几种。

● 电话拨号上网方式。利用微型计算机上的通信仿真软件，把微型计算机仿真成远程主机的终端。使用这种方式，企业须配备个人计算机（Personal Computer，PC）、调制解调器（Modem）、电话线和普通通信软件。使用这种方式，企业的计算机并没有真正与 Internet 相连，企业的计算机不是 Internet 上的一个网络节点，也没有自己的 IP 地址，只能使用宿主机的 IP 地址，宿主机只能向企业提供文本使用界面，不能使用高级的图形界面。

● SLIP/PPP 连接方式。SLIP 是 Serial Line Internet Protocol（串行线路因特网协议）的缩写。PPP 是 Point-to-point Protocol（点到点协议）的缩写。企业的计算机采用 SLIP/PPP 方式拨号进入 Internet。企业需要的硬件设备与电话拨号上网方式需要的类似，只要企业的微型计算机能使用 Windows 和相应的 SLIP/PPP 通信软件即可。采用 SLIP/PPP 方式拨入 ISP 的服务器后，企业的计算机就成为 Internet 的一个节点。它的优点是，企业计算机有单独的 IP 地址，它能使用 Internet 提供的全部服务，同时可以使用高级图形界面。

● 专线上网方式。使用这种方式，企业的计算机与 Internet 直接连接。由于租用专线的价格昂贵，专线上网方式支持企业以高速方式入网，并可以使用 Internet 提供的全部访问功能。采用这种方式，企业要安装符合 TCP/IP 的路由器，在计算机上安装网卡及支持 TCP/IP 的通信软件，还必须向网络服务管理机构申请正式的 Internet 网络地址，并注册自己的域名。它的优点是提供 24 小时服务，发给客户的电子邮件可以直接传送到对方计算机，不必依赖 ISP 服务器就可以使用高级图形界面。此外，企业还可以建立自己的信息资源库，Internet 上的其他用户可以通过 Internet 访问这些信息。

（2）获得电子邮箱

企业内部由网络管理人员为企业员工设置邮箱。企业外部可以尝试使用免费的电子邮箱，如由新浪、网易、搜狐等提供的免费邮箱。这些邮箱都可以进行常规的通信，如邮件的一对一或一对多的收发、地址的存储、往来邮件的查看等。企业通过登记自己的用户名称、用户密码等简单的项目，就可以获得免费邮箱。有了自己的邮箱后，就可以使用电子邮箱了。

由于收费邮箱具有可靠性高、速度快、安全稳定、容量大及服务有特色等特点，企业可以进一步尝试使用收费邮箱。

接下来企业就可以使用电子邮箱收发邮件了。

3. 使用BBS固定发布企业商品或服务信息

使用电子邮箱向某个人或某几个人发送电子邮件是很方便的，但是向很多人或网上的所有人发邮件就是一件十分麻烦的事。利用公告板系统（Bulletin Board System，BBS），可以很方便地把信息传给网上的每一个人。BBS与现实生活中的公告牌类似，人们可以在上面留言，也可以就感兴趣的问题进行讨论。Internet上有上万个BBS，其中讨论着各种各样的问题。

BBS可以实现的功能如下。

- 像普通公告牌一样，任何人都可以张贴或发布供他人阅读的任何信息。
- 像报纸一样，BBS可以将每条信息发布给许多人。
- 像俱乐部或社会团体的新闻简报一样，在BBS上公布的信息集中了大家共同感兴趣的话题。
- 像电子邮件一样，BBS将每条信息的副本快速地传递出去。
- 像社会团体内的非正式讨论一样，BBS允许每个人倾听别人的交谈、提问题或者发表意见。

鉴于上述特点，企业可以将自己的企业概况、产品或服务品牌、促销价格、售后服务特点及企业电子邮箱等信息以静态的文本方式在BBS上张贴。有兴趣的个人或企业会在浏览之后开始在网上联络，企业也会因此认识自己的准客户。

4. 选择符合企业需要的ISP，为电子商务网站创建进入下一阶段做准备

目前ISP较多，企业可以根据自己的情况选择适合企业经营服务的ISP。ISP会提供很多服务，如让企业的员工访问Internet、将网站信息放到他们的主机上等。选择ISP时应当注意以下几点。

（1）ISP的历史情况

ISP的创建初衷、历年的经营业绩、ISP的稳定性、经营过程中有无改善、是否容易登录、日常登录者数目、技术支持环境及Web页面访问统计报告等都反映了ISP的历史情况。

（2）ISP已有服务对象的满意程度

了解该ISP是否有长期服务对象，服务对象的类型，服务对象在ISP的业务规模是扩大还是缩小了，提供的服务是否满足需求，在服务内容上是否有可扩充的空间，安全性、可靠性和有效性如何，等等。如果选择的ISP服务不可靠，访问者即使花再多的时间，也访问不到页面，这就会影响到访问页面的人数，使访问者满意度下降并降低销售总额。

（3）ISP的价格定位

价格定位包括域名注册、租用空间等项费用，如图1-8所示。选择ISP是很重要的决策，会直接影响到Web网站的成功与否。选择价格低的ISP，Internet连接的速度会很慢，访问者访问网站页面时加载的时间会很长，而访问者不可能久等，就会终止加载。

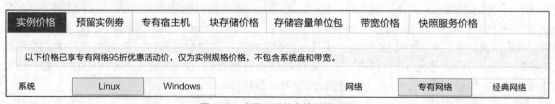

图1-8　中国万网的定价详情页面

（4）功能定位

选择的 ISP 是否支持实时传送音频、实时传送图像，是否支持网页设计等站点管理软件。

（5）企业自身的其他条件

企业的美誉度、企业的经济实力、企业对电子商务的依赖程度等。

5.　积极建立与银行和其他相关各界的联系

企业可以有选择地与银行往来，主要目的在于确定日后的电子支付方式。同时，为了保证电子商务交易的安全性，企业还要与认证机构联络。企业要注意自己的供应链是否能够满足电子商务网站全面实现经营时的需求。

通过这一阶段的工作，企业对电子商务有了较为清楚的认识，有了使用 Internet 的经验，更通过电子邮箱和 BBS 与政府、其他企业、消费者建立了广泛的联系，有时还会出现简单的网上交易，这一切都说明企业已经具备了进入建站的更高阶段的条件。

1.3.2　电子商务主要功能实现的阶段

在这一阶段，简单的网上宣传已经不能满足企业的需求，企业对 Internet 的要求包括动态、全面、快速、准确等。由于政府、企业和消费者已经趋于成熟，他们对电子商务的要求也会有所提高，客观上要求企业扩展电子商务领域，加深电子商务深度。在这样的情况下，企业为维护自身利益与服务对象的利益必然要进入大规模的电子商务实现阶段。初期那种不以营利为目的的网站宣传，为新的网上大批量的交易所代替，企业因此开始获得利润，并使效益逐渐扩大。企业的具体做法如下。

1.　了解常见的浏览器

目前流行的浏览器主要包括 Opera、Firefox、Safari、Chrome 和 360 浏览器等。

（1）Opera

Opera 起初是挪威 Opera Software ASA 公司制作的一款支持多页面标签式浏览的网页浏览器。由于新版本的 Opera 增加了大量网络功能，其官方将 Opera 定义为网络包。Opera 支持多种操作系统，还有手机版本（Opera Mini 和 Opera Mobile）。Opera Software ASA 在 2006 年与 Nintendo 签下合约，为 NDS 及 Wii 游乐机提供 Opera 浏览器软件，支持多语言，包括简体中文和繁体中文。

（2）Firefox

Firefox 是从 Mozilla Application Suite 派生出来的网页浏览器，源代码以 GPL、LGPL、MPL 这 3 种授权方式发布。

（3）Safari

Safari 是苹果（Apple）公司开发的网页浏览器，内建于 Mac OS。Safari 在 2003 年 1 月 7 日首度发行测试版，并成为 Mac OS 10.3 及其之后版本的默认浏览器，也是 iPhone 的指定浏览器。

（4）Chrome

Chrome 是一个常见的网页浏览器，采用 BSD 许可证授权并开放源代码，开源计划名为 Chromium。2012 年 8 月 6 日，Chrome 的全球市场份额已达 34%，成为南美和亚洲人民常用的浏览器之一。

（5）360 浏览器

它是互联网上好用和安全的新一代浏览器，和 360 安全卫士、360 杀毒等产品一同成为 360 安全中心的系列产品。360 浏览器具有独特的五大安全防护体系——系统级安全、进程级隔离安全、内核级安全、云服务安全、第三方服务安全，全面保护用户的办公浏览安全。

2.　创建电子商务网站

在网站创建之初，企业可以针对自己的多方面情况决定创建网站的方案。

一方面，企业可以采取租用空间的方式，创建自己的网站。这是简单的网站创建方案之一，它相当于在已有的网上"商场"租用柜台，企业只需要提供自己的产品资料，其余如网站维护等技术性较强的工作，甚至网络营销、电子支付等工作均由"商场"负责。当然，企业得负责回答用户的问题并提供送货服务。这种方式技术要求不高，启动迅速，效果立竿见影，即可马上得到回报，非常适合技术力量不强的中小型企业。其缺点是企业没有自己独立的 IP 地址和域名，企业的进一步发展将受到限制。早期，一些网上拍卖商场，如"eBay"也提供类似的服务。一旦免费注册为其会员，eBay 即可提供首页空间供在 eBay 上宣传的拍卖品使用。eBay 只对拍卖的每一件商品收取少量插入费和成交后的小额提成。其会员数已超过 500 万，生意极为兴隆。不少美国的家庭企业在其上开店，我国的一些艺术品商人通过它取得了可观的销售业绩。目前它已有超过 3 亿用户，成为个人交易的最大平台之一。

与在现实世界中一样，租柜台不仅要看租金，更重要的是看"人气"。如果企业希望在网上创业而又缺乏资金的话，不妨到 eBay 上转转，看企业的产品是否适合在其上销售。eBay 目前的主页搜索界面如图 1-9 所示。

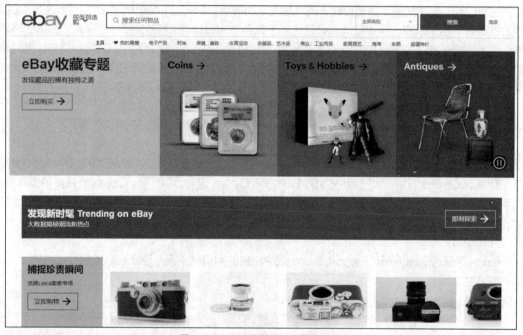

图 1-9　eBay 目前的主页搜索界面

另一方面，企业要独立经营网站，需要搭建 Web 服务器，包括独立建设（投资大、见效慢、需要有高水平的维护队伍、运行成本高）、主机托管、租用空间这 3 种方案。

（1）准备工作

准备工作包括确定企业用户群体的定位、电子商务实现目标的定位、技术与管理人员的定位。

（2）软硬件的选择

软硬件的选择要遵循安全、开放、扩展、实用的原则。硬件方面，企业要选择服务器（也可采用租用服务器的方式，将在本书项目二做详细介绍）、调制解调器等；软件方面，企业要选择开发电子商务网站的平台，如适合管理的网络操作系统、能够制作具有企业特点页面的软件、多媒体集成软件、电子商务通用数据库软件、电子商务通信软件和浏览器等。此外，企业还会遇到用于建立电子商城的软件、提供电子钱包的软件、建立电子付款网关的软件、建立认证中心的软件、保护电子商务的软件等。也许企业并不直接购买或经常使用这些软件，但应考虑它们与企业创建电子商务网站环境的一致性。

（3）Web 页面的创建、维护与更新

超文本标记语言（Hypertext Markup Language，HTML）是在万维网中用来建立超媒体文件的语言，它是国际标准 ISO 8879 SGML（Standard General Markup Language，标准通用标记语言）的实际应用之一。SGML 是用来定义结构化文本类型和标记这些文本类型的标记语言。作为一种标记语言，HTML 用以生成文本文档。在这种文档中，可以加入指向任何文档（文本、图像、动画和声音）的链接。设计 HTML 文档时，应注意以下几点。

- 好的页面结构设计是成功的关键。
- 重要内容放在醒目位置。
- 链接关系清晰直观。
- 布局合理、简洁。
- 信息组织有序。

另外，在设计 HTML 文档时，切忌使用过于华丽、复杂的页面，因为这样的页面往往打开时间较长，有些用户没有耐心等待。国外有人提出 50KB 的观点，即页面的大小应该在 50KB 左右。如果小于此规模，页面可能过于单调，并且内容不丰富；如果大大超过此规模，用户访问时页面打开速度较慢，很难留住用户，这一观点得到了国内外同行的认可。国外许多成功的页面大都使用较多的文本信息，而色彩与图片的使用较少，看起来让人感觉耳目一新，线索清晰。

图 1-10 所示的页面体现了中国万网简洁明了的网页设计思想。收费标准是中国万网要突出宣传的内容，网页全面体现了这一内容。通过这样的网页展示，浏览网页的用户可以准确地把握企业制作企业网站的价格和对应的服务标准。

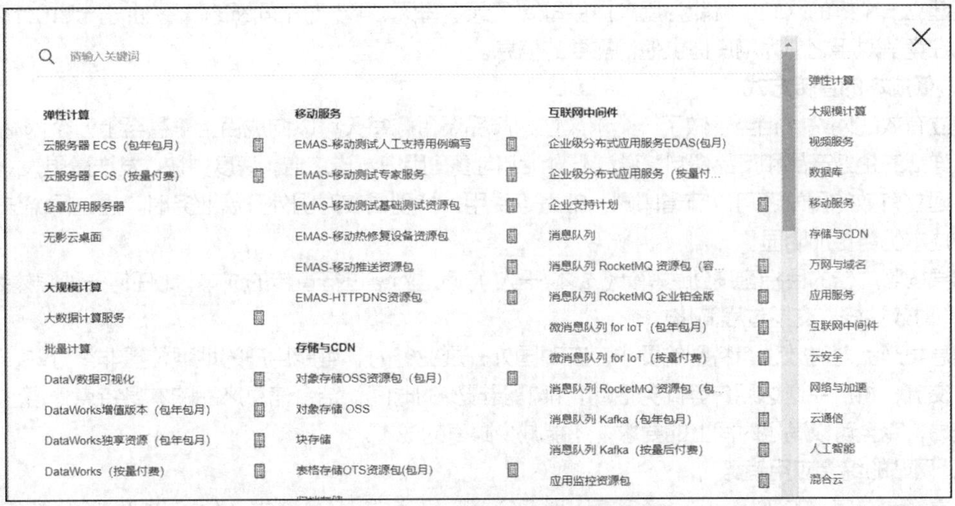

图 1-10　中国万网的精选活动的首页

企业 Web 页面的创建、维护与更新需要由相关的技术人员来支持。在电子商务使用过程中，企业应根据自己的产品或服务的变化来不断完善自己的网站，使其在动态中为用户服务（关于网页设计的内容，参见本书项目三）。

3. 网站的安全与管理

企业的电子商务网站开始经营以后，保证网站的安全，以及对日常电子商务活动进行管理是每个网站的重要工作（关于网站的管理与安全问题，参见本书项目五）。

1.3.3　电子商务功能齐备的阶段

在这个阶段，政府、企业、消费者全部都是电子商务的主角，电子商务被广泛应用于社会经济的各个方面和各个层次，包括网上贸易、网上税务管理、网上情感交流……完全实现了信息流、商品流、资金流的统一。关于电子商务的政策、法规也日臻完善，管理方式与方法日趋合理。企业的工作并没有"万事大吉"，而应更加注重以人为中心的电子商务活动，更加注重交易对象的权益，更加注重企业的服务。

电子商务将体现出新的特点。

1. 个人消费者群体与单位消费者群体消费习惯产生巨变

全球 Internet 普及情况调查结果显示，虽然全球经济正在衰退，但是 Internet 普及人口还是在稳步增加。巨大的上网人数，带来了巨大的商机。在欧美国家，90%以上的企业都建立了自己的网站，并通过网络寻找自己的客户、寻找需要的产品，这已经成为习惯。如果企业想购买商品，特别是首次采购时，会首先在网上进行初步的查找和选择，再进一步与供应商取得联系。IBM、三星、索尼等跨国公司，都会进行网上采购。

网上巨大的消费者群体特别是企业的商务习惯的变化，给网络营销提供了广阔的空间。

2. 突破地域限制

传统的报纸、电视、杂志等，都会受到地域的限制，影响范围最多为几个国家。而网络能到达世界上任何一个角落，只要用户有一台能上网的计算机。通过传统媒体进行的产品推广，只能是小范围的宣传；通过互联网进行的产品推广，是面对全世界的宣传。

3. 突破时间限制

做过外贸的人都知道，与大洋彼岸约定通话时，时间不是太早就是太晚，因为各国之间存在时间差。此地人们的睡觉时间正是彼地人们的工作时间，这使得沟通不便且成本高。

而建立一个好的网站，就能为用户提供每周 7 天、每天 24 小时不间断的联系时间，无论什么时候，总能抢在竞争对手之前为用户提供他们需要的信息。

4. 低成本的宣传方式

建立有效的网站，相当于做了一个永久性的产品展台，每天可以向成百上千甚至上万个网站的访问者提供详细的企业产品和产品资料；通过 E-mail 向潜在用户发送广告，速度更快，发送量更大。最重要的是，建立有效的网站还可以节省印刷、邮寄等费用。特别是在对国外开展业务时，通过网络进行业务拓展的成本优势更加明显。

如果按照广告的目标客户到达率计（成本/千人），通过网络进行宣传的成本，比任何一种媒体都要低。

5. 时效性好，交易过程简化

信息类产品对时效性有特别的要求。在对国外开展业务时，可能用户的地理位置非常分散，但是看样本、交流、将产品送达用户等商务活动，都需要最少的时间。结合信息产品的本身特点，通过网上方式去交易，完全可以满足时间上的要求，还能减少邮寄的成本。

6. 网站的综合应用趋势

随着移动端应用的普及，电子商务将出现 PC 端、微信端、WAP 端、App 端四端合一的综合应用状态，PC 端将不再独领风骚。

通过以上几点可以看出，届时国外、国内网站应用将会非常普及，通过网站营销有诸多的优势。企业必将全部或部分利用网站这个廉价高效的手段。

可以说，上述 3 个阶段中后一个阶段都是以前一个阶段为基础的，没有前一个阶段打好的基础电子商务不可能有长远的发展。所以对于那些目前尚未开展电子商务的企业，有必要从一开始就打好基础，为企业日后发展创造好条件。

【任务实施】

任务 1　广泛浏览 B2B 和 B2C 网站

任务 2　登录京东网站、体会商品分类的优点

任务 3　登录中国万网了解建站方案的优点

【拓展实验】

拓展实验　完成网站项目设计说明书

【项目小结】

本项目比较系统地介绍了创建企业网站的规划流程，包括建站前的充分准备、确定创建网站的目的、规划创建网站的阶段。通过上述环节，使建站的规划清晰，准备开始建站的企业都可以以此为参照。本项目的目的不在于讨论具体的技术实施方案，只对创建网站的技术问题做了初步介绍。全面的技术要领可以通过后面的项目进一步学习。

【项目习题】

1. 大量浏览电子商务网站。
2. 研究创建网站的核心问题，即目标定位问题。
3. 提出自己的网上销售商品目录，并说明原因。

项目二
网站建设入门

02

【知识目标】

1. 了解企业网站域名的基本概念；
2. 熟悉域名解析的过程与基本方法；
3. 掌握企业网站建立的方式；
4. 掌握企业网站软件功能的配置。

【技能目标】

1. 能够掌握域名注册的基本方法；
2. 能够独立完成企业网站服务器的配置；
3. 能够独立安装 Windows Server 2016 操作系统；
4. 能够使用 PhPStudy 搭建企业 Web 站点；
5. 能够使用 PhPStudy 搭建 FTP 站点。

【预备知识】

1. 计算机应用基础知识；
2. 计算机网络基础知识；
3. 网页设计基础知识。

　　一个剧团要想取得好的演出效果，不仅要有好演员，还要有好的剧本、舞台、灯光和音响。建立一个好的电子商务网站，如同运作一个好的剧团，电子商务网站要想得到用户的青睐，从注册域名开始，就要选择有特色、能代表企业形象的域名；选择适合企业的建站方法，配置好服务器等硬件设备，选择适用的软件平台。这样，企业要唱的这台"大戏"就具备了演出的基本条件。

2.1　域名注册

　　互联网用户接触企业、了解企业，最早是从企业网站的域名开始的，要想让用户在成千上万的网站中记住一家企业，域名起着非常关键的作用。

2.1.1　选择域名

选择域名主要包括了解域名的种类和作用以及了解怎样选择最佳的域名。

1. 域名的种类和作用

域名对网站来说是一个极其重要的部分，是网站的"商标"。所谓域名，是指一种基于 IP 地址的层次化的主机命名方式。从技术角度来看，域名是一种用于解决 IP 地址不易记忆的方法；从管理角度来看，层次化的域名体系使 IP 地址的使用更有秩序、更容易管理，是比 IP 地址更高级的地址形式。每个域名在互联网上都是唯一的，域名注册机构保证全球范围内没有重复的域名。

注册域名是建立企业网站的第一步，就像现实生活中开公司要起公司名一样，域名是企业在网上发布信息、进行业务往来的基础，所以域名可以看作企业在 Internet 上的"商标"。全球任何一个 Internet 用户只要知道企业的域名，就可以使用域名访问这个企业的网站，所以域名又是企业在 Internet 上的"门牌号码"。

一家企业只有注册域名，才能在 Internet 上确立自己的一席之地。任何企业都可以在 Internet 上注册自己的域名，让全球的用户通过浏览器访问自己的网站。如果企业的域名与企业的名称或商标保持一致，那么人们就很容易在 Internet 上找到该企业的网址，以及检索到所需信息，使名称、商标这些无形资产在网络空间得到延伸。具有自己域名的企业网站，能面向全球进行展示和宣传，给企业带来诸多好处，在一定程度上代替企业传统的宣传资料，而且这个宣传资料可以实时更新，可以向用户提供最新的信息，所以大型企业一般都会设立独立的网站为用户提供网上服务。

在 Internet 的技术领域中，域名是服务器或网络系统的名字，在全世界不能有重复的域名。

域名可以由若干个英文字母、阿拉伯数字以及连字符"–"组成，并由点号"."分隔成几层，每层最长不能超过 26 个字母，字母的大小写没有区别。国内域名注册由中国互联网络信息中心（China Internet Network Information Center，CNNIC）指定的域名注册服务机构负责提供注册服务；国际域名注册由设在美国的国际互联网络信息中心（Internet Network Information Center，InterNIC）和它设在世界各地的分支机构负责提供注册服务。

域名的组成如图 2-1 所示，从最右边开始，第 1 层称为顶级域名或一级域名，第 2 层称为二级域名，第 3 层称为三级域名，以此类推（国内域名一般都是三级域名或四级域名，三级域名由 CNNIC 的 DNS 服务器集中管理和解析，四级域名的管理和解析则由分布到全国的各个 ISP 或者由用户自行设立的 DNS 服务器管理和解析）。域名最左边点号之前的叫作主机名。

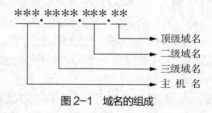

图 2-1　域名的组成

顶级域名由负责名字和号码分配的国际组织互联网名称与数字地址分配机构（Internet Corporation for Assigned Names and Numbers，ICANN）定义，由 2～4 个英文字母组成。常用的顶级域名有以下 3 类。

- 开放的通用顶级域名，向全球用户开放，全球用户都可以注册使用。
- 限制的通用顶级域名。
- 国家或地区代码顶级域名，向代码所代表的国家或地区开放。它们由点号和两个字母缩写来表示，如我国代码顶级域名为.cn。

在国家或地区代码顶级域名下用户还可以直接注册二级域名。

二级域名就是用户直接在国家或地区代码顶级域名，如.cn 下注册的域名。这是目前国际上比较普遍采用的一种域名，如 cnnic.cn 就是 CNNIC 的二级域名。

二级域名的优点是简短、易于记忆并且能够突出体现地域概念。

此外用户还可以注册中文域名，目前提供注册的中文顶级域名包括".中国"".公司"".网络"，用户可以在这 3 种中文顶级域名下注册纯中文域名。另外在".中国"下注册中文域名的用户将自动获得".cn"中文域名。

一般来说，大型的或有国际业务的公司或机构不使用国家或地区代码。这种不带国家或地区代码的域名也叫作国际域名。这种情况下，域名的第 2 层就代表一个机构或公司的特征部分，如 ibm.com 中的 ibm。对于具有国家或地区代码的域名，代表一个机构或公司的特征部分则是第 3 层，如新浪网站域名 sina.com.cn，其中的 sina 就是公司的特征部分。普通的机构或公司通常只可以选择.com、.net 和.org 这 3 种类型的域名。

中国企业主要注册两种类型的域名：一种是国际通用顶级域名，其格式为"企业名称.com"，由国际域名管理机构 InterNIC 负责受理；另一种是中国的通用域名，即"企业名称.com.cn"格式，.cn 表示中国，由 CNNIC 认证的注册服务机构受理（当然还有其他格式的域名）。这两种域名在使用上没有不同，只是国际上互联网应用的习惯及标准规定而已。

注册国际域名手续非常简单，到相关网站填写注册表后，提交注册表并及时支付注册费即可。注册国内域名，在填写表单并提交后，还需将单位营业执照复印件、申请表及介绍信交到 CNNIC 备案方可生效。

作为中国企业，除了注册自己的国内域名之外，应同时注册国际顶级域名，其原因主要有以下 3 个方面。

- 由于国际域名在全世界是统一注册的，因此在全世界范围内，如果一个域名被注册，其他任何机构都无权再注册相同的域名。

国际域名由设在美国的 InterNIC 和它设在世界各地的分支机构负责批准相关申请，它是面向全世界的所有人和所有机构的。注册国际域名没有条件限制，任何机构和个人均可以申请。注册域名的规则是谁先申请，就先批准给谁，因此越早行动，越有可能获得自己所需要的域名。有人把这件事情比喻成发现新大陆。新大陆的资源有限，Internet 上的域名更有限——因为每个域名都具有唯一性。

- 虽然域名是网络中的概念，但它已经具有类似于产品的商标和企业的标识符的作用，注册自己的域名是有效地保护企业的公共形象、商标、品牌等无形资产的极其迫切的重要行为。

域名被认为是企业的"第二商标"是有道理的。域名资源相对比较紧张，应该说比商标资源还要紧张。因为商标是分类的，如熊猫，可以在不同的类别下注册商标，可以分别属于不同的企业，可以是熊猫牌洗衣粉，也可以是熊猫牌电视机，但域名只有一个，用此域名的企业也只有一家，谁先注册域名就是谁的。

- 符合用户访问网站的习惯。当用户想尝试访问自己还不完全知道网址的企业网站时，往往是这样试着输入的：http://www.商标名或企业名.com。所以，企业更应该首先注册自己的国际域名。

2．怎样选择最佳的域名

域名不仅是企业的网络商标，也是人们利用搜索引擎在互联网上查找信息的依据之一。如何选择一个好的域名呢？一般应遵循以下原则。

① 选择简短、切题、易记的域名。选择一个简短、切题、易记的域名是网站成功的重要因素之一。这种域名往往会给用户留下深刻的印象，如中央电视台建立的网站域名为 www.cctv.com.cn。公司采用数字作为域名更是煞费苦心，网易认为，英语并非中国的母语，对绝大多数人来讲，用英文作域名并不易记，唯有数字，简单好记，无论用电话传达或邮件传达都不易混乱，所以网易一口气注册了 163、263、

126、127、188、990 等多个域名。电子商务网站"阿里巴巴"读起来朗朗上口，个性鲜明，中英文和谐一致，会更多地赢得那些对英文不熟的访客的访问量。此外，域名不宜太长，否则很难记忆，谁也不愿意输入一个长而难记的地址，就像京东网站，其二级域名只有两个字符，极大地方便了用户。

② 选择与本公司密切相关的域名。按照习惯，一般应使用企业的名称或商标作为域名，也可选择与企业广告语一致的中英文内容，但注意不能超过 63 个字符。域名的字母组成要便于记忆，要能够给人留下较深的印象。如果企业有多个很有价值的商标，最好都通过注册进行保护。企业也可以选择自己的产品或行业类型作为域名，如企业是从事图书出版发行或销售行业的，那么"book"将是一个很好的选择，但是这样的域名都被抢先注册了。

好的域名应该与企业的性质、企业的名称、企业的商标及企业形象一致，这样的域名易记易找，也能成为网络上的"活广告"，还能在无形中宣传企业的形象，保护企业的利益。

如果企业的域名选得不规范，就会不便于记忆、查找，不便于企业发掘互联网上的潜在用户，这会在一定程度上给公司造成损失。现在有一些企业在选择域名时比较随意，这样既不利于反映企业的形象，又容易造成误解。

据统计，域名数量在以每年百万的速度迅速膨胀，如果有意抢占先机，就应该赶快注册。域名注册得越早，就越拥有主动权，也就能越早受益。

2.1.2 注册域名

确定域名时，要选择有显著特征和容易记忆的单词，最好简短而且有意义。一个好记又好用的域名往往会带来事半功倍的效果。申请域名的手续极其简单，只需要到 ISP 那里领取申请域名的表格，填写完毕就可以了，也可以通过 Internet 在网上完成申请。

国内域名注册的权威机构是 CNNIC。但从 2003 年起，CNNIC 自身不再负责域名注册的具体工作，只负责注册域名的管理工作，维护域名中央数据库、提供域名解析服务、开展有关技术和政策研究工作。企业或个人用户要注册域名，可以向 CNNIC 授权的注册服务机构申请，这样的注册服务机构有几十家。国际域名最好通过 ICANN 认证的域名注册服务商或 NSi（Network Solutions international）公司这样的代理商来注册。

全球最大的域名注册机构之一的美国 NSi 公司和 CNNIC 推出（简体或繁体）域名注册服务。此项中文域名区别于先前市场上所谓的"中文域名"，与现有的全球通用的英文域名注册系统完全兼容，无须使用任何客户端软件，无须服务商对 DNS 服务器进行任何设置，就可成功访问。

国内域名注册有两种方法：第一种是企业自己向 CNNIC 授权的注册服务机构申请；第二种是由 ISP 帮助企业注册域名。目前绝大多数域名都是通过第一种方法进行注册的，主要是因为这种方法费用低，而且便于企业控制注册过程（这很重要，可以在未来避免许多麻烦），但在注册过程中要回答一些技术问题，自己应有所准备。而第二种方法主要用于注册一些特殊的域名，需要接入专用网络才能够注册，比如以"edu.cn"结尾的域名需要接入教育网才能注册。

2.1.3 解析域名

域名解析是由 DNS 服务器完成的。DNS 服务器逻辑上按层状结构组织，上一层的 DNS 服务器负责定位下一层的 DNS 服务器地址或者直接定位到主机地址。最顶层是根服务器（Root Server），负责找到相应的顶级域名服务器。目前世界上有 13 个根服务器，美国维护 10 个，日本、英国和瑞典各维护一个。根服务器的下一层是顶级域名服务器，由 ICANN 管理，各国家或地区代码域名服务器由各个国家或地区自己管理。

我国的国家代码顶级域名为.cn，CNNIC 是我国的域名管理机构。我国早就将 CN 域名服务器从国外搬回国内，在 2006 年开通五大顶级节点且实行灾备管理，同年底开通根域名中国镜像服务器，在国内访问任何以.com 和.net 结尾的网站时不必再从国外进行解析，在本土即可完成访问请求，不过 DNS 解析的结果最终还是会汇总到根服务器上。

DNS 服务器内都有 DNS 数据库，数据库中存储着很多解析记录，包括域名到 DNS 服务器地址以及域名到主机 IP 地址的对应记录，总体上构成一个巨大的分布式数据库。

一个域名要想被 Internet 上的用户访问到，必须得到正常的域名服务，即包括以下几个方面。

- 在根服务器中有记录，这实际上就是指进行域名的注册。
- 在有权威性的域名服务器上有记录，就是为域名提供域名解析服务。

域名和 IP 地址不是一对一的关系，而是多对多的关系，即多个域名可以对应同一个 IP 地址，同一个域名也可以对应多个 IP 地址。在应答域名查询时，DNS 服务器将对每个查询按解析记录的 IP 地址的顺序给出不同的解析结果，将客户端的访问引导到不同的主机上，达到负载均衡的目的。例如，在 UNIX、Linux 或 Windows 操作系统的命令行方式下使用 "nslookup [域名]" 命令，就可以看到该域名对应多个 IP 地址，使用 ping 命令也可以看到 ping 同一域名时每次得到的 IP 地址可能不一样。

2.2 选择企业建立网站的方式

2.2.1 网站服务器的选择

网站是一种最基本的 Internet 应用，需要部署在面向 Internet 的网络服务器上。建立和发布网站首先需要选择承载网站的服务器。下面列出目前常用的选择方案。

1. 自行管理服务器

企业选购自己的服务器，需要单独建设机房，租用专线接入 Internet。采用这种方案，服务器完全由企业掌控，不受第三方约束，可以说是最安全、最可靠的，但是缺点很明显，具体列举如下。

- 成本很高。需要投入高昂的专线及网络相关设备费用，配备专业的维护工程师。
- 稳定性差。多数企业缺乏足够专业的团队对网站进行维护，难以得到 365 天全天候运营服务和监控服务。
- 安全性不高。专线接入易受外部攻击，难以提供像专业数据中心一样的网络安全保障。
- 运行环境差。网络的可用性以及通信的稳定性、速度和带宽相对不足，电力持续供应不能保证，机房环境相对较差。
- 扩展性差。自备机房空间和带宽有限，不易快速和稳定地进行升级和扩展。

2. 托管服务器

托管服务器是指企业自行购买服务器，然后将其托管到 IDC（Internet Data Center，互联网数据中心）服务商的机房中，企业需要支付通信带宽和托管费用。IDC 具有完善的机房设施、高品质的网络环境、丰富的带宽资源和运营经验，可对用户的服务器进行实时监控。服务器仍然为用户所拥有，服务商一般提供线路维护和服务器监测服务，用户自己维护（一般通过远程控制进行），或者委托专业人员远程维护。托管服务器具有以下优点。

- 服务器由企业自行配置，可以根据自身的发展需要，选择适合自己的配置，更好地匹配企业所选购的软件。
- 与自建机房并租用专线上网相比，其整体运营成本有较大程度的下降。不用自建机房，还可以节省高昂的专线、网络设备费用，以及相关的管理和维护开销。
- 稳定性好。专业机房提供 365 天全天候运营服务，专业服务商提供稳定的网络带宽，无线路拥塞之忧。有专业技术人员负责维护网络，有效保障网络的稳定和高速运行。

● 安全性高。专业服务商提供高可靠的防火墙，365 天监视、检测来自网络的攻击。

● 运行环境优越。专业服务商拥有规模和容量较大的机房，拥有多条 Internet 网络通道，网络畅通率达到 99.9%，电力持续供应保证两路市电。

● 托管网络设备扩展方便。在数据部署以及迁移的过程中会比较方便。

3. 租用服务器

这里特指对传统的实体物理机的整机租用。用户无须自己购买服务器，只需根据自己业务的需要，提出对硬件配置的要求，由服务商按需提供网络服务器，并提供从设备、环境到维护的一整套服务。通常由服务商管理、维护服务器硬件和通信线路，用户可选择完全自行管理软件部分，包括操作系统及相应的应用软件，也可要求服务商代为管理系统软件和应用软件。整机租用由一个用户独享专用高性能服务器，在成本和服务方面的优势明显。租用有助于用户解决服务器软硬件更新换代快等方面的问题。现在 IDC 服务商提供的租用比较可靠，后期运维也有保障。

4. 租用虚拟主机

虚拟主机依托于服务器，一台服务器可以配置成若干个具有独立域名和 IP 地址的虚拟主机，多个用户共享一台服务器的资源。一般由服务商安装和维护系统，用户可以通过远程控制手段全权控制属于自己的虚拟主机，性价比高于自己建设和维护服务器的性价比。用于建立网站的虚拟主机有以下几种形式。

（1）网站租用空间

这是早期最简单的解决方案之一，由 ISP 提供磁盘空间来承载用户的 Web 网站，用户没有自己独立的域名，空间的网络地址是一串 URL 地址，实际上使用网站虚拟目录作为子网站对外出租。这种解决方案只适合简单的展示类网站，不能满足商用需求。

（2）Web 虚拟主机

这种方案是在一台服务器上建立多个 Web 网站，会将一台服务器主机划分成若干台"虚拟"的主机，每一台虚拟主机都具有独立的域名（有的还有独立的 IP 地址），具备完整的网络服务器（WWW、FTP 和 E-mail 等）功能，虚拟主机之间完全独立，并可由用户自行管理。这种解决方案主要用于 Web 网站，是早期 ISP 主推的建站服务形式，也是中小型企业在低投入情况下的一种很好的选择。与服务器托管和整机租用相比，这种方案可以节省开支，并且同样可以获得较高的访问速度。

（3）VPS

VPS 全称为 Virtual Private Server，可译为虚拟专用服务器。一台物理服务器可以通过服务器虚拟化和自动化技术虚拟成多个 VPS。VPS 主要采用服务器虚拟化技术，基于共用的操作系统内核，无须额外的虚拟化内核的过程，虚拟化过程资源损耗低，可以在一台物理服务器上实现更多服务器的虚拟化。

VPS 以最大化的效率共享硬件、软件许可证以及管理资源。每个 VPS 都可分配独立公网 IP 地址、独立操作系统，实现不同 VPS 间磁盘空间、内存、CPU 资源、进程和系统配置的隔离，为用户模拟出应用程序"独占"使用计算资源的体验。VPS 可以像独立服务器一样，重装操作系统、安装程序、单独重启服务器等。IDC 以资源租用的方式对外提供 VPS 租用服务。VPS 技术同时支持 Linux 和 Windows 平台。

VPS 可以运行单独的操作系统，管理方法同服务器的一样。其 CPU（Central Processing Unit，中央处理器）、内存都是共享的，一台物理服务器上可能会运行上百个 VPS。一旦物理服务器宕机，它上面运行的所有 VPS 都会跟着宕机，可用性就会得不到保障。

5. 租用云主机

云主机是一种基于云计算的新兴虚拟主机。云计算（Cloud Computing）是一种计算机软硬件资源租用服务，目的是将计算、服务和应用作为一种公共设施提供给公众，使人们能够像使用水、电、煤气和电话那样使用计算机资源。IaaS（Infrastructure as a Service，基础设施即服务）是目前最主要的云服务模式之一，这种模式将数据中心、基础设施等硬件资源通过 Internet 分配给用户，提供的是虚拟机，即云主机。云主机是云平台提供的由计算、网络和存储资源组合而成的虚拟机。

具体来讲，云主机具有以下优点。

- 快速部署。一般云服务商都会提供快速部署能力，可以快速申请。
- 按需配置资源。用户可以自行选择 CPU、内存、硬盘、带宽线路、操作系统、平台软件、租期等，按需付费。
- 弹性升级和扩容。云主机提供的是弹性计算服务（Elastic Compute Service，ECS），在集群内是弹性可伸缩的，用户可根据需求灵活地调整配置，可以随时在线增加服务器的 CPU、内存、硬盘以及带宽等配置，或者增加服务器数量，无须担心低配服务器在业务突增时产生的资源不足问题。无须转移数据即可弹性扩容，这也是它特有的优势。
- 安全系数高，不容易宕机。云主机是服务器集群在均衡负载之后产生的虚拟主机，集群中每个服务器上都有云服务器的一个镜像，除非集群内服务器全部出现问题，才会导致用户无法访问。主机中的数据有多重镜像备份，用户的数据安全更有保障。良好的物理隔离，将确保主机不会因其他用户主机故障而受到影响。
- 管理方便。用户可以通过 Web 页面集中管理租用的分布在多个云计算节点的云主机。云主机提供了控制面板，能直接在线升级、安装补丁、重启系统等。
- 高性价比。云主机全部采用高端服务器，每个用户都独占主机资源。

云主机是虚拟化出来的，如果宿主主机负载高，会影响其上的云主机。另外，云主机的机型配置一般都是通用版的，无法满足某些特殊的硬件或者系统配置。

不同的企业根据不同的需求进行综合评估后选择所需要的服务器，这样才能使有限的资源发挥最大的作用。下面是网站服务器选择建议，可供参考。

如果技术和设施条件都很好，可自行建设和维护服务器，需要提供足够带宽的 Internet 线路。这种方案代价太高，仅专业机房的电力费用就不低，一般只有大型企业才会考虑自建自管。另外，在开发或测试阶段也可使用自己的服务器。从性价比和管理与维护的角度考虑，面向 Internet 部署网站服务器时可选择租用服务器、托管服务器、租用虚拟主机或租用云主机等外包服务。这些外包服务由 IDC 服务商或云服务商提供，这些服务商往往会提供包括域名注册、企业邮箱等在内的一系列服务。

选择托管服务器的以大中型企业居多，这类企业更注重服务器的稳定性和数据的安全性，会根据自己的实际情况定制硬件，对硬件的要求较高，多选择品牌服务器。这种方案能省去宽带接入、机房和设备维护等方面的投入，同时又能享受到高品质的网络服务，相对成熟的企业电子商务网站可以选择这种方案。托管业务一直是传统 IDC 行业主推的业务。托管服务器美中不足的是价格偏高。

服务器整机租用业务是面向具备一定购买力且比较关注短期投资回报率的企业推出的传统业务。IDC服务商有自己的渠道，他们购买硬件的价格会比企业自行购买的更低。这种方案一次性投入小，对于小型企业和前期投入较少的用户来说非常实用。即使对服务器硬件配置要求不高，租用时也要确保是品牌机，并选择优质机房。在搭建初创阶段的企业电子商务网站时可以考虑选择这种方案。不过随着云主机的流行，转向云主机的用户越来越多。

简单的形象宣传类网站使用租用空间即可，数据展示类网站则可以使用 Web 虚拟主机。这两类虚拟主机方案虽然是成本最低的，但服务品质往往缺乏保障，仅适用于小流量的小型企业网站。如果网站应用更注重性能、可靠性，需要满足较大访问量，则不能选择这类方案。

VPS 是一种介于传统虚拟主机和独立服务器之间的技术，从性能、安全及扩展性上同独立服务器没有实质性的差别，而费用仅相当于租用独立服务器的 1/4 或 1/5，并且无须额外支出后续的硬件管理和维护成本。VPS 拥有传统虚拟主机所不具备的系统独立管理权，解决了那些既需要独立主机性能，资金又不够充裕的网站的运营和发展问题，无疑是一种比较实惠的选择，在搭建初创阶段的企业电子商务网站时可以考虑选择这种方案。

目前，云主机作为一种新兴的网站托管平台，开始替代大量的虚拟主机和物理服务器。云主机相对于物理服务器的短板越来越少，且其优势相对于传统虚拟主机和物理服务器更为明显。最重要的是它拥有弹性升级和扩容能力，快速发展的中小型企业在业务量增大时对其进行直接升级即可，避免了使用传统服务器导致的前期资源浪费、后期资源不足的问题。电子商务网站初始阶段访问量小，只需要一台低配服务器即可，应用程序、数据库、文件等所有资源均在一台服务器上，选择低配的云主机即可。随着业务量的增长，可以随时在线升级服务器的 CPU、内存、硬盘以及带宽等配置，或者增加服务器数量，无须担心低配服务器在业务量突增时产生的资源不足问题而导致用户流失。实践证明，即便是支持大流量、高并发的商城类网站，云主机也足以胜任。

2.2.2　服务商的选择

网站的建设、维护和开发是企业开展网络营销的前提和基础。从网络平台的提供、网站的规划与设计到网站建设的专业化，专业化技术服务商都可以为企业创建完整的网络营销环境。无论是自建自管网站服务器，还是租用网站服务器，都需要与相关的服务商打交道。

1. 如何选择 ISP

自建自管网站服务器要接入 Internet，就需要与 ISP 打交道。ISP 是 Internet Service Provider 的缩写，其意为因特网服务提供方。每一个 ISP 都有自己的服务器，且通过专门的线路 24 小时不间断地连接在 Internet 上。需要连接 Internet 时，只要与 ISP 的服务器连接，就可与世界各地连接在 Internet 上的计算机进行数据交换。

（1）考虑 ISP 的服务质量

决定 ISP 提供服务质量好坏的因素是专线带宽、中继线数量及数据流通时的最高通信速率。

● 专线带宽。专线带宽指的是 ISP 的服务器与 Internet 连接时的专线数据传输速率。因为所有的 ISP 用户在与 ISP 服务器连通之后，都使用这条专线，所以专线的带宽越宽，用户的连线速度就越快。国内大多数 ISP 都是使用 ChinaNet 国际出口与 Internet 连接的，它们提供的专线带宽是指与 ChinaNet 连接的专线数据传输速率。

● 中继线数量。中继线数量决定了 ISP 可以同时支持的用户数。也就是说，如果 ISP 有 100 条中继线就可以支持 100 个用户同时上网。有的 ISP 租用中继线，而有的 ISP 是电信部门直接主办的。

● 最高通信速率。目前 ISP 提供给以拨号方式上网的用户的最高接入速率为 56kbit/s；ADSL 用户的下行速率可以达到 8Mbit/s，最高上行速率可以达到 640kbit/s；光纤接入的下行速率可以达到 1Gbit/s。

（2）考虑 ISP 的收费

收费及服务一直是各家 ISP 所竞争的焦点。目前的收费方式基本上有 3 种：主叫式计费、固定账户按实际使用时间收费和固定账户包月付费。

● 主叫式计费。主叫式计费是指该网络用户没有实际申请固定的账户，而是使用 ISP 提供的电话号码和公用账户及密码来上网。ISP 会自行识别拨出电话的号码并计费，用户在交电话费时一并交纳使用网络的费用。该种方式的最大特点之一就是用户不需要办理任何入网手续即可上网，网费的交纳也非常方便。

● 固定账户按实际使用时间收费。这是最常用的方式之一，用户到 ISP 那里申请一个自己的账户，交纳开户费并存入一定数额的网费，ISP 会根据用户实际的使用情况从中扣除。当存入的网费用完后，用户需再向账户中存入一定金额的网费以便继续使用。

● 固定账户包月付费。包月付费就是每个月交纳固定数额的费用，然后就可以不限时间地使用网络。通常 ISP 都会提供安装、调试、培训及网络基础讲解等服务。为用户注册域名是 ISP 所提供的又一项服务，该服务通俗来说就是给用户在网络中建立一个家。

（3）慎重选择 ISP

ISP 会提供很多服务，可以让企业员工访问 Internet，也可让企业将网站信息放到员工的主机上。选择 ISP 是很重要的决策，会直接影响到 Web 网站的成功与否。

Web 服务器是企业网上经营的驻留地，企业信息能否响应访问者的浏览请求顺畅地进行展示，Web 服务器与 Internet 骨干网的连接速率和连接是否能够保持不断线是关键所在。所以，在选择 ISP 时，切忌只图便宜，不顾性能，不看技术支持和售后服务。

2. 如何选择 IDC 服务商

IDC 拥有优良的设备、高速的网络、安全的物理环境、专业的管理模式、完善的应用服务平台。选择服务器托管、租用服务器或传统虚拟主机的企业，需要考虑选择合适的 IDC 服务商：一是要选择具有正规营业执照和相关资质的 IDC 服务商；二是要考察服务商能够提供的宽带资源和服务质量。具体可以从以下几个方面入手。

● 上网查询 IDC 服务商的信誉。

● 从 IDC 服务商网站客服那里了解服务产品。

● 不少 IDC 服务商都是中间商，可以从互联网、代理企业、运营商等多方面了解机房硬件及带宽情况，拥有好的机房才可能提供稳定的服务。

● 不要因为只关注价格是否够便宜，而忽视质量。服务器的价格高低取决于多方面的因素，如带宽、IP 分配、硬盘、内存等，一定要满足自己的实际需求。

3. 如何选择云服务提供商

一旦决定选择云主机，就要选择云服务提供商。面对各有优势的众多云服务提供商，选择时可以考虑以下几个方面。

① 安全稳固性。用户选择云主机的目的是在减少成本的前提下，更好地获取 IT 资源。但是，即便成本再低，不安全也没有意义。

② 访问速度与稳定性。这关系到网站的用户体验，具备更高的访问速度与更稳定的访问状态对网站来说尤其重要。

③ 升级扩展弹性与部署能力。

④ 优质的服务。首先要注重的是云服务提供商的服务能力，其次才是进行云主机的性能比较。优质又贴心的售后服务非常必要，云服务提供商应有一支专门的售后维护团队，以便为有售后问题的用户提供一对一的服务。

⑤ 技术参数及其细节。除了 CPU、内存、硬盘、带宽线路外，还有一些细节，如使用的硬盘是闪存还是普通云盘，前者存取速度更快。

⑥ 考虑品牌。大品牌的服务商有资金、有实力，质量一般没问题。

值得注意的是，一些传统的 IDC 服务商也将业务转到云上。在选购云主机时要搞清楚商家提供的是 VPS，还是真正的云主机。

2.2.3　网站服务器硬件配置

企业要建立电子商务网站，必须先搭建网络平台。这其中涉及许多硬件设备，如计算机、网卡、网线、交换机、路由器和服务器等，此外，还要有网络操作系统和应用软件。而服务器的选择是最重要的工作之一。

服务器不论是自建自管还是托管都需要购置一台或多台服务器作为网站的核心设备。服务器选购得是否合适，对网站的正常运转影响很大。租用服务器，甚至租用虚拟主机或云主机也需要了解服务器的硬件配置。

1. 服务器的概念

服务器（Server）是指在网络环境中为客户机（Client）提供某种服务的专用计算机。服务器管理着应用程序、数据和网络资源。客户机请求服务，而服务器提供服务。早期的服务器主要用来管理数据文件或网络打印，现在的服务器则可以根据用户的不同需求，提供不同的服务（如 Web 服务、E-mail 服务、Internet 接入服务及基础安全性的访问等）。

服务器既可以是集中式的，也可以是专用的。集中式服务器是指将网络上的多项任务集中到单个主机上，可用来处理网络上的所有打印机、应用程序和数据共享任务。集中式服务器必须是高性能的计算机，以便能及时有效地处理网络上的各种任务。专用服务器则是指一台服务器只对应于一种服务，如应用服务器、文件服务器、电子邮件服务器及打印服务器等。专用服务器可以支持不同用户，因为负载分布于多台机器上。

2. 服务器的性能及选购

服务器是整个网络的关键设备，与普通计算机相比，对服务器的处理速率、可靠性、稳定性等综合性能的要求都比对普通计算机的要求高。服务器的选购需考虑许多因素，所以用户有必要了解服务器的相关知识，以做出正确的选择。

（1）服务器的分类

首先要清楚目前主流服务器的分类、各类服务器的主要特点以及适宜的应用场合。根据服务器的应用领域和配置档次，把服务器大致分为以下 4 类。

● 入门级服务器。入门级服务器主要针用使用 Windows NT 或 NetWare 网络操作系统的用户，可以充分满足办公室型的中小型网络用户的文件共享、数据处理、Internet 接入及简单数据库应用等需求。这种服务器与一般的计算机有相似之处。这种服务器无论在性能上还是价格上都与高性能品牌机相差无几，但它所能连接的终端数量非常有限（一般为 20 台左右），并且稳定性、可扩展性及容错能力和冗余性能较差，所以仅适用于没有大型数据库数据交换、日常工作网络流量不大、服务器无须长期不间断开机的小型企业。

● 工作组级服务器。工作组级服务器是比入门级服务器高一个层次的服务器，但仍属于低档服务器。工作组级服务器通常是仅支持单或双 CPU 结构的应用服务器，可支持大容量的差错校验（Error Checking And Correction，ECC）内存和增强服务器管理功能的 SM 总线，功能全面、可管理性较强且易于维护。它能连接一个工作组（50 台左右的终端），可以满足中小型网络用户的数据处理、文件共享、Internet 接入及简单数据库应用等需求。工作组级服务器较入门级服务器来说性能有所提高、功能有所增强，有一定的可扩展性，但容错能力和冗余性能仍不够好，也不能满足大型数据库系统的应用，且价格比入门级服务器贵许多，一般相当于 2～3 台高性能品牌机价格的总和。

● 部门级服务器。部门级服务器一般为双 CPU 结构，集成了大量的监测及管理电路，具有全面的服务器管理能力，可监测如温度、电压、风扇、机箱等状态参数，并结合标准服务器管理软件，使管理人员能及时了解服务器的工作状况。同时，大多数部门级服务器具有优良的系统扩展性，能够让用户在业务量迅速增加时及时在线升级系统，充分保护用户的业务。它是使企业网络中分散的各基层数据采集单位与最高层的数据中心保持稳定连接的必要环节。部门级服务器可连接 100 台左右的终端，适用于对处理速度和系统可靠性要求高一些的中小型企业，其硬件配置相对较高，可靠性也比工作组级服务器要高一些，当然其价格也较高（通常为 5 台左右高性能品牌机价格的总和）。部门级服务器可用于金融、邮电等行业，一般为中型企业的首选。

● 企业级服务器。企业级服务器属于高档服务器，一般采用 4 个以上 CPU 的对称处理器结构，有的 CPU 数量多达几十个，有独立的双 PCI 通道和内存扩展板，具有高内存带宽、大容量热插拔硬盘和热插拔电源，更具有超强的数据处理能力。企业级服务器产品除了具有部门级服务器的全部服务器特性外，最大的特点就是它还具有高度的容错能力、优良的扩展性能、故障预报警功能、在线诊断功能和 RAM、PCI、CPU 等具有热插拔功能。企业级服务器可连接数百台终端，适合运行在需要处理大量数据、对传输速率和可靠性要求极高的金融、证券、交通、邮电、通信等行业的大型企业。

在服务器 CPU 指令架构方面首选复杂指令集计算机（Complex Instruction Set Computer，CISC）架构的服务器，因为这种架构的服务器在目前是比较普遍的，技术也相对成熟。它主要采用 Intel IA 架构技术，能满足中小型企业对所用服务器的各项技术需求。

以上是从服务器的分类来考虑的，当然选择服务器不能仅从类别上考虑。其实各类别之间没有严格的区分界限，选择服务器最关键的还是在于服务器的各项性能能否满足企业的实际需求。下面就介绍在选择服务器时还要考虑的主流技术。

（2）服务器的主流技术

服务器应用了许多普通 PC 没有的技术，如 RAID（Redundant Arrays of Independent Disks，独立磁盘冗余阵列）技术、智能 I/O 技术、智能监控管理技术及热插拔技术等。为了便于用户对这些技术进行认识与理解，下面就简单介绍一下各项主要技术。

• RAID 技术。这一术语最先使用于美国加州大学伯克利分校的研究员帕特森（Patterson）、吉布森（Gibson）和卡茨（Katz）在 1988 年撰写的一篇说明阵列配置和应用的论文中。过去，计算机系统往往只能向单个磁盘写入信息，这种磁盘通常价格昂贵又极易出故障。磁盘驱动器含有许多高速运行的活动机械部件，如盘片、磁头，磁盘损坏始终是网络管理人员最担心的事情之一。对于一个长期不间断运行的网络系统，人们关心的不是磁盘驱动器是否会发生故障，而是何时会发生故障，以及当故障发生时怎样去处理。采用 RAID 技术就是为了在磁盘发生故障时，通过冗余阵列减少给网络带去的负面影响。RAID 的实现机制就是通过提供一个廉价和冗余的磁盘系统来彻底改变计算机管理和存取大容量存储器中数据的方式。RAID 将数据同时写入多个廉价磁盘，而不是写入单个大容量磁盘。最初 RAID 代表廉价磁盘冗余阵列，而现在代表独立磁盘冗余阵列，现在磁盘中的数据要比磁盘本身昂贵得多。RAID 技术的原理是通过条带化存储和奇偶校验两个措施来达到冗余和容错的目的。条带化存储意味着能以一次写入一个数据块的方式将文件写入多个磁盘。条带化存储技术将数据分开写入多个磁盘，从而提高数据传输速率并缩短磁盘处理时间。条带化存储技术非常适用于交易处理，但可靠性却很差，因为系统的可靠性取决于写入磁盘中最差的单个驱动器的可靠性。奇偶校验通过在传输后对所有数据进行冗余校验来确保数据的有效性。利用奇偶校验，当 RAID 系统中的一个磁盘发生故障时，通过其他磁盘能够重建该故障磁盘中的数据。

• 智能 I/O 技术。这项技术主要用来适应不同节点对网络流量及速率的需要，以及相应网络设备的带宽限制，使服务器能够根据局域网中各节点对 I/O 速率的要求进行自动调整，以满足节点的工作需求。一般来说，计算机的速率瓶颈主要在于总线接口和硬盘，为了满足大吞吐量的需求，服务器一般采用双 PCI 总线设计，或为了减轻 CPU 的工作压力，提高运行速率，采用专门的 I/O 处理芯片。

• 智能监控管理技术。这项技术主要用来方便网络管理人员对服务器进行维护，具有这项技术的服务器能自动识别 CPU 的温度、CPU 风扇及电源风扇的状态等，这些状态通过相应的内置软件可以清楚地在显示屏上显示出来，方便网络管理人员及时进行必要的维护。

• 热插拔技术。这项技术主要用来避免因部件出现故障需要关机更换给服务器正常持续工作带来的影响，热插拔技术允许服务器在开机状态下更换损坏的部件。当然，这与冗余和容错技术是相关联的，因为这要求服务器对主要易损部件备有冗余部件，同时系统要允许部件或设备在出现错误时尽可能通过软件实现自动修复（一般需要人工处理）。在正常工作时，一台服务器由两台电源同时供电，两台电源各输出一半功率，从而使每一台电源都工作在轻负载状态。当其中一台发生故障时，短时间内另一台能接替其工作，并通过软件实现报警。网络管理人员可在不关闭系统的情况下更换损坏的电源，采用热插拔冗余电源可以避免由于电源损坏而造成的死机。PCI 卡等也具有同样的容错、冗余和热插拔技术，以方便及时更换。一般为了防止掉电，服务器都要求备有大功率的不间断电源（Uninterruptible Power Supply，UPS），UPS 在掉电的情况下通过蓄电池给服务器供电，以确保整个网络在短时间内能正常运行或在短时间内及时通知用户退出系统，从而使网络数据不因断电而丢失。服务器的 UPS 的功率一般要求在 3000W 以上，断电延时长达 1 小时，且有相应的监控软件，以便网络管理人员对电源供电情况进行监控并及时做出相应的决定。

另外，与普通计算机一样，服务器中有许多部件可以灵活选择，如果不加注意，很可能花高价买回来的只是一台 PC。服务器的主板一般要求支持较高的主频带宽，有的还要求支持对称多处理器技术、智能监测技术、高内存技术，或者要求具有 SCSI、一二级甚至三四级缓存等；CPU 一般选用服务器专用 CPU，这种 CPU 一般同时具有一二级缓存，稳定性较高；硬盘一般要求具有 SCSI 接口，并且支持热插拔；内存方面一般要求大容量、高主频的内存，一般服务器的内存可达几个 GB，企业级服务器的内存更大，还要求支持最新的 ECC 内存技术。目前国产的曙光 I980-G30 服务器最高可配置 224 个处理器核心、12TB 内存。

3. 服务器的选择原则

选择服务器时通常要考虑以下几个方面的性能指标。

（1）可管理性

可管理性是指服务器的管理是否方便、快捷，应用软件是否丰富。在可管理性方面，基于 Windows 平台的 PC 服务器要优于基于 UNIX 平台的服务器。

（2）可用性

可用性是指在一段时间内服务器可供用户正常使用的时间的百分比。提高可用性有两个方面的考虑：减少硬件平均故障时间和利用专用功能机制。专用功能机制可在出现故障时自动执行系统或部件切换，以避免或减少意外停机。

（3）高性能

高性能是指服务器综合性能要高，主要要求在运行速度、磁盘空间、容错能力、扩展能力、稳定性、监测功能及电源等方面具有较高的性能，尤其是硬盘和电源的热插拔性能、网卡的自适应能力的性能要高。

（4）可扩展性

为了使服务器随负荷的增加而平衡升级，并保证服务器工作的稳定性和安全性，必须考虑服务器的可扩展性。在机架上要为硬盘和电源的增加而留有充足的空间，另外主机上的插槽不但要种类齐全，而且要有一定的余量。

（5）模块化

模块化是指电源、网卡、SCSI 卡、硬盘等部件为模块化结构，且这些部件都有热插拔功能，可以在线维护。模块化的服务器系统停机的可能性大大减小，特别是分布式电源技术可使每个重要部件都有自己的电源。

以上几个方面是所有用户在选购服务器时通常要重点考虑的，它们之间既互相影响，又各自独立。用户选购时，这些方面的重要性因服务器工作任务的不同而有轻重之分，因此必须综合权衡。此外，品牌、价格、售后服务及厂商实力等也是需要考虑的。

2.2.4　网站服务器软件配置

电子商务网站的软件主要包括网络操作系统、网络数据库以及 Web 应用环境。

1. 网络操作系统

服务器上的操作系统就是网络操作系统。随着计算机网络的迅速发展，市场上出现了多种网络操作系统并存的局面。各种操作系统在网络应用方面都有各自的优势，都极力提供跨平台的应用支持。目前主流的网络操作系统主要有 Windows、UNIX 和 Linux。Windows 操作系统的突出优点是便于部署、管理和使用，深受国内企业的青睐。UNIX 版本很多，大多要与硬件相配套，一般提供关键任务功能的完整套件，在高端市场处于领先地位。Linux 凭借其开放性和高性价比等特点，近年来获得了长足发展，市场份额不断增加。Linux 的内核源代码完全公开，系统源代码免费发放。特别是 Web 服务器、动态页面编程语言和数据库软件等的兴起，使 Linux 逐渐成为搭建 Web 网站软件平台的理想操作系统，实现了 Web 网站软件平台的低成本搭建。

选择网络操作系统最好的方法是先选择所需的应用程序、客户机、服务器及实用程序，再选择它们共同要求的网络操作系统。多数情况下服务器设备选用 PC 服务器，网络操作系统一般在 Windows 和 Linux 之间进行选择。下面介绍国内目前的主流的操作系统。

（1）Windows Server

Windows Server 是一个平台，用于构建连接应用程序、网络和 Web 服务的基础结构，包括工作组、数据中心等。Windows 网络操作系统目前的主流版本是 Windows Server 2016。它是微软开发的一款支持云计算环境的网络操作系统，功能涵盖服务器虚拟化、存储、软件定义网络、服务器管理和自动化、访问和信息保护等。

Windows Server 2016 操作系统改进了服务器虚拟化产品功能，在确保基础设备稳定性的基础上，可以方便地设计、部署和维护 Windows Server。其在安全方面引入了安全层来保护数据并进行访问控制，阻止恶意攻击，防止出现安全漏洞。系统允许用户通过使用具有本地存储的服务器提高可用性和可缩放性，以增强适应性，降低成本，提升存储的服务质量。Windows Server 2016 中包括多个服务器新功能和增强功能，可以通过故障转移群集功能将它们组合到单个容错群集中。

（2）CentOS

CentOS 是可以重新分发的开源操作系统，是 Linux 发行版之一。CentOS 按照开源协议由 RHEL（Red Hat Enterprise Linux）源代码编译而成，RHEL 是目前主流的 Linux 发行版，但是如果要得到 Red Hat 的服务与技术支持，用户必须向 Red Hat 付费。而 CentOS 是一个基于 RHEL 的、可自由使用源代码的企业级 Linux 发行版。由于 CentOS 与 RHEL 使用相同的源代码，因此有些要求高稳定性的服务器用户会选择用 CentOS 来替代商业版的 RHEL。

CentOS 具备 RHEL 的所有功能，而且在 RHEL 的基础上修正了不少已知的错误，相对于其他 Linux 发行版，其稳定性更值得信赖。CentOS 是免费的，用户可以使用它搭建企业级 Linux 系统环境，以达到与 RHEL 一样的效果，而无须向 Red Hat 支付任何费用。目前，CentOS 在国内得到了广泛的应用，尤其是在 Internet 网站、电子商务、大数据、云计算等领域。

（3）Ubuntu

Ubuntu 是一个 Linux 发行版，也是目前最热门的 Linux 发行版之一。Ubuntu 基于 Debian 发行版，与 Debian 的不同在于它每 6 个月会发布一个新版本。Ubuntu 的父版本 Debian 是一个纯粹由自由软件组合而成的作业环境，是极为精简的 Linux 发行版，操作环境干净，安装步骤简易，拥有方便的套件管理程序，可以让使用者容易寻找、安装、移除、更新程序，或升级系统。Ubuntu 旨在为广大用户提供最新的、相当稳定的、主要由自由软件构建而成的操作系统。Ubuntu 具有庞大的社区力量，用户可以方便地从社区获得帮助。

Ubuntu 以其易用性受到青睐。Ubuntu 已成为重要的服务器平台，用户主要利用 Ubuntu 执行一般任务，同时也有用户利用 Ubuntu 作为安全中心及防火墙等重要平台。

2. 网络数据库

数据库技术自 20 世纪 60 年代出现以来发展迅猛，现已成为计算机科学技术中一个极为重要的分支，其应用无处不在。电子商务活动中，存在着海量的数据与信息，因此在电子商务系统中数据库系统是必不可少的组件，而且电子商务系统对数据存储设备的容量、性能、安全性及灾难恢复能力提出了更高的要求。目前，数据库系统中的数据存储设备已从早期的主机内置的形式发展到外置存储系统，更进一步地发展到网络存储体系结构，并出现了许多相关产品。

网络数据库是以数据库技术和网络技术为支撑的，其中数据库技术是其核心。每一个电子商务站点后台必须有强大的网络数据库支撑其工作，从数据的管理到查询、生成动态网页、数据挖掘以及应用数据的维护都离不开网络数据库。在电子商务应用当中，关系数据库占有重要位置。

关系数据库最初设计为基于主机/终端方式的大型机上的应用，其应用范围较为有限。随着客户机/服务器方式的流行和应用向客户机的转移，关系数据库又经历了客户机/服务器时代，并获得了极大的发展。关系数据库具有完备的理论基础、简洁的数据模型、透明的查询语言和方便的操作方法等优点。随着 Internet 应用的普及，目前，应用在网络上的数据库系统历经发展，已从传统的关系数据库发展为对象—关系型数据库。

（1）Oracle

Oracle 是以高级结构查询语言（Structure Query Language，SQL）为基础的大型关系数据库，是目前最流行的采用客户机/服务器体系结构的数据库之一。它具有以下特点。

● 自 Oracle 7.x 版本以来，Oracle 引入了共享 SQL 和多线程服务器体系结构，减少了 Oracle 的资源占用，并增强了 Oracle 的能力，使之在低档的软硬件平台上用较少的资源就可以支持更多的用户，而在高档平台上可以支持成百上千的用户。

● 提供了基于角色（Role）分工的安全保密管理，使 Oracle 在数据库管理、完整性检查、安全性、一致性方面都有良好的表现。

● 支持大量的多媒体数据，如二进制图形、声音、动画以及多维数据结构等。

● 能在 C、C++ 等语言中嵌入 SQL 语句及过程化语句以对数据库中的数据进行操作。它还有许多优秀的前台开发工具，如 PowerBuilder、SQL * FORMS、Visual Basic 等，可以快速开发和生成基于客户端 PC 平台的应用程序，并且有良好的移植性。

● 提供了新的分布式数据库能力，可通过网络较方便地读写远端数据库里的数据。由网络相连的两个 Oracle 数据库之间通过数据库链接（DB Link）建立访问机制，并使得在物理上存放于网络中的多个 Oracle 数据库在逻辑上可以看成一个大的数据库。用户通过网络对异地数据库中的数据同时进行存取，而服务器之间的协同处理对工作站用户及应用程序而言是完全透明的。

● 提供了对称复制技术，包含实时复制、定时复制、存储转发复制等。对复制的力度，复制可分为整个数据库表的复制、表中部分行的复制。

Oracle 公司在 2019 年推出的 Oracle 19c 版本具有以下产品特点及优势。

● 包含丰富的内置功能和部件，可支持高效扩展和整合数据库。无论是在本地部署环境还是 Oracle 云基础设施中，都可以使用相同的功能来保护重要数据，大幅提高数据可用性。

● 集成企业级 Oracle 数据库，通过单一管理仪表板和一致的管理流程提高企业级数据库的性能和可用性。

● 优化整个企业的数据库性能。通过一系列强大功能减少延时，提高吞吐量，满足实时环境和数据中心环境下严格的性能要求。

● 有效的保护重要数据。借助加密、数据屏蔽、特权用户访问控制、活动监视和审计功能，可以有效保护 Oracle 数据库环境。

总之，Oracle 作为目前流行的数据库平台，其优势在于安全性和海量数据处理能力，可以运行在 UNIX、Windows 和 Linux 等多种操作系统平台上。管理员可以借助高级数据仓库和分析技术，在短时间内对可扩展数据仓库进行深入的分析，也可利用本地部署环境或 Oracle 云基础设施中的 Oracle 数据库技术来获得更加深入的数据驱动式洞察。

（2）SQL Server

SQL Server 是微软公司开发的数据库产品，性能高效稳健，并与 Windows 系列操作系统完美兼容。它是采用客户机/服务器结构的关系数据库管理系统，具备客户机/服务器结构的一切优点。

SQL Server 2019 是微软公司在 2019 年发布的产品，它在早期版本的基础上进行构建，目的是将 SQL Server 发展成平台，面向开发语言、数据管理、本地或云环境以及操作系统提供支持。

SQL Server 2019 提供了大数据群集功能，可以从所有数据中获得近乎实时的资料，该群集功能提供了完整的环境来处理包括机器学习和人工智能（Artificial Intelligence，AI）功能在内的大量数据。

SQL Server 2019 智能数据库功能提高了所有数据库工作负荷的性能，而无须更改应用程序或数据库设计。

SQL Server 2019 增强了图形和空间数据类型、对 UTF-8 的支持以及新扩展性框架，其中，新扩展性框架使开发人员可以使用各种语言来获取数据并对其进行解释。

SQL Server 2019 提供了安全的体系结构，使数据库管理员（Database Administrator，DBA）和开发人员能够创建安全的数据库应用程序，并能够应对威胁。

SQL Server 数据库最早只能在 Windows 网络操作系统中运行，目前 SQL Server 2019 也可以在 Linux 系统中安装并运行了，微软提供了相关支持。

（3）MySQL

MySQL 是多用户、多线程的符合 SQL 标准的关系数据库服务器。SQL 是世界上最流行的、标准的数据库语言之一，可以用来方便地存储、修改、访问信息。MySQL 是自由软件，源代码和各编译版本完全开放，而且能和 Linux、PHP 紧密结合。

MySQL 的主要目标是快速、健壮、易用。MySQL 最初的开发目的是在便宜的硬件设备上提供能够快速处理海量数据的 SQL 服务器。经过多年的测试，它已经是可以提供丰富实用功能的系统了。MySQL 的主要特点：完全支持多线程、多处理器；支持多平台，如 Linux、OS/2、Windows 9x/NT/2000 等；可支持多种数据类型；支持 Select 语句；支持 ODBC（Open Database Connectivity，开放式数据库互连）；可以在一个查询语句中对不同数据库中的多个表进行查询；索引采用快速 B 树算法，每个表允许有 16 个索引，每个索引可以有 16 个列，索引名称可长达 256 字节；支持定长和变长记录；可以处理大数据；数据库中所有的列都有默认值；可以支持多个不同的字符集，如 ISO-8859-1、Big 5 等；函数名和表名与列名之间不会产生冲突；服务器可以给客户端提供多种语言的出错信息，MySQL 客户端使用 TCP/IP 连接、UNIX domain socket 或者 NT 下的命名通道连接到服务器端；MySQL 特有的 Show 命令可以查询数据库、表和索引信息等。

用户可以直接从官方网站下载各编译版本和源代码包，适用于各种操作系统的软件包基本都有。电子商务网站的操作系统平台如果选择 Linux，一般都将 MySQL 作为网络数据库的首选。

另外，MariaDB 是 MySQL 的分支，主要由开源社区维护，采用 GPL（General Public License，通用公共许可证）授权许可，目的是完全兼容 MySQL，包括 MySQL 的 API（Application Program Interface，应用程序接口）和命令行，使之能轻松地成为 MySQL 的代替品。在存储引擎方面，MariaDB 使用 XtraDB 来代替 MySQL 的 InnoDB。MariaDB 之于 MySQL，类似于 CentOS 之于 Red Hat。为避免法律纠纷，CentOS 用 MariaDB 来替代 MySQL。

3. Web 应用环境

除了网络操作系统和网络数据库外，完整的 Web 应用环境还包括 Web 服务器软件和 Web 应用程序平台。目前有以下两种主流的部署 Web 应用环境的方案。

（1）Windows+IIS+ASP/ASP.NET+SQL Server

如果网络操作系统选择 Windows，一般会选择这种组合。Windows 凭借其极强的易用性，一直受到国内用户，尤其是中小型企业的青睐。

IIS（Internet Information Services，因特网信息服务）是 Windows 网络操作系统内置的 Web 服务器软件，除了可用来建立 Web 网站之外，还可用来建立 FTP 站点。每个 Windows 版本都会提供配套的 IIS 版本。Windows Server 2016 操作系统提供的是 IIS 10。IIS 10 是一个集 IIS、ASP.NET、FTP 服务、PHP 和 Windows 通信开发平台（Windows Communication Foundation，WCF）于一身的 Web 平台。它提供了安全、易于管理的模块化和可扩展的平台，能够可靠地托管网站、服务和应用程序。

ASP（Active Server Pages，活动服务器页面）是微软早期开发的服务器端脚本环境，可用来创建动态交互式网页并建立强大的 Web 应用程序。ASP 简单、易于维护，是建立小型 Web 应用程序的首选，在使用 DCOM（Distributed Component Object Model，分布式组件对象模型）和 MTS（Microsoft Transaction Server，微软事务服务器）的情况下，ASP 可以实现中等规模的企业应用程序。

ASP.NET 是微软.NET Framework 中一套用于生成 Web 应用程序和 Web 服务的技术，是利用公共语言运行时（Common Language Runtime）在服务器后端为用户提供建立强大的企业级 Web 应用程序的开发框架，用于通过 HTML、CSS、JavaScript 及服务器脚本来构建网页和网站，可以使用任何.NET 兼容语言（如 Visual Basic、C#）编写 Web 服务程序中的服务器端（而不是客户端）逻辑。

SQL Server 非常适合在 Windows 系统上作为数据库后端。

（2）Linux+Apache（Nginx）+MySQL+PHP

在 Linux 平台上部署 Web 应用环境最常用的方案之一是 Apache+MySQL+PHP，这种组合方案简称为 LAMP。后来 M 也指代数据库软件 MariaDB，P 也可指代 Perl 或 Python，这些产品共同组成了强大的 Web 应用环境。LAMP 具有免费、高效、安全、稳定的优点，是现在使用最广的 Web 应用环境之一。

Apache 是 LAMP 方案最核心的 Web 服务器软件之一，开源、稳定、模块丰富是 Apache 的优势。Apache 提供了缓存模块，可以有效地提高访问响应能力。作为 Web 服务器，它也是负载 PHP 应用程序的最佳选择之一。

Nginx 是一款强大的高性能 Web 和反向代理服务器软件，在连接高并发的情况下，Nginx 是 Apache 服务器不错的替代品。如果采用 Nginx 替代 Apache，则 Linux+ Nginx+MySQL+PHP 的组合方案简称为 LNMP。

Web 应用程序通常需要后台数据库的支持。MySQL 在性能、稳定性和功能方面是首选的开源数据库软件之一，可以支持百万级别的数据存储。中、小规模的应用可以将 MySQL 和 Web 服务器部署在同一台服务器上，但是当访问量达到一定规模后，应该将 MySQL 数据库从 Web 服务器上独立出来，在单独的服务器上运行，同时保持 Web 服务器和 MySQL 服务器的稳定连接。

PHP 是一种跨平台的服务器端嵌入式脚本语言。它参考 C、Java 和 Perl 的语法，创建了一套自己的语法，便于编程人员快速开发 Web 应用程序。PHP 程序执行效率非常高，支持大多数数据库，并且是完全免费的。Perl 是一种拥有各种语言功能的脚本语言，号称 UNIX 中的"王牌"工具，具有广泛的适用性。Python 是一种面向对象、解释型的程序设计语言，语法简洁清晰，具有丰富和强大的库。Python 能够将用其他语言开发的各种模块很轻松地联结在一起，因而常被称为"胶水语言"。Perl 和 Python 在 Web 应用开发中不如 PHP 普及，因而 LAMP 方案中大多选用 PHP 作为开发语言。

2.2.5　建设和运作网站所需费用的估算

目前，国内网站的建设和运作费用主要包括以下几个方面。

① 域名费用。注册域名之后，每年需要交纳一定的费用以持有该域名的使用权。

② 线路接入费用和 IP 地址费用。不同 ISP、接入方式和速率下的费用有差别，速率越高，费用越高。

③ 服务器硬件设备费用。如果是租用专线自办网站，还需要购置路由器、调制解调器、防火墙等接入设备及配套软件，托管主机或租用虚拟主机则可以免去这一部分的费用。

④ 如果进行主机托管或租用虚拟主机，那么可能要支付托管费或主机空间租用费。托管费一般按主机在托管机房所占空间大小（以 U 为单位，通常是指机架单元）来计算，主机空间租用费则按所占主机磁盘空间大小（以 MB 为单位）来计算。无论托管还是主机空间租用，大部分都设置了网站访问带宽上限（以 Mbit/s 为单位）。

⑤ 系统软件费用。系统软件费用包括购置操作系统、Web 服务器软件及数据库软件等的费用。

⑥ 开发维护费用。软硬件平台搭建好之后，必须考虑具体的 Web 页面设计、编程和数据库开发及后期的平台维护费用。网站的开发维护可以委托给专业的网站制作商，费用可以一并算清。

⑦ 网站的市场推广和经营费用。

2.3 企业网站软件功能配置

2.3.1 安装操作系统 Windows Server 2016

网站的服务器要想发挥作用，必须安装网络操作系统，并配置其他相关的软件。随着基于 64 位处理器的 PC 服务器的普及，Windows Server 2016 已经成为目前比较流行的 Windows 服务器操作系统，能够为用户提供全面、可靠的服务器平台和网络基础结构。Windows Server 2016 主要有 3 个版本。

数据中心版（Datacenter Edition）：适用于高度虚拟化和软件定义数据中心环境。

标准版（Standard Edition）：适用于低密度或非虚拟化的环境。

基本版（Essentials Edition）：适用于最多 25 个用户，最多 50 台设备的小型企业。

Windows Server 2016 安装包很大，通常使用 DVD 光盘存储，这就要求服务器提供 DVD 光驱。安装时，将服务器设置为从光驱启动，将操作系统安装光盘插入光驱，重新启动服务器即可开始安装过程。如果采用虚拟机进行安装，将虚拟机的 CD/DVD 重定向到 Windows Server 2016 安装包映像文件即可。

1. 安装操作系统前应准备的工作

（1）明确 Windows Server 2016 对硬件的要求

Windows Server 2016 是一种功能完善的操作系统，从它被推出后就一直深受广大用户的欢迎。但并不是任何一台计算机都适合安装该操作系统，因为它对硬件的配置要求较高，甚至有一些苛刻。具体配置如下。

CPU：1.4 GHz 的 64 位 CPU，建议配置 2.0 GHz 或频率更高的 CPU，仅支持 64 位 CPU，不可以在 32 位 CPU 的服务器上安装。

RAM：最低 512 MB，推荐 4 GB 或更多，具备 ECC（差错校验）类型或类似技术。

硬盘：最少 32 GB，这个是绝对最低值，推荐 40 GB 或更多。内存大于 16 GB 的系统需要更多空间用于页面、休眠和转存储文件。如果条件允许，建议使用 SCSI 接口硬盘。SCSI 接口硬盘的技术性能优于普通 IDE 接口硬盘，即使是 ATA100 硬盘，其整体性能也无法与 SCSI 接口硬盘相提并论。

显示器：对显示器没有特别的要求，普通视频图形阵列（Video Graphic Array，VGA）显示器即可。如果用户的 Windows 服务器可以实现远程控制，在以后的使用中就可以不用显示器。但在安装操作系统时，显示器是必需的。

光驱：要求使用 DVD 光驱。

网络适配器：至少有千兆位吞吐量的以太网适配器，符合 PCI Express 体系结构规范，能够支持预启动执行环境（Preboot eXecution Environment，PXE）。

需要注意的是，虽然网络适配器（网卡）可以在安装 Windows Server 2016 后添加，但为了便于有关网络组件的安装和设置，建议在安装操作系统前安装网卡，这样安装操作系统的同时就可以安装相应的驱动程序。

为了确保安装成功，在正式安装之前需要检查并确保计算机硬件与 Windows Server 2016 兼容。如果当前的硬件不被兼容，那么即将进行的安装可能不会成功。

（2）确定文件系统的类型

Windows 服务器多采用 NTFS（New Technology File System，新技术文件系统），这样能充分利用 NTFS 的高级功能，NTFS 的主要优点在于其功能丰富和安全性高。NTFS 是 Windows Server 2016 默认的文件系统。安装系统前如果硬盘已进行了分区，在安装过程中可以删除原有的分区，重新创建新的分区，也可将原来的 FAT 或 FAT32 分区转换成 NTFS 分区。

需要注意的是，如果安装的是域控制器，则必须使用 NTFS 分区。

（3）选择安装方式

在安装 Windows Server 2016 操作系统时，可选择"升级安装"和"全新安装"两种方式。选择升级安装时，将把它安装在现有操作系统所在的目录中，原有的用户账号等信息将自动迁移。选择全新安装时，将在计算机中安装一套新的 Windows Server 2016 操作系统，用户需要在新的操作系统上配置新的用户账号、设置权限等。

（4）确定服务器的角色

Windows Server 2016 计算机可充当域控制器、成员服务器和独立服务器 3 种角色。以中小型网络用户为主要对象，一个网络中一般只有一台服务器，该服务器作为独立服务器即可。如果网络中要部署多台服务器，一般将第一台作为域控制器。确定了服务器的角色后，还要确定服务器的域名、系统管理员账号及其密码。系统管理员默认的账号为 Administrator，用户也可更换成其他的名字。为了保证系统的安全，域名、系统管理员账号及其密码必须牢记和保密。

2. Windows Server 2016 的安装过程

本小节以 Windows Server 2016 Standard（桌面体验）版本为例，安装操作步骤如下。

① 启动计算机，并在光驱中插入 Windows Server 2016 安装光盘，使计算机可以从光驱启动。启动成功后，会出现图 2-2 所示的安装 Windows 提示信息，选择要安装的语言、时间和货币格式、键盘和输入方法，这里保持默认值。

② 单击"下一步"按钮后，出现图 2-3 所示的界面，单击"现在安装"按钮开始安装。

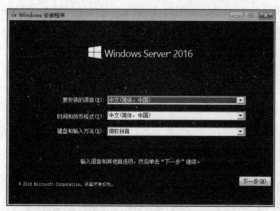

图 2-2　Windows Server 2016 安装提示信息

图 2-3　Windows Server 2016 开始安装界面

③ 出现"输入产品密钥以激活 Windows"的界面，输入正确的产品序列号，单击"下一步"按钮。

④ 出现图 2-4 所示的界面，选择要安装的操作系统，这里选择"Windows Server 2016 Standard（桌

面体验）"，单击"下一步"按钮。

如果不选择"桌面体验"，相当于选择"服务器核心"安装选项，服务器核心（Server Core）是不含任何图形用户界面（Graphical User Interface，GUI）的，要求管理员熟悉命令行工具和远程管理技术，初学者最好先熟悉 GUI 之后再考虑这种选择。

⑤ 出现"许可条款"界面，选中"我接受许可条款"选项，单击"下一步"按钮。

⑥ 出现图 2-5 所示的界面，可以选择升级或自定义安装类型，这里选择自定义，执行全新安装。

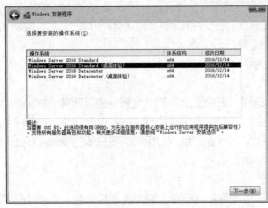
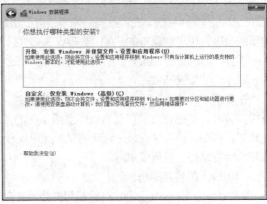

图 2-4　选择要安装的操作系统　　　　　图 2-5　选择安装类型

⑦ 出现图 2-6 所示的界面，选择要安装系统的磁盘分区，这里保持默认设置，单击"下一步"按钮。

有些磁盘需要用到厂商专门提供的驱动程序，此时可能不能发现任何磁盘（虽然 BIOS 中能发现），单击"加载驱动程序"按钮执行此项任务。也可在这个界面新建磁盘分区，删除已有的分区或对分区进行格式化。为保证系统的安全性和稳定性，最好先删除原有分区，再重新创建新的分区。

⑧ 开始显示安装进度，如图 2-7 所示。

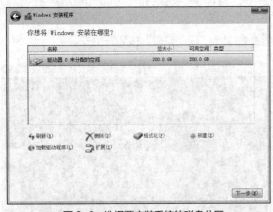
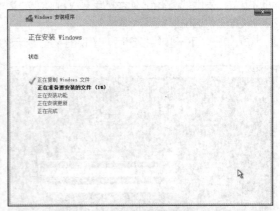

图 2-6　选择要安装系统的磁盘分区　　　　图 2-7　显示安装进度

⑨ 安装过程中会重新启动多次，当出现图 2-8 所示的界面时，设置本地管理员账户 Administrator 的密码，如果单击"👁"将以明文显示密码。初次安装的 Windows Server 2016，对密码设置有要求，至少 6 个字符，且包括大写字母、小写字母、数字和非字母字符这 4 类字符中的 3 类。

⑩ 单击"完成"按钮完成设置，之后出现图 2-9 所示的系统界面，此时说明操作系统已正常运行，只是没有用户登录。

图2-8　设置管理员密码

图2-9　系统正常运行

至此，Windows Server 2016 操作系统的安装工作就结束了。

2.3.2　企业 Web 站点的创建与管理

企业 Web 站点的创建需要结合网站开发语言来实施，使用 PHP 开发 Web 网站，首先需要搭建 PHP 运行环境。对于初学者来说，手动安装和配置 Apache、PHP 和 MySQL 难度较大，通常选用 PHP 集成环境安装软件来快捷地搭建 PHP 运行环境。此类安装软件集成了 Apache、PHP 和 MySQL，目前较为常用的有 PhPStudy、WampServer、AppServ。其中 PhPStudy 安装简单、配置简单，特别适合 PHP 运行环境的部署，本项目建议使用该软件。

1. PhPStudy 的安装预配置

PhPStudy 可以在主流的 Windows 操作系统上部署，为服务器环境提供极佳的配置解决方案，这里以在 Windows Server 2016 操作系统上操作为例，读者也可以在 Windows 7、Windows 10 等桌面操作系统上操作。

① 从 PhPStudy 官网下载 PhPStudy 安装包。

② 将安装包解压缩后运行安装文件，安装该软件时默认的安装目录为 D:\PhPStudy_pro，只有当前计算机上存在 D 盘，且 D:\PhPStudy_pro 目录不存在或其内容为空，才能单击"立即安装"按钮。否则，需要单击"自定义选项"更改安装目录等设置，如图 2-10 所示，才能单击"立即安装"按钮。

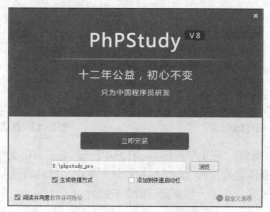
图2-10　PhPStudy 安装选项

注意安装目录不能包含中文或者空格，安装目录下也不能有任何内容。

③ PhPStudy 开始安装，待出现"安装完成"按钮，单击该按钮即可完成安装。

④ 安装完毕即可进入图 2-11 所示的管理界面。默认一键启动的是 WNMP，也就是说，使用 Nginx 作为 Web 服务器，这里需要改为 WAMP，由 Apache 作为 Web 服务器。

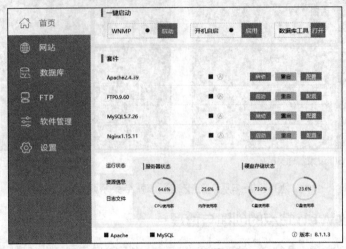

图 2-11　PhPStudy 管理界面

⑤ 将鼠标指针移动到"WNMP"右侧的红点处，红点变为"切换"，单击它会弹出图 2-12 所示的"一键启动选项"对话框，选择"MySQL5.7.26"和"Apache2.4.39"单选按钮，单击"确认"按钮。

⑥ "WNMP"变成"WAMP"，单击右侧的"启动"按钮启动 WAMP，即启动 Apache 和 MySQL 服务。

⑦ 单击"开机自启"弹出图 2-13 所示的对话框，配置开机自启选项，这里选择"MySQL5.7.26"和"Apache2.4.39"单选按钮，单击"确认"按钮。

图 2-12　配置一键启动选项

图 2-13　配置开机自启选项

⑧ 单击"开机自启"右侧的"启用"按钮，以在开机时自动启动 Apache 和 MySQL 服务。

⑨ 安装 MySQL 数据库管理工具 phpMyAdmin。单击"软件管理"，如图 2-14 所示，单击 phpMyAdmin 软件处的"安装"按钮，根据提示完成安装。

图 2-14　安装 phpMyAdmin

⑩ 安装完毕，单击 phpMyAdmin 右侧的"管理"按钮即可打开默认的浏览器访问 phpMyAdmin。也可以在"首页"单击"数据库工具"右侧的"打开"按钮，选择"phpMyAdmin"来访问 phpMyAdmin。phpMyAdmin 是一个 Web 应用程序，首先需要登录，如图 2-15 所示，管理员账户的用户名为 root，默认的密码是 root。

图 2-15　phpMyAdmin 登录界面

登录之后，进入 phpMyAdmin 主界面，如图 2-16 所示。可以通过该 Web 页面来管理 MySQL 数据库。

图 2-16　phpMyAdmin 主界面

至此完成了 PHP 运行环境的部署，此环境适用于 PHP 程序的开发和测试。

除了 PHP 运行环境之外，还要安装 PHP 开发工具。这里可以安装比较适合初学者使用的 Dreamweaver 网页代码编辑器。

PHP 程序的运行需要浏览器，推荐使用 Chrome，也可以使用微软的 IE（版本不低于 11）。

PHP 运行环境部署完毕后，企业网站的第一个站点就已经创建成功，在服务器上使用浏览器访问"http://localhost/"，即可打开站点，会显示"站点创建成功"页面，如图 2-17 所示。如果环境部署时没有改动配置，默认网站根目录的位置是在"C:/PhPStudy_pro/WWW"，网站的页面文件放在该目录下，就可以在浏览器中使用"http://localhost/+文件名"的方式进行访问。

图 2-17　第一个企业站点创建成功页面

2. PhPStudy 站点的管理

创建好站点之后，有时需要对其设置进行修改，如管理站点首页或修改根目录等。

（1）管理站点首页

站点首页是在用户访问网站时默认浏览的文档，PhPStudy 设置了 2 个站点首页，分别是 index.php 和 index.html，在网站的管理功能中可对其进行添加、修改和排序。

如图 2-18 所示，在 PhPStudy 的管理界面中选择"网站"，在该界面中点击需要修改的网站域名的"管理"按钮，会显示该网站的管理菜单，在该菜单中选择"网站首页设置"，弹出"配置网站首页"对话框，如图 2-19 所示，即可修改站点首页的配置。

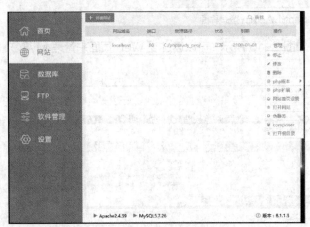

图 2-18　网站管理菜单

图 2-19　配置网站首页

（2）修改根目录

在 Web 站点建立完成后，有时 Web 站点需要改版，但又想保留原有版本的所有文件，因此需要新建一个文件夹用于存放新版文件，这时 Web 站点的根目录就需要修改。

根目录是用于存放网站页面的文件夹，所有的网站页面都需要放在这个文件夹中，这样才能使网站页面被用户访问到。

在图 2-18 所示的网站管理菜单中选择"修改"，在弹出的"网站"对话框中可以对网站的基本配置进行修改，如图 2-20 所示。

在"根目录"文本框中更新网站的文件夹就可以修改根目录，具体操作为点击"浏览"按钮，选择相应的文件夹即可。

在图 2-20 所示对话框中，除了可以对网站的基本配置进行管

图 2-20　网站的基本配置

理，也可以对网站进行其他设置，如日志配置、站点访问权限配置、错误页面配置、伪静态页面配置等。

2.3.3　Web 站点虚拟主机的创建

有些 Web 站点中需要调用其他站点或计算机上的文件，这时可以新建一个 Web 站点，将多个站点保存在同一台服务器中，所有站点共用一台服务器的 IP 地址，但是可以设置不同的域名，从用户的角度来看，就好像在访问不同的网站一样。也可以在同一台服务器中对不同的站点设置不同的访问权限，以保证各个站点的安全性。

下面具体介绍在 PhPStudy 软件中虚拟主机的创建方法。

在网站管理界面中点击"+创建网站"按钮，如图 2-21 所示，即可新建站点，这时会弹出"网站"对话框，如图 2-22 所示，在"基本配置"选项卡中需要添加域名、根目录，然后点击"确认"按钮即可完成新网站的添加。如在域名中添加"www.dongcang.com"，在根目录中添加地址"C:/dongcang"，确认之后重新启动服务器即可启用新的站点，将网站页面放到"C:/dongcang"文件夹中，在服务器上使用浏览器就可以访问到这些页面。

图 2-21　网站管理界面

图 2-22　"网站"对话框

2.3.4　FTP 站点的创建和使用

创建 FTP 站点的意义主要在于将来修改 Web 站点。"FTP"是 TCP/IP 中附带的"文件传送协议"，它是用来进行远程文件传输的。FTP 站点可以用来帮助解决如站点管理员不在 Web 服务器旁边，需要修改站点上的错误、更新站点，或者下载站点上一些不便公开的内容等问题。

1. FTP 站点的创建

在了解 FTP 站点的一些功能后，下面首先介绍 FTP 站点的创建方法。这里需要说明的是，FTP 站点相对 Web 站点来说是独立的，是直接创建在服务器上的，虽然 FTP 站点也属于站点的一种，也与 Web 站点共用服务器的 IP 地址，但 FTP 站点是独立运行的，需要单独安装。

在 PhPStudy 中建立 FTP 站点的主要操作步骤如下。

（1）创建 FTP

在 PhPStudy 的管理界面中选择"FTP"，进入 FTP 管理界面，如图 2-23 所示。

（2）添加 FTP

在 FTP 管理界面中点击"+创建 FTP"按钮，会弹出"FTP"配置窗口，在该窗口中添加用户名"root"、密码"root"、根目录"C:/PhPStudy_pro/WWW"，然后点击"确认"按钮完成 FTP 站点的创建，如图 2-24 所示。

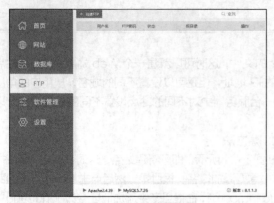

图 2-23 FTP 管理界面

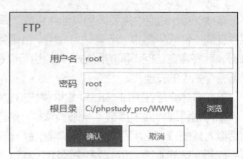

图 2-24 "FTP"配置窗口

（3）重新启动 FTP 服务

创建完 FTP 站点，还需要重新启动 FTP 服务，才能够让配置生效。可以打开 PhPStudy 管理界面的"首页"，在该页面中点击"套件"中 FTP 对应的启动或者重启按钮，如图 2-25 所示，这样 FTP 服务才可以使用。

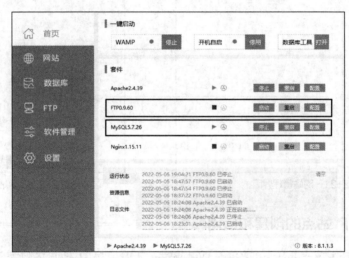

图 2-25 重新启动 FTP 服务

2. FTP 站点的使用

FTP 站点建立完毕后，在 IE 地址栏中输入 FTP 站点服务器的 IP 地址，并输入具有权限的用户名和密码，即可浏览 FTP 站点内容，显示界面如图 2-26 所示。

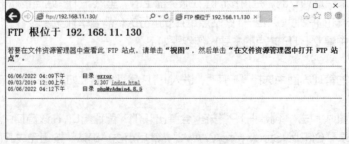

图 2-26 浏览 FTP 站点内容

在图 2-26 所示的界面中只能浏览或下载 FTP 站点中的内容，如需修改或写入，需在 Windows 资源管理器中打开 FTP 站点，显示界面如图 2-27 所示。在此窗口中，用户可以像使用本地文件夹一样新建文件夹或修改文件等。

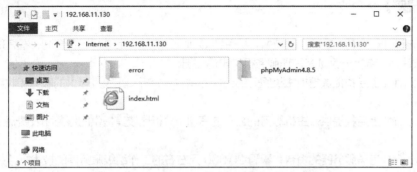

图 2-27　在 Windows 资源管理器中打开 FTP 站点

【任务实施】

任务 1　申请域名

任务 2　DNS 的设置

任务 3　Apache 服务的配置

【拓展实验】

实验 1　Windows 环境下 WampServer 的安装

实验 2　IIS 的配置

【项目小结】

建立电子商务网站要涉及许多方面的工作，本项目主要围绕着网站建设初期必须要做好的几项工作进行了较为详尽的说明。首先介绍了如何选择好的域名，怎样申请注册域名，企业怎样根据自身的实际情况选择一种最佳的建站方式；然后介绍了如何选择一家合适的 ISP，以及选择主机托管方式应注意的一些问题；最后介绍了如何安装 Windows Server 2016 操作系统，并在该系统上完成 Web 站点的搭建、Web 站点的管理、虚拟主机的建立、FTP 站点的创建和使用等工作的具体方法和详细步骤。上述这些操作都要按照步骤流程仔细完成，任何失误都可能造成不可估量的损失，一定要精益求精，为企业网站建设打下良好的基础。

【项目习题】

1. 自己先设计一个有一定意义的域名，然后到 CNNIC 的站点上进行域名查询，看其是否已被人注册，如没有被注册，选择一家域名注册服务机构申请注册。

2. 在 Internet 上查找提供虚拟主机服务的公司的资料，分析和比较其提供的服务和收费情况，找出最好的一两家。

3. 在 Internet 上查找提供云主机服务的公司的资料，分析比较其提供的服务和收费情况，找出最适合的一两家。

4. 到网上查找有关服务器的资料，看看 20 000 元左右的工作组级服务器的技术指标如何。

5. 创建一个 Web 站点，修改其端口为 8080，并在浏览器中访问此站点。

6. 在同一个服务器中建立多个站点，并使用不同的域名分别进行访问。

7. 建立一个 FTP 站点，使用管理功能修改用户权限，比较用户在不同权限设置下的使用区别。

项目三
电子商务网站设计与开发

03

【知识目标】

1. 了解常用的网站开发工具；
2. 了解 PHP 语言的功能、特点和基本语法；
3. 了解电子商务网站内容的设计流程；
4. 了解网页色彩搭配技巧；
5. 了解本地站点、测试站点和远程站点的作用；
6. 了解 PhPStudy 搭建网站调试环境的有关知识。

【技能目标】

1. 掌握 PHP 语言的基本语法；
2. 掌握 PHP 网页与 MySQL 数据库的连接方法；
3. 掌握本地站点、测试站点和远程站点的设置方法；
4. 掌握静态网页的可视化设计和制作；
5. 掌握 PHP 动态网页的制作和调试；
6. 掌握网页的发布与远程更新方法。

【预备知识】

1. 熟悉 HTML 主要标签的功能和用法；
2. 熟悉 CSS 的功能和使用方法；
3. 熟悉 Dreamweaver 软件的功能和网页制作方法；
4. 具备一定的数据库知识；
5. 学过一门编程语言。

　　项目三主要介绍常用的网站开发工具和技术、电子商务网站设计与制作、网页发布等方面的知识。考虑到移动应用在电子商务领域日益重要，本项目还将讲解移动设备网页的制作。

3.1 网站开发工具与技术

3.1.1 HTML5 和 Dreamweaver CC 2018

1. HTML 和 HTML5 简介

超文本标记语言（Hypertext Markup Language，HTML）是一种广泛应用于 Internet 静态网页制作的标记语言，现已大规模地应用在静态网页的制作中。

作为一种标记语言，HTML 不需要编译，直接由浏览器执行。HTML 文件是文本文件，包含一些 HTML 元素、标签等。HTML 文件以 html 或 htm 作为文件名结尾。

HTML 目前最新版本为 5.0，也称 HTML5。HTML5 是新一代 HTML 标准，2014 年 10 月由万维网联盟（World Wide Web Consortium，W3C）完成标准制定。HTML5 解决了 HTML 4 等以前版本的很多问题，增加了许多新特性，如嵌入音频、视频和图片的函数，客户端存储数据，交互式文档等，进一步增强了互动性，并有效减少了开发成本。

最新版本的 Safari、Chrome、Firefox 及 Opera 浏览器都支持 HTML5 特性。微软的浏览器从 IE9 开始支持某些 HTML5 特性。

HTML5 最主要的优势之一还是跨平台，利用 HTML5 编写的应用在浏览器平台上都可以运行并使用，且开发速度快。

HTML5 的发展非常迅速，并在移动互联网领域得到了广泛应用，目前是前端开发的重要标准。设计 HTML5 的目的之一是在移动设备上支持多媒体。HTML5 移动应用的最大优势之一就是可以在网页上直接调试和修改。原先，开发人员可能需要花费非常大的力气才能达到 HTML5 的效果，不断地重复编码、调试和运行；而基于 HTML5 标准，开发人员可以轻松地调试和修改。

一个网页通常包括以下 3 种技术。

- HTML：描述网页的具体内容和结构。
- CSS：定义网页的样式（网页美化的主要模块）。
- JavaScript：实现网页的交互效果，如对用户单击鼠标事件做出响应。

最早的 Web 1.0 使用的主流技术是 HTML 与 CSS；Web 2.0 使用的主流技术是异步 JavaScript 和 XML（Asynchronous JavaScript and XML，AJAX）；Web 3.0 使用的是 HTML5 与 CSS3。

由于使用 HTML 编写网页，代码量比较大，而且调试也比较困难，因此市场上出现了很多可视化的网页编写器和网页开发工具。接下来，介绍 Dreamweaver CC 2018 这个优秀的网站开发工具。

2. Dreamweaver CC 2018

Dreamweaver 是美国 Adobe 公司开发的集网页制作和管理网站于一体的"所见即所得"网页编辑器。它是一套针对专业网页设计师特别开发的可视化网页开发工具，利用它可以轻而易举地制作跨越平台限制和跨越浏览器限制的充满动感的网页。Dreamweaver 具有功能强大、动态网页制作、方便和高效率等优势。

Dreamweaver 最大的好处之一在于，它可以使一个原来对网页一窍不通的人迅速成为网页制作高手，并可以给专业的网站设计师提供强大的开发能力和无穷的创作灵感。

Dreamweaver CC 2018 是由 Adobe 公司开发的一款实用性很高的网页编辑设计工具，简称 DW CC 2018，DW CC 2018 能够管理所有源代码并提供对 CSS 预处理器等新工作流程的支持，可以提供完整的代码着色、代码提示和编译功能。DW CC 2018 中文版能够在代码中查找简单文本、标签或代码元素，而且不影响使用。

DW CC 2018 软件的主要功能如下。

（1）Git 支持

DW CC 2018 支持 Git，因此可在该应用程序内管理所有源代码。可以在全新的"Git"面板执行所有常用的 Git 操作，包括推送、拉取、提交更新和取回。通过"文件"面板，你可以在 FTP 和 Git 视图之间切换，并查看你的团队的文件状态。

（2）全新代码主题

两款全新的代码主题，即 Monaki 款和经典款，提供与 DW CC 2015 中代码相近的颜色，让你的代码更易于阅读。

（3）CEF 支持升级

Dreamweaver 现已与新版 CEF（Chromium Embedded Framework）相集成，因此可在"代码视图"和"实时视图"中查看 HTML 自定义元素和 CSS 自定义属性等。

（4）支持 PHP 7

使用广受欢迎的新版 Web 脚本语言创建动态网页和服务。PHP 7 的特点包括代码执行、内存使用等方面的主要性能改进，可直接从 Dreamweaver 中访问代码提示和错误检查。

（5）改进了"查找和替换"

使用新的查找栏，你可以在代码中快速搜索简单文本、标签或代码元素，且不会遮挡屏幕。你还可以使用新的"高级搜索"功能，通过简单的键盘快捷键或下拉菜单，在打开的文件、网站和文件夹中搜索。

（6）适用于 Windows 的多显示器支持

在多个显示器上显示 Dreamweaver，从而扩大你的工作区。例如，将某个文档窗口拖出应用程序框，并在第二个显示器中查看它。

3.1.2 网站编程语言 PHP 简介

在 WWW 技术发展初期，Web 页面上主要是静态的内容，页面主要由文本、图形和超链接组成。用户只能从页面上获取信息，而不能和页面交互。随着 Web 技术的不断发展，Web 页面上开始加入动态和交互式的内容，并取得了成功。Web 动态技术发展快、种类多，这里主要对脚本语言和 PHP 语言进行简要介绍。

1. 脚本语言

脚本语言（Script Language）是一种简单的描述型语言，它的语法结构与计算机上的高级语言颇为相似，所以相对于其他的 Web 技术来说是简单易用的。脚本语言的出现较好地解决了 Web 页面的动态交互问题。它通过<?php?>标记嵌入 HTML 页面中，通过编程对 Web 页面元素进行控制，从而实现 Web 页面的动态化和交互性。一般地，脚本语言分为客户端和服务器端两个不同的版本。客户端的版本通过实现控制页面元素来达到改变 Web 页面外观的目的；服务器端的版本则被用来实现服务器端的诸多功能，如输入验证、表单处理、数据库查询、表单生成、输出定向等一系列服务器端为实现与客户端交流所必须实现的功能。

现今比较流行的客户端脚本语言有网景（Netscape）公司的 JavaScript 和微软公司的 VBScript。这两种语言虽然形式和语法有所不同，但功能相似，读者可以根据自己的情况进行选择。

2. PHP 语言

PHP（PHP Hypertext Preprocessor）是一种跨平台的服务器端嵌入式脚本语言。PHP 程序执行效率非常高，具有跨平台特性，几乎支持所有的操作系统，支持大多数数据库。

PHP 语言是最受欢迎的 Web 开发语言之一。它以学习简单、开发快速、性能稳定而备受 Web 开发人员的青睐。

（1）PHP 的应用领域

● Web 服务器。PHP 尤其适合网站开发。PHP 不仅适合网站开发，在游戏开发、广告系统开发、API 开发、移动端后台开发、内部 OA 系统开发等各方面都能使用 PHP。PHP 更可以被用来开发手机 App。

● 命令行脚本模式。开发人员可以通过命令行脚本模式来运行 PHP 脚本。这种模式下不需要服务器的支持或者浏览器的触发。在命令行脚本模式下仅需要 PHP 解析器执行 PHP 脚本。

● 编写桌面应用程序。如果用户非常精通 PHP，并且希望在桌面应用程序中使用 PHP 的一些高级特性，就可以利用 PHP-GTK 来编写这些程序。

（2）PHP 语言的优势

PHP 起源于自由软件，即开放源代码的软件，它是目前动态网页开发中使用最为广泛的语言之一。

PHP 是生于网络、用于网络、发展于网络的一门语言，它一诞生就被打上了自由发展的烙印。目前在国内外有数以万计的个人和组织在以各种形式和各种语言学习、发展和完善它，并不断地公布最新的应用和研究成果。

PHP 语言的优势如下。

● 学习成本低。PHP 学习入门快、开发成本低，语法相对简单，并且提供了丰富的类库，如用于图像处理的 GD 库、各种加密扩展（如 OpenSSL 和 Mcrypt）等，而且很多库是默认安装在 PHP 环境中的，可以很方便地直接使用。

● 使用便捷。PHP 结合 Linux、Nginx 或 Apache、MySQL 可以很方便快捷地搭建出一套系统，PHP 还支持直接调用系统命令，这样便可以用代码完成许多操作，如打包、复制、粘贴、重命名、执行 Linux 中 grep 查询等。

● 良好的数据库支持。PHP 支持 MySQL、SQL Server、SQLite 等多种数据库，其中 PHP 与 MySQL 结合是最为流行的使用方法之一。

● 支持面向对象程序设计。面向对象程序设计（Object-Oriented Programming，OOP）是当前的软件开发趋势，PHP 对 OOP 提供了良好的支持。可以使用 OOP 的思想来进行 PHP 的高级编程，对提高 PHP 编程能力和规划好 Web 开发架构都非常有意义。

● 开发效率高。因为 PHP 是解释执行的脚本语言，写完程序以后可以立即执行，这使得 PHP 的开发效率更高。

● 跨平台性。PHP 可以在 UNIX、Linux、Windows、macOS 等系统下运行，能够很好地满足网站开发和建设的不同需求。

● 生态圈丰富。PHP 作为最流行、使用最为广泛的 Web 开发语言之一，其生态圈内容丰富，有许多开源框架和开源系统可供使用。

● 优异的可扩展性。由于 PHP 本身是由 C 语言开发的，在一些对性能有严苛要求的情况下，可以使用 C 语言编写 PHP 的扩展来提升程序的执行速度。

● 用户众多。到目前为止，国内的许多网站，如百度、淘宝、天猫、新浪、优酷等都在使用 PHP 作为开发语言。

（3）PHP 基本语法

① PHP 文件。PHP 文件是一种脚本文件，可包含文本、HTML、JavaScript 代码和 PHP 代码。PHP 脚本在服务器端执行，结果以纯 HTML 形式返回给浏览器。PHP 文件的默认文件扩展名是.php。

PHP 脚本可以放在文件中的任何位置，默认以 "<?php" 符号开始，以 "?>" 结束：

```
<?php
// PHP 代码
?>
```

PHP 脚本中的代码行必须以分号结束，表示该代码行是一个可以执行的指令集。

PHP 脚本中有以下两类注释。

● 单行注释：使用"//"或"#"注释符，注释符后面的文本（单行内）都被视作注释内容。

● 多行注释：以"/*"注释符开始，必须以"*/"注释符结束。

② 变量和常量。变量是用于存储数据的"容器"。PHP 的变量名以"$"符号开头，后面是标识符。其中标识符只能包含字母、数字、下画线（A-Z、a-z、0-9 和_）且字母区分大小写，不能包含空格，第一个字符只能是字母或下画线。

在 PHP 中使用变量之前无须声明，第一次赋值给变量时将自动创建该变量，如：

```
$txt="Hello world!";
$num=5;
```

变量都有自己的数据类型，如数值、文本或其他数据类型。PHP 是一门弱类型语言，不必向 PHP 直接声明变量的数据类型，PHP 会根据变量的值，自动将变量转换为正确的数据类型。

PHP 可以使用常量。常量是简单值的标识符，其值在 PHP 脚本中不能改变。常量除了名称前面不能加"$"之外，其命名规则与变量相同。

③ 表达式。表达式是 PHP 代码的基本元素，是由常量、变量和运算符组合而成的，任何有值的组合都可以看作表达式。最基本的表达式之一就是为常量和变量赋值，例如$name="Java"表示将值"Java"赋给变量$name。

表达式可以分为算术表达式和逻辑表达式两种类型。$a + $b 是简单的算术表达式，用于求两个变量的和。$a > $b 是简单的逻辑表达式，用于判断两个变量的大小。当$a 的值大于$b 时，该表达式值为 TRUE，否则为 FALSE。

④ 流程控制语句。流程控制语句是任何程序都不可缺少的，在程序运行时，流程控制语句决定代码按照什么顺序运行。具体来讲，PHP 有以下 3 种流程控制语句。

● 条件语句。条件语句又称判断语句，用于根据不同条件执行不同动作。PHP 提供了 if、if...else、if...elseif...else 这 3 个条件语句。这些条件语句可以嵌套使用。

● 分支语句。如果判断的条件较多，则可以考虑使用分支语句。分支语句是一种特殊的条件语句，用于根据多个不同条件执行不同动作。PHP 中由 switch 语句指定简单的表达式（通常是常量），如果该表达式的值与 switch 语句体中的某个 case 列出的值相符合，就会执行相应 case 内的语句块；如果与列出的所有值都不匹配，就执行 default 内的语句块。

● 循环语句。循环语句用于一次又一次地重复执行某一代码块。循环语句有 while、do...while、for、foreach 等几种不同的类型，每一种都有其自身特有的语法，并适用于不同的情况。

使用 while 循环时，由 while 语句指定循环的条件。

⑤ 函数。函数就是可以完成某个任务的代码块。PHP 的函数分为内置函数和自定义函数。内置函数可以直接调用，PHP 的功能强大正是得益于大量的内置函数，可以通过查阅相关手册来了解其具体用法。

这里重点介绍一下自定义函数，自定义函数就是由用户自己定义的，用来实现特定功能的函数，需要先定义再调用。定义函数的基本方法如下。

```
function 函数名(参数列表)
{
    // 要执行的代码
}
```

其中，参数列表是可选的，可以没有参数，也可以设置一个或多个参数。

定义好函数之后，引用其函数名即可调用它。

使用自定义函数有助于使程序代码结构化，可以将复杂功能划分成若干模块，让程序结构更加清晰，代码重复利用率更高。

⑥ PHP 表单处理。Web 应用程序中通常使用 HTML 表单来向服务器端提交数据，比如输入的用户信息，而 PHP 通过内置的超级全局变量来自动检索表单中的信息。

内置的$_POST 变量用于检索以 POST 方法提交（method="post"）的表单中的值。从带有 POST 方法的表单发送的信息，对任何人都是不可见的，并且对发送信息的量也没有限制。默认情况下，PHP 能处理的以 POST 方法发送的信息的数据量最大值为 8 MB（可通过设置 php.ini 文件中的 post_max_size 参数进行更改）。

内置的$_GET 变量用于检索以 GET 方法提交（method="get"）的表单中的值。$_GET 也可以检索 URL 中通过查询字符串发送的数据。从带有 GET 方法的表单发送的信息，对任何人都是可见的，还会显示在浏览器的地址栏，并且对发送信息的数据量也有限制。

另外，无论是以 POST 方法提交的表单，还是以 GET 方法提交的表单，都可以使用内置的$_REQUEST 变量来获取。

⑦ Session 变量。使用浏览器访问 Web 网站所使用的是 HTTP，而 HTTP 本身是无状态的连接协议，浏览器向 Web 服务器发起的每一个请求都是相互独立的，Web 服务器不知道是谁发起的请求，以及请求的是什么。PHP 使用 Session 变量解决此问题，通过在服务器上临时存储用户的信息（比如用户名称、购买的商品等），方便后续的使用。将用户通过浏览器不断访问网站的活动视为一次会话（Session），除非关闭浏览器，否则该会话不会中止。会话期间 Session 变量存储单一用户的信息，但这些信息对于网站中的所有网页都是可用的。需要注意的是，Session 变量是临时变量，在用户离开网站后将被删除。如果需要永久存储信息，则要将数据存储在数据库或文件中。

⑧ PHP 文件的包含。PHP 的代码组织方式是按逻辑相关性对代码进行分组，将包含大量代码的单个文件分解成多个文件，使用包含方法在单个文件中嵌入另一个文件，将被包含的文件与被嵌入的文件合并为一个整体。

PHP 使用 include 和 require 函数来包含其他文件。两者除了处理错误的方式不同之外，在其他方面都是相同的。下面的一行代码用于包含数据库连接文件，这是 PHP 程序中经常用到的。

```php
include("conn.php");
```

3.1.3　PHP 应用程序实例

以网站前台会员登录程序 login.php 为例，具体程序如下。

```php
<?php
# 用户登录
include("conn.php"); //包含数据库连接文件
?>
<html>

<head>
  <meta http-equiv="content-type" content="text/html; charset=utf-8">
  <meta name="renderer" content="webkit" />
  <meta name="force-rendering" content="webkit" />
  <meta http-equiv="X-UA-Compatible" content="IE=Edge,chrome=1" />
  <title>登录-冬藏书店</title>
  <link rel="stylesheet" type="text/css" href="css/style.css" >
  <link rel="stylesheet" type="text/css" href="css/login.css" >
```

```html
    <link rel="stylesheet" type="text/css" href="css/iconfont/RjdaoIcon.css" >

    <script type="text/javascript" src="js/jquery.js"></script>

</head>

<body>

    <!--头部-->
    <?php
    include("header.php"); //包含头部文件
    ?>
    <!--中部-->
    <div class="curPos"> <span>当前位置</span><i class="icon-0240"></i><a href="">用户登录</a>
</div>
    <section class="aui-content">
      <div class="aui-content-box clearfix">
        <div class="aui-content-box-fl">
          <div class="aui-form-header">
            <div class="aui-form-header-item on">密码登录</div>
            <div class="aui-form-header-item">验证码登录</div>
            <span class="aui-form-header-san"></span>
          </div>
          <div class="aui-form-content">
            <div class="aui-form-content-item">
              <form action="loginAct.php" method="post" onSubmit="return checkLogin();">
                <div class="aui-form-list">
                  <input type="text" class="aui-input" name="username" id="username" placeholder="
请输入用户名/手机号/邮箱" data-required="required" autocomplete="off">
                </div>
                <div class="aui-form-list">
                  <input type="password" class="aui-input" name="passwd" id="passwd" placeholder=
"请输入密码" data-required="required" autocomplete="off">
                </div>

                <div class="aui-form-pwd clearfix"> <a href="#">忘记密码？</a> </div>
                <div class="aui-form-btn">
                  <input type="submit" class="aui-btn" value="登 录">
                </div>
              </form>
            </div>
            <div class="aui-form-content-item">
              <form action="">
                <div class="aui-form-list">
                  <input type="text" class="aui-input" name="" placeholder="请输入手机号" data-required=
"required" autocomplete="off">
                </div>
```

```html
                <div class="aui-form-list">
                    <input type="text" class="aui-input" name="" placeholder="请输入验证码" data-required=
"required" autocomplete="off">
                    <input type="button" class="aui-child" value="获取验证码">
                </div>
                <div class="aui-form-pwd clearfix"> <a href="#">忘记密码？</a> </div>
                <div class="aui-form-btn">
                    <input type="submit" class="aui-btn" value="登 录">
                </div>
            </form>
        </div>
      </div>
    </div>
    <div class="aui-content-box-fr">
      <div class="aui-content-box-text">
        <h3>还没有账号:</h3>
        <a href="register.php" class="aui-ll-link">立即注册</a>
        <h3>使用第三方账号直接登录:</h3>
        <ul class="aui-content-box-text-link clearfix">
            <li><a href="#" class="aui-icon-sina" title="使用新浪微博账号登录"></a></li>
            <li><a href="#" class="aui-icon-wechat" title="使用微信账号登录"></a></li>
            <li><a href="#" class="aui-icon-qq" title="使用腾讯 QQ 账号登录"></a></li>
            <li><a href="#" class="aui-icon-baidu" title="使用百度账号登录"></a></li>
        </ul>
      </div>
    </div>
  </div>
</section>

<!--底部-->
<?php
include("footer.php"); //包含底部文件
?>
<div class="suspensionRight">
  <a href="" class="xcart">
    <i class="icon-0495 icart-cur"></i>
    <em>24</em>
    <span class="txtcart">My Cart</span>
  </a>
</div>

<script type="text/javascript">
  $(function() {

    /*tab 标签切换*/
    function tabs(tabTit, on, tabCon) {
      $(tabCon).each(function() {
```

```
                $(this).children().eq(0).show();

            });
            $(tabTit).each(function() {
                $(this).children().eq(0).addClass(on);
            });
            $(tabTit).children().click(function() {
                $(this).addClass(on).siblings().removeClass(on);
                var index = $(tabTit).children().index(this);
                $(tabCon).children().eq(index).show().siblings().hide();
            });
        }
        tabs(".aui-form-header", "on", ".aui-form-content");

    })
</script>

<script>
    $(function() {
        var m_st, m_po = 280; //滚动到 600px 时显示
        $(window).scroll(
            function() {
                m_st = Math.max(document.body.scrollTop || document.documentElement.scrollTop);
                if (m_st > m_po) {
                    $('.suspensionRight').slideDown(); //className : tips
                } else {
                    $('.suspensionRight').slideUp(); //className : tips
                }
            })

    });
</script>

<script>
    function checkLogin() {



        if ($("#username").val().trim() == "") {
            alert("必须输入账号名称！ ");
            return false;
        }
        if (/^[\u4e00-\u9fa5]+$/.test($("#username").val())) {
            alert("账号不能输入汉字！ ");
            return false;
        }

        if ($("#passwd").val().length < 6) {
```

```
            alert("密码不能少于 6 位！");
            return false;
        }

        return true;
    }
    </script>
</body>

</html>
```

将 login.php、conn.php、header.php 等文件放到 PhPStudy 服务器的 www 目录中，并将相应的数据库文件导入 PhPStudy 服务器中，在浏览器的地址栏中输入"http://127.0.0.1/login.php"并按"Enter"键运行该文件。运行效果如图 3-1 所示。

图 3-1　运行 login.php 文件效果

3.2　电子商务网站设计与制作

网站的建设者要想建立一个优秀的电子商务网站，除了要有很高的软件应用技巧以外，还必须对网站进行全面、细致的分析和系统设计，只有在此基础上动手开发，才能取得成功。

3.2.1　电子商务网站内容设计的流程

要将电子商务网站作为在 Internet 上展示企业形象与企业文化、进行电子商务活动的信息空间，除了要进行网站的总体策划、确定网站的目标和定位等外，还要进行电子商务网站的内容设计与制作。这是网站开发的重点。

1. 网站内容设计的原则

在当前的 Internet 应用中，很多企业纷纷建立自己的网站，但由于对网站的认识还不够深入，一些企业并不知道自己的网站能为企业带来什么效益，更不了解网站设计需要把握的规律。一些企业甚至只发布了几页内容就算是建立了一个网站，而且其信息从来不更新。企业要在 Internet 上开展电子商务，就应该在遵循一些基本原则的前提下进行网站内容的设计。一般来说，最起码应考虑到以下 3 个方面：信息内容、访问和页面。一般信息内容和访问应优先考虑，同时兼顾页面。下面分别从这 3 个方面来说明。

（1）新、精、专的信息内容

● 信息内容永远处于第一位。企业建立网站就是为了表现一定的内容，需要用户根据这些内容开展电子商务；而用户访问网站的主要目的就是发现自己感兴趣的信息。要提高电子商务网站的访问率，增加效益，企业就必须先在信息内容上多下功夫。信息内容要新、精、专，要有特色，否则企业电子商务网站即使开发出来也是失败的系统，不能够增加企业的效益。电子商务网站要提供可读性强的内容，如公司营销的特色、产品的优点、如何做好售后服务、如何更好地为消费者服务等，一定要站在消费者的立场去考虑问题。

● 内容设计要有组织。设计网站也许并不是很困难，但这一工作与编制传统的宣传品一样，都需要设计人员谨慎处理和筹划。设计人员首先必须确定企业需要表达的主要信息，然后仔细斟酌，把所有想法合情合理地组织起来，再一个个设计页面样式，并将其先试用于有代表性的用户，接着反复修订，以求尽善尽美。

● 及时更新信息内容。网页的内容应是动态的，应随时修改和更新，以紧紧抓住用户。特别是有关产品和技术方面的新消息、新动态等，应该及时展现，并且每次更新的页面内容应尽量在首页中提示用户，可通过 URL 链接或注明更新时间来提示。浏览者在时隔多日后又返回到网站时，如果发现网站在内容设计或信息量方面有了新的变化，就会进一步增加其对网站的兴趣。只有时常更新网站的内容，让用户对网站一直保持新鲜感，用户才会经常光临。

（2）安全、快速的访问

● 提高用户的访问速度。在确定内容的基础上，尽量提高访问速度十分必要。有时即便网站的内容再好，但访问速度太慢，用户也会失去耐心，从而影响企业网站的访问量。

● 要有安全、良好运转的硬件和软件环境。要确保有稳定、全天、全年都可以连续工作的性能良好的服务器硬件，这是至关重要的。在电子商务的交易过程中，一定要避免服务器死机、病毒感染等问题，避免由于硬件的原因造成用户网上交易中断、信息丢失等。

● 要使信息便于用户浏览。网站中的任何信息都应在最多 3 次点击之内得到。例如，一个摄影器材公司的网站，如果有用户想了解某种型号的产品信息，应该能够在 3 次点击之内得到相关信息。一般的步骤是，网站首页有指向产品网页的链接，产品网页有指向各型号产品网页的链接，各型号产品网页有指向该产品的更详尽的产品信息的链接。在很多情况下，由于网站内容设计犯下了网站结构层次太深的错误，导致无法满足"3 次点击"的要求，使有价值的信息被埋在层层链接之后，一般浏览者不会有足够的耐心去找到它们，以致放弃浏览。

（3）美感十足、方便用户访问的页面

● 提供交互性。缺乏互动的网站一定缺少对浏览者的吸引力，要加强网站的营销效果，就必须加强在网站互动方面的投入，包括采用留言评论、点赞、分享、开设在线论坛等各种方式，并安排专门的人员负责维护。只有当用户能够很方便地与企业网站进行信息的交流时，企业网站才能吸引用户，才能加强企业与客户的关系，企业在网上进行产品销售和服务的机会才会增加。

● 完善的搜索和帮助功能。合理地组织网站信息内容，以便让用户能够迅速、准确地检索到要查找的信息。如果用户进入网站后不能迅速地找到自己要找的内容，那么这个网站就很难留住浏览者。因此，有必要将信息分类，并提供对各种信息入口的检索功能，让消费者能够快速地找到想要的产品，甚至列出相关产品，以提高用户的购买欲。通常使用数据库技术为浏览者提供准确而快速的检索功能。此外，网站中应提供一些联机帮助功能，避免用户在网站中不知所措。

● 方便用户购买。对于电子商务网站，购买方便是最重要的原则之一，为此要减少用户购买过程中的干扰信息（如广告等）；要为用户提供个性化的服务，与用户建立非常和谐的亲密关系；要使订购流程清晰、流畅，包括用户下订单的流程是否清楚、是否随时可以中断购买程序、订单上是否有所买产品及其价格、运费内含还是外加、货物会在几天内收到、货款的支付方式、产品退货的处理流程、对于交易安全的保证、使用何种交易技术等。要尽可能地提供商品的细节，越详细越好，必要时提供产品的详细图片，以激发用户购买欲等。目前，电子商务网站中普遍引入购物车系统以方便用户购买。

2. 网站内容设计流程

一般来说，在开始电子商务网站的内容设计之前，企业应首先成立电子商务网站开发小组，然后由小组内的设计人员和开发人员共同确定网站的基本要求和主要功能。

电子商务网站的内容设计流程一般包括如下步骤：首先在网站总体规划阶段所确定的信息需求和网站功能的基础上，收集与网站内容主题相关的关键信息；再利用逻辑结构有序地将这些信息组织起来，确定其信息结构，并开发网站内容设计的基本模型；选择企业的一些有代表性的用户进行测试，根据他们提出的意见，逐步完善这个模型，最终形成正式的企业网站的内容模块。下面介绍网站内容设计的流程。

① 收集与网站内容主题相关的关键信息。建立营销性网站决不能马虎，要以严谨细致、精益求精的工作态度，从收集网站信息开始做好每一步工作。文字资料的整理应由公司内部的专人负责整理。他们最好是熟悉市场营销并有一定文字组织能力的人，能够站在企业、市场和消费者等多个角度考虑文字的组织方式。通常情况下，资料常常来自企业的宣传手册、彩页、各种报告及技术资料等，这些资料往往是从企业的角度组织的，而缺乏用户角度的考虑，因此这些资料在加以整理后才能在网站中使用。

② 网站信息结构的设计。设计人员根据收集到的信息和总体规划阶段对网站提出的主要需求与功能进行构思，确定计算机管理的权限、网站应具有的基本功能、人机界面的基本形式、网站的链接结构和总体风格等。

③ 网站运行环境的选择。根据网站信息结构的设计，结合企业的实力进行电子商务网站运行环境的选择，包括网络操作系统、Web 服务器及数据库系统等的选择。

④ 进行网页可视化设计。设计人员根据以上获得的信息，通过草图的方式，以尽可能快的速度和尽可能完备的开发工具来建造仿真模型。该模型应包括首页和其他网页的版面设计、色彩设计、导航栏设计、相关图像的制作与优化。该模型要提交给企业电子商务网站领导小组，被审核通过后才能进行网页的制作。

⑤ 网页制作。利用各种网页开发技术（HTML、CSS、JSP、PHP 等技术），使模型中的各种类型的内容有机地整合在一起。通常情况下，在网页制作过程中，需利用一定的 Web 数据库技术进行信息和数据的动态发布和提供。

⑥ 网站测试。在网站被正式使用之前，要由一些典型的用户和开发人员一起进行试用、检查、分析效果。他们对网站进行全方位的测试，包括速度、兼容性、交互性、链接正确性及超流量测试等，发现问题及时记录并解决。

⑦ 网站发布。最后通过 FTP 软件把所有的网站文件从测试服务器传到正式服务器上，网站就可以正式地对外发布了。

这套完整的网站内容设计流程可以安排在一定的时间内完成，通常需用几个月的时间。当网站正式启用后，还要进行跟踪调查，以了解用户是如何使用网站的。一旦得到用户对网站的看法或建议，应据此对网站进行相应的调整。

3.2.2 网站信息结构的设计

电子商务网站应该包括的信息内容和功能模块、具备的链接结构，以及采取的整体风格，并没有统一的模式。不同形式的网站，其内容、实现的功能、经营方式、建站方式、投资规模也各不相同。一个功能完善的电子商务网站可能规模宏大，耗资可能达到几百万元；而一个简单的电子商务网站也许只是将企业的基本信息搬到网上，将网站作为企业信息发布的窗口，甚至不需要专业的人员来维护。一般来说，电子商务网站建设与企业的经营战略、产品特性、财务预算以及当时的建站目的等因素有着直接关系。

1. 网站信息内容及其功能模块的设计

尽管每个电子商务网站规模不同，表现形式各有特色，但从经营的实质来说，不外乎信息发布型和产品销售型这两种基本类型。一个综合性的电子商务网站可能同时包含这两种基本形式。目前，大多数企业都开设了电子商务网站，很多电子商务网站的应用水平还处于初级阶段，距离开展真正的电子商务还很远，属于信息发布型电子商务网站。信息发布型电子商务网站中信息结构的设计主要是从公司、产品、服务等几个方面来进行的。

① 公司概况。公司概况包括公司背景、发展历史、主要业绩、经营理念、经营目标及组织结构等，用于让用户对公司的情况有概括性的了解，以此作为在网络上推广公司的第一步，也可能是非常重要的一步。

② 员工信息。员工信息展示公司的人力资源，主要部门的员工，特别是与用户有直接或间接联系的员工都应有自己的页面，包括姓名、经历、技能、兴趣及联系方式等。这是企业人格化的重要手段，以便于建立服务于消费者的一对一关系。

③ 产品目录。产品目录包括公司产品和服务的目录，方便用户在网上查看。企业可根据实际需要决定资料的详简程度，包括是否配以图片、视频和音频资料等。最简单的资料应包括产品和服务的名称、品种、规格和功能描述。公布有关技术资料时应注意保密，避免被竞争对手利用，造成不必要的损失。

④ 产品价格表。用户浏览网站的部分目的是了解产品的价格信息，对于一些通用产品及可以定价的产品，应该标识产品价格；对于一些不方便报价或价格波动较大的产品，也应尽可能为用户了解相关信息提供方便，如设计一个标准格式的询问表单，用户在填写简单的联系信息后提交就可以了。

⑤ 产品搜索。如果公司产品比较多，无法在简单的目录中全部列出，而且经常有产品升级换代，那么为了让用户能够方便地找到所需要的产品，除了设计详细的分级目录之外，增加关键词搜索功能不失为有效的措施。

⑥ 公司动态。通过公司动态可以让用户了解公司的发展动向，加深对公司的印象，从而达到展示企业实力和形象的目的。因此，如果有媒体对公司进行了报道，别忘记及时转载到网站上。

⑦ 网上订购。有些网站虽然提供产品或者服务信息，但并不支持通过网站完成完整的交易过程，这样的企业网站信息发布的特征更加显著。也有一些网站，在信息发布的同时，支持用户先在线提交交易意向，或者进行网上订购，再把用户的订购信息提交给企业。收到信息的企业可以按需组织生产或提供服务，但是用户真正获得产品或者服务，则是在线下完成的。针对这种销售模式，在网站上为用户设计简单的网上订购程序仍然是必要的。当然，这种网上订购方式只是用户通过在线表单将信息提交给网站管理员，最后的确认、付款、发货等仍然在线下完成，和通过电子商务网站直接购买有本质的区别。

⑧ 销售网络。现在，用户普遍在网站直接下单购买自己喜欢的商品，但也有部分用户购物时习惯"线上看货，线下购买"，尤其是针对价格比较贵或销售渠道比较少的商品，用户通常喜欢通过网络获取足够的信息后再到本地的实体商场购买。应充分发挥电子商务网站的作用，应尽可能详尽地告诉用户在什么地方可以买到自己所需的产品。

⑨ 售后服务。有关质量保证条款、售后服务措施，以及各地售后服务的联系方式等都是用户比较关心的信息，而且，是否可以在本地获得售后服务往往是影响用户购买决策的重要因素，这些信息应该尽可能详细地提供。

⑩ 技术支持信息。技术支持信息对于生产或销售高科技产品的公司来说尤为重要，网站上除了产品说明书之外，企业还应该将用户关心的技术问题及其答案公布在其上，如一些常见故障的处理、产品的驱动程序、软件工具的版本等信息资料，可以通过在线提问和常见问题（Frequently Asked Questions，FAQ）的方式体现。创建 FAQ 可以避免公司的技术支持人员重复回答相同的问题，如果将问题列于 FAQ 页面的上部，并将每个问题与答案链接在一起，可以节省企业和浏览者双方的时间和精力。在线提问可以很方便地让用户直接在网上给公司留言，为一些没有 E-mail 地址的用户提供方便，浏览者可以随时提出任何有关公司、产品或技术方面的信息需求，而不必通过电话联系。

⑪ 联系信息。网站上应该提供足够详尽的联系信息，除了公司的地址、电话、传真、邮政编码、网站管理员的 E-mail 地址等基本信息之外，最好能详细地列出客户或者业务伙伴可能需要联系的具体部门的联系方式。有分支机构的企业，还应当列出各地分支机构的联系方式，在为用户提供方便的同时，起到对各地业务的支持作用。

⑫ 财务报告。股份制尤其是上市的企业，应该将重要的财务报告发布到网上，让股民能够方便地查询到这些信息，包括中报、年报和各种配股计划等。

⑬ 辅助信息。有时由于企业产品种类比较少，网页内容可能会显得有些单调，这时可以通过增加一些辅助信息来弥补这种不足。辅助信息的内容比较广泛，可以是本公司、合作伙伴、经销商或用户的一些相关新闻、趣事，或者产品保养或维修常识、产品发展趋势等。

⑭ 其他信息内容。其他信息内容可以是反馈表、公司人才招聘信息、相关网站的链接，但千万不要将直接竞争对手的网站链接到网页中；还可以提供一些娱乐信息、有关专家或权威部门对产品和服务的证明、表明公司具体物理位置的电子地图、网站内容最近更新的日期以及网页版权信息等。

⑮ 增值服务。国内外许多企业已经认识到"网站必须提供有价值的服务"，并竞相开辟了网络环境下的新服务项目（免费客户首页、客户需求专案提交等），以增加其服务功能，如小米商城官网开设的小米社区，为用户提供了系统升级和资源共享服务；格兰仕公司官网上为用户提供的"营养健康菜谱"，起到了增值服务作用，等等。所以，这些网站对网民来说是"具有价值"的，它们会吸引用户再次光临。

当然，上述信息仅是电子商务网站应该关注的基本内容，并非每个电子商务网站都必须涉及上述内容，同时也有很多内容并没有罗列。在规划并设计具体网站的信息内容和功能模块时，主要应考虑企业本身的目标和所决定的网站功能导向，让企业上网成为整体战略的有机组成部分，让网站真正成为有效的品牌宣传阵地、营销工具或网上销售场所。

2. 网站链接结构的设计

电子商务网站往往是大型的、复杂的综合性网站，为了实现信息的有效传递，也为了方便用户以最少的时间浏览网站获得所需信息，网站开发人员应在设计网站信息内容结构的同时，规划并设计好主次分明、结构清晰的网站链接结构，使浏览者对网站内容一目了然。

一般来说，网站的链接结构有以下两种。

（1）树状链接结构（一对一）

树状链接结构是类似磁盘操作系统（Disk Operating System，DOS）的目录结构，首页链接指向一级页面，一级页面链接指向二级页面。立体结构像一棵二叉树。浏览者在浏览采用这种链接结构的网站时，一级级进入，一级级退出。其优点是条理清晰，浏览者明确知道自己在什么位置，不会"迷"路；缺点是浏览效率低，如从一个栏目下的子页面到另一个栏目下的子页面必须绕经首页。

（2）网状链接结构（一对多）

网状链接结构的每个页面之间都有链接，可进行跳转，立体结构像一张网。这种链接结构的优点是浏览方便，浏览者可以随时到达自己喜欢的页面；缺点是链接太多，易使浏览者迷路，搞不清自己在什么位置，看了多少内容。

这两种基本结构都只是理想结构，在实际的网站设计中，总是会将这两种结构混合起来使用。网站开发者总希望浏览者既可以方便、快速地到达自己需要的页面，又可以清晰地知道自己的位置。所以，最好的办法之一是，首页和一级页面之间用网状链接结构，一级和二级页面之间用树状链接结构，超过三级页面，在页面顶部设置导航栏，以帮助浏览者明确自己所处的位置。浏览者经常会看到许多网站页面顶部出现类似这样的表示："您现在的位置是：首页→产品中心→前端产品→一体化摄像机"。

链接结构的设计，在实际的网页设计与制作中是非常重要的。采用的链接结构将直接影响到版面的布局，如导航栏放在什么位置、是否每页都需要放置导航栏、是否需要用分帧框架、是否需要加入返回首页的链接。在链接结构确定后，再开始考虑链接的效果和形式。

随着电子商务的推广，网站竞争越来越激烈，对链接结构设计的要求已经不仅局限于让浏览者可以方便、快速地浏览，更加注重个性化和相关性。例如，在一个企业网站的产品信息页内，需要加入有关新产品、畅销产品、热卖产品、特价产品等的链接。

3. 网站整体风格的设计

网站整体风格的设计在网站的内容设计中，既是重点又是难点，是所有网页开发者都希望掌握的，其原因在于没有一个固定的模式可以参照和模仿。给定一个主题，任何两个人都不可能设计出完全一样的网站，这就是风格。

网站整体风格是抽象的，是指网站的整体形象给浏览者的综合感受。"整体形象"包括网站的 CI（标志、色彩、字体、标语）、版面布局、浏览方式、交互性、文字、语气、内容价值及网站荣誉等诸多因素，如用户觉得网易是平易近人的，去哪儿网是生动活泼的，海康威视官网是专业严肃的，这些都是网站给人们留下的不同感受。网站风格是独特的，是一个网站不同于其他网站的地方，如某种色彩、版面布局或者浏览方式，能让浏览者明确分辨出这是某网站独有的。网站风格应体现个性，通过网站的色彩、版面布局、文字、交互性，可以概括出一个网站是温文儒雅、执着热情的，还是活泼易变或严肃沉稳的。

有风格的网站与普通网站的区别在于：在普通网站上看到的只是堆砌在一起的信息，浏览者只能理性地描述，如信息量大小、浏览速度快慢等；但有风格的网站可以使人有更深层的感性认识，如觉得网站有品位、和蔼可亲、像老师、像朋友等。

其实风格就是与众不同！

通常情况下，网站的设计者要根据企业的具体情况，找出其最有特色的东西，即最能体现网站风格的东西，并对其加以强化，突出宣传。例如，再次审查网站名称、域名、栏目名称是否符合网站特色，是否易记；审查网站标准色彩是否容易使人联想到网站特色，是否能体现出网站的风格等。体现网站风格的具体做法没有定式，这里仅提供以下一些参考。

① 使企业的标志尽可能出现在每个页面上（页眉、页脚或者背景均可）。标志可以是中文、英文字母，可以是符号、图案，可以是动物或者人物等。例如，搜狐用图案作为标志，新浪用字母 sina+眼睛作为标志。标志的设计创意来自网站的名称和内容。

② 突出网站的标准色彩。网站给人的第一印象来自视觉冲击，确定网站的标准色彩是相当重要的。不同的色彩搭配产生不同的效果，并可能影响到浏览者的情绪。标准色彩是指能体现网站形象和延伸

内涵的色彩，如唯品会网站的粉红色、敦煌网的橙色，都会使浏览者觉得很贴切、很和谐。一般来说，网站的标准色彩不超过 3 种，太多则让人眼花缭乱。标准色彩要用于网站的标志、标题、导航栏和主色块，给人以整体统一的感觉。文字的链接色彩、图片的主色彩、背景色、边框色彩等尽量与标准色彩一致。

③ 突出网站的标准字体。标准字体是指用于标志、标题、导航栏的特有字体，一般网页默认的字体是宋体。为了体现网站的"与众不同"和特有风格，企业可以根据需要选择一些特别的字体，在关键的标志、标题、导航栏里使用统一的标准字体。

④ 设计一条朗朗上口的宣传标语。网站的宣传标语可以表达网站的精神、网站的创建目标，可以是一句话甚至一个词来高度概括，类似于实际生活中的广告金句。例如，格力电器的"格力——让世界爱上中国造"，安踏体育的"永不止步 Keep Moving"，等等。要将这些标语放在首页中的动画、标题里，或者放在醒目的位置。

⑤ 使用统一的图片处理效果。例如，阴影效果的方向、厚度、模糊度等都必须一样。

⑥ 创造一个企业网站特有的标志。例如，采用企业自己设计的线条、点、花边等。

网站风格不是一次性形成的，必须在实践中不断优化、调整、修饰。

3.2.3　网页的可视化设计

1. 网页设计应遵循的原则

① 网页命名要简洁。由于一个网站不可能由一个页面组成，它包含许多页面，为了能使这些页面有效地被链接起来，网页开发者最好给这些页面起一些有代表性的而且简洁易记的网页名称。这样既有助于以后管理网页，又能在向搜索引擎提交网页后使其更容易地被别人检索到。

② 确保页面的导航性好。用户不可能像网站开发人员一样了解该企业网站，用户在寻找信息时难免会存在困难，因此需要所浏览的企业网站提供支持，以使用户有很强的结构感和方位感。一般来说，网站应提供一个关于本网站的地图，让用户知道自己在哪儿以及能去哪儿；应让用户能在首页上以关键字或词语查找所需的信息；所有页面从头至尾都要使用导航标志，尤其要有"返回到首页"链接；如果是图像导航按钮，那么要有清晰的标识，让人看得明白，千万别只顾视觉效果，而让用户不知东西南北；如果是文本导航，则其链接颜色最好用约定俗成的：未访问的用蓝色，点击过的用紫色或栗色，应使文本链接与页面上其他文字有所区分，给用户一个清楚明白的导向。

③ 网页要易读。这就意味着需要规划文字与背景色的搭配方案。注意不要使背景色冲淡文字的视觉效果，也不应该用太复杂的色彩组合，让用户很费劲地浏览网页。此外，网页的字体、大小也是需要考虑的因素。

④ 合理设计视觉效果。视觉效果对于网页来说是相当重要的成分，它主要体现在网页结构和排版上。要善于用"DIV+CSS"布局网页，使人一眼就能看出网站的重点所在。不要在页面上填满图像来增加视觉趣味，应尽可能多地使用彩色圆点，它们较小并能为列表项增加色彩活力。此外，彩色分隔条也能在不扰乱带宽的情况下增强图像感。

⑤ 为图像添加文字说明。给每幅图像加上文字说明，在图像出现之前就可以看到相关内容，对于导航按钮和大图像更应如此。这样一来，当网络速度很慢不能把图像下载下来或者用户在使用文本类型的浏览器时，照样能阅读网页的内容。

⑥ 不宜使用太多的动画和静态图像。在进行网页设计时要确定是否必须要用 GIF 动画或 Flash 插件，如果可以不用，就选择静态图像，因为它的容量要小得多。如果不得不在网站上放置大图像，则最好使用图像缩微图，把图像缩小版本的预览效果显示出来，这样用户就不必浪费金钱和时间去下载他们根本不想看的大图像。不要使用横跨整个屏幕的图像，要避免用户滚动屏幕。此外，还要确保动画、静

态图片和网页内容有关联，它们应和网页浑然一体，要表现一定的网页内容，而不是空洞的。

⑦ 页面长度要适中。一个长的页面的传输时间要比较短的页面的传输时间长。太长的页面的传输会使用户在等待中失去耐心；而且为了阅读这些长文本，用户不得不使用滚动条，很多用户不喜欢使用滚动条，调查表明只有 10%的用户会上下移动文本观看屏幕显示范围之外的信息。如果有大量的基于文本的文档，如企业的合同、财务报表、产品的使用说明书等，就应当以 Adobe Acrobat 支持的 PDF 文件形式来放置，以便企业用户能离线阅读，从而节省宝贵的时间，或将所有关键的内容和导航选项置于网页的顶部。

⑧ 整个页面风格要一致。网站上所有网页中的图像、文字，包括背景色、区分线、字体、标题、注脚等，要统一表现风格，这样用户在浏览网页时才会觉得舒服、顺畅。

⑨ 尽量使用相对超链接。在制作图像或文本超链接时，尽可能地使用相对超链接，这是因为这样制作的网页可移植性比较强。例如，把一组源文件移到另一个地方时，相对路径名仍然有效，而不需要重新修改链接的目标地址。

⑩ 不要滥用尖端技术。在网页开发中，要适当地使用新技术，但不要过多地使用最新的网站开发技术，因为企业电子商务网站的主流用户更关注网站有无有用的内容和企业提供优质服务的能力。网站开发技术的应用要考虑用户浏览器是否支持。

2. 网页版面布局设计

版面指的是用户在浏览器中看到的一个完整页面（可以包含框架和层）。因为每个用户所使用的显示器分辨率不同，所以同一个页面可能出现 640px×480px、800px×600px、1024px×768px 等不同尺寸。布局就是指以最适合用户浏览的方式将图片和文字排放在页面的不同位置。

（1）网页版面布局步骤

● 创建初始方案。新建的页面就像白纸，没有任何表格、框架和约定俗成的东西，网页设计人员可以尽可能地发挥其想象力，将可能想到的"景象"画上去。这属于创造阶段，不必讲究细腻、工整，不必考虑细节功能，只以粗陋的线条勾画出创意的轮廓即可。尽可能地多画几个页面，最后选定一个满意的作为继续创作的脚本。

● 初步设计网页的布局。在初始方案的基础上，将已确定的需要放置的功能模块安排到页面上，注意必须遵循突出重点、平衡协调的原则，将网站标志、导航栏等最重要的模块放在最显眼、最突出的位置，然后考虑次要模块的排放。

● 确定布局方案。将初步布局精细化、具体化。

（2）常见的版面布局形式

制作网页常用的版式有单页和分栏（分帧或多框架）两种，在制作网页时要根据网页内容选择版式。但因为浏览器的宽度有限，一般不宜将版面设计成 3 栏以上的布局。

● "T"结构布局。所谓"T"结构，就是指网页顶部和左边相结合，页面顶部为横条网站标志和广告条，其下左边为导航栏，右边显示内容的布局，这是网页设计中用得最广泛的一种布局方式。在实际设计中还可以改变"T"结构布局的形式，如左右两栏式布局，一半是正文，另一半是形象的图片、导航；正文不等两栏式布置，通过背景色区分，分别放置图片和文字等，如图 3-2 所示。这样的布局有其固有的优点，因为人的注意力主要在右下角，所以企业发布给用户的信息很有可能被用户获取，而且很方便；另外，页面结构清晰、主次分明、易于使用。缺点是规矩、呆板，如果细节色彩上不注意，很容易让人"看之无味"。

● "口"型布局。这是一种形象的说法，指页面上下各有一个广告条，左边是导航栏，右边是友情链接等，中间是主要内容的布局，如图 3-3 所示。这种布局是综合性网站常用的版式，特别之处是顶部中央的内容能起到活跃气氛的作用。其优点是页面充实、内容丰富、信息量大；缺点是页面拥挤、不够灵活。

图 3-2　"T"结构布局

图 3-3　"口"型布局

- "三"型布局。这种布局多用于国外网站，国内用得不多。特点是页面上有横向 3 条色块，将页面整体分割成 4 部分，色块中大多放广告条。

- 对称对比布局。顾名思义，即采取左右或者上下对称的布局，一半深色，另一半浅色，一般用于设计型网站。其优点是视觉冲击力强；缺点是将两部分有机地结合比较困难。

- POP 布局。如图 3-4 所示，POP 引自广告术语，就是指页面布局像一张宣传海报，以一张精美图片作为页面的设计中心。该布局常用于时尚类网站，优点显而易见，漂亮且吸引人；缺点就是访问速度慢。

以上总结了目前网络上常见的几种布局，其实在实际应用中布局基本上都是可以变通的，所以网站页面呈现出丰富多彩、别具一格的布局形式。网页设计人员在了解这些布局的基本优缺点之后，适当地利用其优点，结合一些富有形式美感的因素，就能设计出非常漂亮的网页。

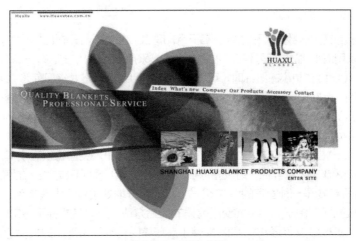

图 3-4　POP 布局

（3）页面版式设计原则与技巧

版式设计通过文字、图像的空间组合，表达出和谐与美。只有当内容和形式，即具体网页的版式达到协调的状态才算是真正成功的网页设计。所以，不能只考虑网页内容的排版，以为只要能够把具体内容清晰、流畅地放到网站上就行了，这样会严重影响用户的心情。同样，假如不顾网页的内容，只顾页面的形式，即使页面再漂亮，用户也不会喜欢，因为用户上网的目的就是获取信息，不只是欣赏，他们从这样的页面中获得的信息很少，没有达到其目的。经过对许多成功网站的分析发现：除了页面上面的标题部分和下面的结尾部分，网页中间的主题部分一般采用 1 : 2、2 : 1 或 1 : 2 : 1 的结构，这些是最常见、最流行的网页结构，网页设计人员可以方便而有条理地组织网页的信息。当然，这并不意味着每个网站的设计都一定要用这些结构，只要能够合理地组织信息，便于交流，采用其他更为灵活多变的结构也可以。

下面列举了在进行网页版面布局设计时要遵循的一些原则，供读者参考。

● 正常平衡。正常平衡亦称"匀称"，多指左右、上下对照形式，主要强调秩序，能达到安定、诚实、信赖的效果。

● 异常平衡。异常平衡即非对照形式，但也要注意平衡和韵律此种布局能达到强调性、高注目性的效果。

● 对比。对比不仅可利用色彩、色调等技巧来表现，在内容上也可涉及古与今、新与旧等。

● 凝视。凝视是指利用页面中人物的视线，使用户仿照跟随，以达到注视页面的效果。

● 空白。空白有两种作用：一方面突出卓越的感觉；另一方面也显示网页的品位。这种表现方法对体现网页的格调十分有效。

● 尽量用图片解说。不能用语言说明的内容或表达的情感，应尽量用图片解说。图片解说可以传达给浏览者更多的感性认识。

以上的设计原则虽然有些枯燥，但是如果网页设计人员能领会并活用到页面布局里，效果就会很明显。例如，网页的白色背景太虚，则可以加些色块；版面零散，则可以用线条和符号串来分隔；左边文字过多，则可以在右边插入一张图片保持平衡；表格太规矩，则可以改用倒角试试。

3. 网页中图片和文字的设计

用户在网上经常是四处漫游的，因此必须设法吸引他们对企业网站的注意力。例如，Internet 最吸引人的就是多媒体特征，所以在企业电子商务网站的设计中要善于利用一些有特色的效果，页面上最好有醒目的图像、新颖的画面、美观的字体，使其别具特色，令人过目不忘。

（1）善用图片

现今网页上展示的绝大多数图片和图像是 GIF 和 JPEG 格式的。简单地讲，漫画、图标、动画和平铺式图案背景通常采用 GIF 格式，照片和艺术复制品通常采用 JPEG 格式。有一点需要说明的是，将照片转换成 100px×100px 或更小的图标时，可以优先考虑使用 GIF 格式来保存。

图像的内容应有一定的实际作用，切忌虚饰，最佳的图像应集美观与信息内容于一身。图像总是为页面的使用而服务的，一幅大而漂亮的图像，如果它妨碍了页面的工作，就将降低页面的整体质量。在这种情况下，使用小图像甚至不使用图像将是更好的选择。一个页面的好坏取决于它是否提供了有用的信息，所以不管一幅图像如何漂亮或标新立异，随意将其加入页面将很难使其成为好的图像。在一幅图像中使用的颜色越多、越鲜艳，则该图像在 Web 上显示的时间就越长。在图像的大小处理方面有一些技巧，如 GIF 格式是一种固有的 8 位格式，它能很好地处理包含大块单色区域的图像；JPEG 是一种固有的 24 位格式，由于这种格式使用有损的压缩方法，所以其文件不一定比保存为 GIF 格式的文件大。实际上，JPEG 文件通常比 GIF 文件小。压缩时得到尽可能小的文件的方法是，对于 GIF 文件，在保持图像质量的情况下使用较少的颜色；对于 JPEG 文件，在保持图像质量的情况下使用尽可能高的压缩比。

图像可以弥补文字的不足，但并不能够完全取代文字。很多用户会把浏览器设定为略去图像，只看文字，以求节省时间。因此，制作页面时，必须注意将图像所包含的重要信息或链接到其他页面的指示用文字重复表达一次。

（2）网站字体设计技巧

下面是网页设计中有关字体的使用原则和技巧，供读者参考。

- 不要使用超过 3 种以上的字体。字体太多则显得杂乱，没有主题。
- 不要用太大或太小的文字。因为版面是宝贵而有限的，太大的文字不能带给用户更多的信息。在进行网页设计时，最好不要把文字设置得太小，也不要设置得太大。文字太小，会使用户读起来困难；文字太大，文字视觉效果变化频繁，会使用户看起来不舒服。
- 避免过多地使用不停闪烁的文字。闪烁的文字看起来很好玩，但它可能使用户分心，最好避免使用。有的网页设计人员想通过闪烁的文字来引起浏览者的注意，但一个页面中闪烁文字最多不能超过 3 处，太多会给用户眼花缭乱的感觉，影响用户访问该网站的其他内容。

3.2.4 网站配色设计

在视觉传达设计中，色彩具有先声夺人的力量。无论男女老少，视觉产生的第一印象都是对色彩的感受。

在网页设计中，色彩给人的直观感受，是远远大于面积、形状、文字等因素的。所以好的网页设计，首先在色彩的应用方面，就应该是直观、明确、目的清晰的，力求色彩与网站内容完美结合，统一而且美观大方。因此，网站开发者学习必要的网页配色知识、掌握基本的配色原理和技巧是非常必要的。

本小节主要介绍：色彩的基础知识、网页配色方案和色彩在网页设计中的基本应用。

1. 色彩的基础知识

（1）色彩的产生——光与色

人产生视觉的首要条件是光，有光才有颜色，色彩是光刺激眼睛的结果，而在夜晚没有光的条件下，眼前一片黑暗，色彩也就消失了。所以，色彩就是：不同波长的光刺激眼睛的视觉反映，是可见光在不同物体上的反映。

并不是所有的光都有色彩，只有波长在 380～780nm 的电磁波才能使人产生色彩感觉。这样的电磁波被称为可见光，其余均被称为不可见光。

（2）色彩的分类——彩色与无彩色

① 彩色是指红、橙、黄、绿、青、蓝、紫等各种颜色，彩色有 3 种特性：色相、明度和纯度。

② 无彩色是指白色、黑色以及由白色和黑色调和而成的各种深浅不同的灰色。

（3）色彩的 3 个特性——色相、明度和纯度

① 色相。色相是指色彩的相貌特征，根据每种颜色在光谱中波长的不同，我们为它们定义了不同的名字，如红、橙、黄、绿、青、蓝、紫等，它们都具有独立的色相。它们之间相加产生的新的色彩也具有独立的色相。而这些色彩与黑、白相加后所产生的色彩则不具有独立的色相，而只有明度的差别。例如，同是蓝色系列的普蓝、湖蓝、群青等，它们都有独立的色相；而当同一种蓝加入不同量的白色时，所呈现出的淡蓝色就不具有独立的色相，而只有明度的差异，仍保持原来的色相。

② 明度。明度是指色彩的明亮程度，也称色彩的亮度、深浅度。在色彩中加入白色可以提高其明度，加入黑色则会降低其明度。在无彩色中，白色明度最高，而黑色明度最低。在有彩色中，黄色的明度最高，而紫色的明度最低。

网页设计中的色彩对比非常重要，并且有不同的应用方式。每个人都清楚的是，白底黑字阅读起来非常容易，这就是大家阅读的大部分印刷材料都是白底黑字的部分原因。同样地，黑底白字虽然也会产生强烈对比，但是它阅读起来比较困难。因为黑色相对白色和其他的颜色来讲，看起来有沉重感和些许的压抑感。观察图 3-5 所示的两种对比效果，相信你已经对对比色有了进一步的体会。

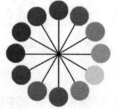

This is some sample text.

This is some sample text.

图 3-5　高明度对比效果

③ 纯度。纯度是指色彩的纯净程度、鲜艳程度，也叫饱和度。任何一种高纯度的彩色加入黑、白、灰等无彩色，都会降低其纯度。

在彩色中，红色的纯度最高，蓝绿色的纯度最低。任何两种或两种以上的彩色相加都会降低其原色的纯度。

（4）色相环

色彩学家为了便于研究，把红、橙、黄、绿、蓝、紫等 6 种颜色以封闭环状排列形成六色色相环，其中红、黄、蓝为三原色，橙、绿、紫为三原色两两相加得到的三间色，这种颜色两两相配，得到 6 种复色，从而构成十二色相环。色相环直径两端对应的两种颜色为互补色，如图 3-6 所示。

（5）色彩带来的的心理感受

不同的色彩会给浏览者不同的心理感受。

图 3-6　十二色色相环

红色是一种激奋的色彩，视觉冲击力很强，具有刺激效果，能使人产生冲动、愤怒、的感觉，也能让人感受到热情、活力，如图 3-7 所示。

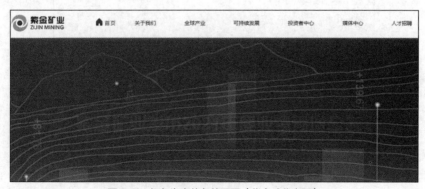

图 3-7　红色为主体色的网页（紫金矿业官网）

　　绿色介于冷暖两种色彩的中间，是永恒的自然色，代表生命与活力、松弛与安宁，有缓解眼部疲劳的作用，是和平的象征，能给人和睦、宁静、健康、安全、安稳、宽容的感觉。它和金黄、淡白搭配，可以烘托出优雅、舒适的气氛，如图3-8所示。

图3-8　绿色为主体色的网页（中粮集团官网）

　　橙色也是一种激奋的色彩，给人轻快、欣喜、热烈、温馨、收获、时尚的感觉，在色谱里，橙色是耀眼的颜色，让人觉得兴奋、温暖、健康、积极、富有活力。在网页颜色里，橙色适用于对视觉要求高的时尚网站，或者需要让读者兴奋的页面，如图3-9所示。

图3-9　橙色为主体色的网页（腾讯游戏网）

　　黄色是有彩色中明度最高的颜色，给人阳光、活泼、快乐、希望、智慧和轻快的感觉，象征光明、高贵、愉快、冷漠、孤傲、敏感等，明度越高的黄色显得越柔弱，灰黄色显得病态，与其他颜色搭配给人以温暖、醒目的感觉，如图3-10所示。

图3-10　黄色为主体色的网页（平安保险网）

蓝色是最显凉爽、清新、沉稳、专业的色彩之一。它和白色混合（像天空的色彩），能体现柔顺、淡雅、浪漫、宁静的气氛。蓝色也是三原色中视觉传递速度最慢的颜色，如图 3-11 所示。

图 3-11　蓝色为主体色的网页（凤凰网）

白色是明度最高的无彩色，会给人光明、洁白、明快、纯真的感受，象征纯粹、朴素、高雅等，能够与各种有彩色搭配，如果网页配色沉闷，就可以考虑加入白色调整画面，如图 3-12 所示。白色具有反射全部光线的特征。

图 3-12　白色为主体色的网页（小米官网）

黑色是明度最低的无彩色，给人深沉、稳重、庄严、肃穆、神秘、沉默、空虚、寂静、悲哀、压抑的感觉，具有吸收全部光线的特征，黑色如同白色一样，可以与任何有彩色搭配，形成调和关系，是男性的代表颜色之一，如图 3-13 所示。

图 3-13　黑色为主体色的网页（腾讯影业）

灰色是用黑色与白色调和而成的无彩色，能给人含蓄、中庸、平凡、温和、谦让、耐人寻味、中立和高雅的心理感受，灰色经常用在想要体现沉稳的页面中，可以与任何有彩色搭配使用，如图 3-14 所示。

图 3-14　灰色为主体色的网页（中国中车网）

（6）暖色

暖色由红色调组成，比如红色、橙色和黄色等。暖色能赋予人温暖、舒适的感受，会产生色彩向浏览者推进并从页面中突出的可视化效果。

（7）冷色

冷色由蓝色调组成，譬如蓝色、青色和绿色等。这些颜色给人冷静的感觉，会产生从浏览者身上收回色彩的效果，它们用作页面的背景色比较好。

2.　网页配色方案

（1）背景色、基本色、辅助色和强调色

一个好的网页设计需要多少种颜色？对于这个问题，很难给出确切的答案，但是总的来讲，使用太多的颜色会比使用太少的颜色冒更大的危险。太多的颜色会使整个页面显得杂乱，容易使浏览者难以找到需要的信息，也容易使浏览者的眼睛疲劳。

但是，如果一个页面使用很少的颜色，会显得单调乏味。

解决这些问题，通常可使用 4 种颜色：背景色、基本色、辅助色、强调色。网页中色彩的一般作用如下。

① 背景色：用于网页背景的颜色，有时背景色就是基本色。

② 基本色（主体色）：页面的主要颜色，通常占据最大的面积，具有在整体上显示出站点整体内容及风格的重要作用。

③ 辅助色（次要色）：辅助基本色的次要颜色，主要用于协助基本色营造整体气氛。

④ 强调色（突出色）：用于突出、强调显示，主要用于占用面积较小的 Logo（网站标志）、按钮、标签等。图 3-15 所示的网页，以蓝色系为大面积背景，换页按钮和帆船用橙色设计，背景色起到了衬托和突出橙色的作用。

图 3-15　橙色为强调色的搭配

（2）色彩的对比

对比与调和是形式美的变化与统一。

在一定条件和环境下，不同色彩之间的对比会有不同的效果。

纯色对比给人鲜亮、明快的色彩感觉。三原色的对比是极端的对比。

色彩对比是指各种色彩在页面内形成的面积、形状、位置以及色相、明度、纯度之间的差异，使网页出现不同的变化。

（3）颜色的数量

一个好的网页需要多少种颜色才能显得既和谐又丰富多彩呢？

通常的经验是：基本色的数量绝对不能太多，一般不超过 3 种。另外，还要考虑网页中的图片色彩，如果图片色彩过多会给人杂乱无章的感觉。

3. 色彩在网页设计中的基本应用

在实际的配色工作中，需要注意的问题还有很多。有些时候除了要具备扎实的配色功底，还要考虑很多社会因素和经验性的东西。比如大约 8% 的人是某种形式的色盲，如果选择了错误的颜色，某些页面对于他们来说实际上是不可读的。优秀的设计师应该注意使网页的文本和背景之间具有高对比度，另外还要处理好网页中的其他元素，因为颜色不是唯一的视觉信号。

（1）以网站的内容为基础

网站的形式是为内容服务的，色彩也是为内容传达创造更准确和更舒适的环境的。不同的内容造成了网站色彩的不同定位，只有使用正确定位的色彩，才能设计出成功的站点。

合理地应用色彩是非常关键的，不同的色彩搭配产生不同的效果，并能影响浏览者的情绪。网页选用的背景应和页面的色调相协调，色彩搭配要遵循和谐、均衡、重点突出的原则。但是没有绝对的搭配规律，颜色的搭配也是如此。比如，新闻站点常使用白色的背景，并配有蓝色的图片。针对不同内容的网站，配色方案要进行相应调整以贴合不同定位。

（2）利用形容词决定恰当方案

通过一系列的形容词，可以寻找到相应的色彩搭配标准。这样做的好处是可以准确地找到网站的定位。这些形容词都来源于日常生活，如有趣的、自然的、现代的、神秘的、亲切的、简洁的、女性的、激情的、古典的等。如何找到相应感觉的色彩搭配是一个涉及经验的问题。比如需要表现其乐融融的欢乐气氛时，最好使用明亮而且鲜明的色调；反之如果使用较暗的色调，就可以表现安详宁静的气氛。在网页设计的实践中，不断积累经验就可以发现许多好的搭配。

（3）颜色与文本

对文本而言，使用有鲜明对比的颜色尤其重要。使用不合适的颜色，会大大降低文字的可读性，也会使用户的眼睛很快感到疲劳。最佳的可读性搭配之一是白底黑字，黑色与黄色是另一个不错的搭配，蓝色与白色的搭配也是可以选择的。图3-16中所示的"探索优质保险"为白底黑字搭配，显得标题醒目又明确。

图3-16 白底黑字颜色的搭配（凤凰网）

红底上的绿色文本以及绿底上的红色文本，对于许多人来说是特别反感的。红和蓝的组合也会引起色彩的颤动感，使得阅读变得非常困难。

（4）具体搭配实例分析

① 汽车类网站。汽车类网站一般从汽车的品牌、文化、年龄、受众、CIS 等多个角度出发，用色沉稳、内敛、冷静、简洁，多以冷色调、中性色调为主，用来突出汽车上用到的精良与先进的技术，设计者要牢记这类网站的用色特点应该是品牌第一、产品优先。图 3-17 所示为广汽集团网页设计用色，整体以蓝色和绿色为主，体现其品牌绿色节能、冷静大气、富有生命活力。

图 3-17　广汽集团网页设计

② 信息类网站。信息类网站以发布各种信息为主，可以分为综合信息类网站和专业信息类网站。这里介绍的是专业信息类网站。随着互联网上信息的不断增多，人们查找对自己有价值的信息变得越来越困难，而专业信息类网站正好用来解决这一难题。这类网站在设计风格上追求清新淡雅，信息内容以文字为主，信息分类方法多样，便于检索，图 3-18 所示为中国经济信息网。

图 3-18　中国经济信息网

③ 商务类网站。商务类网站是以传统商业为基础，以网络技术为依托而搭建的网上贸易平台，可以在网上完成商品信息搜索、商品或服务的订购、付款和其他服务项目。

这类网站的特点是能使浏览者在访问时进行愉快的交流，能够引领浏览者顺利查找到自己感兴趣的商品或服务信息，以使其完成购买操作。所以这类网站一般采用简洁、明快、重点突出、避免个性化的色彩设计，色彩搭配有亲和力，重点信息位置突出，帮助信息全面周到，如图 3-19 所示。

（5）网页配色技巧

① 网页用色忌"花"。一个网页的色彩不能太多，色彩过多会给人"花"的感觉。许多网站为了引起人们的注意，在网页上到处使用鲜艳的色彩，再配合各种动态的效果，结果反而引起人们的反感，个人网站尤其容易犯这样的错误。

一般来说，色彩应控制在 3 种以内。

这里有必要解释一下 3 种色彩的含义，这里所说的 3 种色彩是指 3 种不同系列的颜色。如果你为自己的网站设计了一个系列的色彩，如蓝色系列，即使你使用 5 种不同深浅的蓝色也不会给人"花"的感觉。另外，我们这里的色彩是指网站图片以外的，如背景、表格、文字、分割线等用的色彩，你当然不能限制图片的色彩数量。

图 3-19　中国铝业网

② 冷暖搭配要谨慎。一般情况下，冷暖的搭配是不可行的，这容易造成页面的混乱。但这也不是绝对的，有时技艺高超的设计师可以通过严格控制色彩比例，利用冷暖搭配达到特定的效果。

③ 网站各页面色彩统一。让网站各页面色彩统一是使网站风格统一的好办法。首页、各级栏目页面在达成色彩上的统一之后，给浏览者的主观印象是统一的。当然这也不是绝对的做法，我们还可以采用页面结构统一而色系不同的设计，主要运用在大型网站的不同频道上。

要设计制作优秀的网页，除了要能熟练使用网页编辑工具和图形图像处理工具，掌握网页设计的基本技巧以外，还应不断提高自己的网页鉴赏水平，通过学习欣赏国内外优秀的网站设计作品，提高自己的审美素养。

中国传统文化在色彩方面具有独特的审美特征，黄色、红色、青色、黑色、白色是中国传统色彩中的核心色彩。我国传统色彩中，黄色是权力、尊贵和财富的象征；红色代表喜庆、热闹、节日、温暖、团结等，象征人们对美好生活的向往和热爱；青色是天空的颜色，是中国古代青花瓷中普遍使用的颜色；黑色在中国古代是水的象征，也是秦代帝王专用色；白色代表纯洁、宁静，是中国传统丧葬专用色。色彩是具有文化寓意和背景的，网站设计人员在选择网页颜色时，除了要注意色彩的基本原理，还要多关注其在民族传统文化中的寓意，使自己设计的网站更符合国内大众的审美观念。这样设计的网站，既能传播企业、行业信息，又能弘扬中国优秀文化，为民族复兴做出贡献。

俗话说，外行看热闹，内行看门道。有志于学习网页制作和提高网页制作水平的人，可以从欣赏优秀网站入手，分析这些网站的设计风格、颜色搭配、页面布局、内容组织、技术特点等，了解网页设计的最新发展潮流，以提高自己的设计和制作水平。

3.2.5　首页设计

首页也叫主页，它是网站的形象页面，是网站的"门面"，故被称为"Home Page"，它的设计好坏是网站成功与否的关键。网站主题鲜明与否、版面精彩与否、立意新颖与否等将直接影响浏览者到该网站中漫游的意愿。网站是否能够吸引浏览者留在网站上，是否能够促使浏览者继续点击浏览，全凭首页设计的效果。所以，首页设计对于任何网站都是至关重要的。网页设计人员必须对首页的设计和制作足够重视。

首页的设计应该遵循快速、简洁、吸引人、信息概括能力强、易于导航的原则，同时应纳入企业形象识别系统（Corporate Identity System，CIS）计划，与 CIS 的其他内容协调起来。在网站的首页就要将自己企业的强势直接道出，所有绝活、高招、亮点等要立即呈现，对浏览者形成兴趣冲击力，将其吸引住，从而促使其深入浏览。

1. 首页的功能模块

首页的功能模块是指在首页上需要实现的主要内容及功能，即便是最简单的电子商务网站的首页，也必须清楚地列出 3 项要点，即机构名称、提供的产品或服务以及首页内容（网站上其他页面还载有什么信息）。通常电子商务网站首页应将本站的基本内容列出。

（1）页头

页头用来准确无误地标示企业的网站，它应该能够体现出企业网站的主题，而该主题是与企业的产品和服务紧密相关的。它应集中、概括地反映企业的经营理念和服务定位，可以用企业的名称、标语、徽号或图像来表示。世界《财富》500 强的企业，其网站大多有明确的主题，在首页就将其置于屏幕显著位置。

（2）主菜单

主菜单即导航栏，它提供了对关键页面的简捷导航，其超链接或图标应明确地表明企业网站的其他页面上还载有什么信息，使用户能够根据这个简单的功能化的界面，迅速地到达他们所需信息所在的页面。

（3）最新消息

Internet 上不断有新事物出现，每天都有新花样。如果企业网站的首页从不改变，用户很快就会厌倦。在首页上预告即将有新资料推出，可吸引用户再来浏览。可以在页头以大字标题宣布新信息，也可以定期改变首页上的图像，或更改首页的样式。同样，为保持新鲜感，应时刻确保首页提供的是最新信息。将更新首页信息的工作纳入既定的公关及资料编制计划内，即企业使用传统方法（如新闻稿）传递的新信息会即时出现在企业网站的首页上。要确保链接有效，以免用户收到类似"无法查阅所需页面"的信息而感觉无趣。

（4）电子邮件地址

在页面的底部提供简单的电子邮件链接，可使用户与负责 Internet 网站或负责网上反馈信息的有关人员迅速取得联系。这将为用户找人请教或讨论问题节省大量的搜索时间，还能使企业获得 Internet 网站外的信息反馈。

（5）联络信息

可以列出的联络信息包括通信地址、公关或营业部门的电话号码等，以便用户通过非 E-mail 的方式与公司相关人员取得联系。

（6）版权信息

这是适用于首页内容的版权规定，可以在首页上标示一句简短的版权声明，用链接的方式带出另一个载有详细使用条款的页面，这样可以避免首页显得杂乱。

（7）其他信息

除了包括以上信息外，一般的电子商务网站上还需要一些其他信息，如广告条、搜索、友情链接、邮件列表、计数器等。

在首页上选择哪些信息、实现哪些功能、是否需要添加其他信息，都是首页设计首先需要确定的。在设计首页时，可以利用现有信息来制作首页，不需要从头做起，因为有许多现成的文字、图片等资料可供网页设计人员选用，如公司的宣传小册、公关文件、技术手册、资料库等。很多情况下，只要用很短的时间就可把这些资料传到网页上使用。但应切记页面给人的第一观感很重要，在网上到处浏览的人很多，如果首页没有吸引力，就很难令用户深入浏览。

2. 首页的可视化设计

确定好首页的内容和功能后，就可以设计首页的版面了。就像搭积木一样，一个内容模块是一块积木，要拼搭出一座漂亮的房子，就要看设计者的创意和想象力了。许多企业的首页设计平庸，既无特色又显呆板，原因就是其缺乏让人"神往其间"的视觉兴趣点。在图文类首页中，通常以图片和标题为兴趣点，由于图片通常较文字更能吸引人的注意力，故图片上的兴趣点通常就是首页的兴趣点。许多首页为吸引浏览者的注意力，将文字标题融合在画面中，使两个兴趣点合为一体。

设计版面的最好方法之一是，找一张白纸、一支笔，先将理想中的草图勾勒出来，然后用网页制作软件实现。一般大中型企业网站和门户网站设计首页时常用信息罗列型的设计，即在首页中罗列出网站的主要内容分类、重点信息、网站导航、公司信息等，也就是前面谈到的各种功能模块。这种风格以展示信息为主，在细微之处体现企业形象。它要求设计人员了解 CIS，熟悉企业标志、吉祥物、字体及用色标准，在网站的局部将之体现出来，往往于平淡之中勾画出优美的符合企业特点的曲线，给人以深刻的印象，从而将企业形象印在浏览者的脑海里。

在设计中，应避免封面式首页，即没有具体内容，只放一个 Logo，或者只有简单的图像菜单。除非是艺术性很强的网站，或者确信内容独特足以吸引浏览者的网站，否则，封面式首页不会给企业网站带来什么好处。用户上网浏览需要快速得到有价值的信息，如果要等待若干分钟，只显示一个简单的"进入"图标，那么没有人会再耐心地等待进入下一页。

3. 首页设计要注意的问题

从根本上说，首页就是全网站内容的目录，也是索引，但只罗列目录显然是不够的。在首页的设计中，以下事项需要引起设计者的重视。

① 首页明确，主题突出。要能使用户通过企业网站首页了解企业的主要业务。要达到这个目的，最好在文本或图像中设置阐明主题的句子——视觉兴趣点，这一点对于绝大多数企业来说是很重要的。因为不像大型的企业，只要屏幕上出现与之相关的信息，人们马上就能知道这是谁及其主要业务。建议在网站首页显示的第一行列出本网站的主题。

② 尽可能缩短下载时间。首页上包括许多图像，如公司标志、有关产品的图像或着重标出的某些新产品或特殊产品的图像，这些是导致首页下载时间过长的主要因素。首页的下载时间最长不宜超过 30s。首页上的图像应力求简朴，避免耽误用户的时间。图像越大、颜色越深，下载页面的时间就越长。这并不是说要完全略去图像不用，只是提醒网页设计人员要注意使用图像所引发的问题。页头图像最好保持在 10KB 以下，可以考虑只用两三幅小而美的图像。首页整体要能够迅速下载，最好测试一下首页在网络状况稍差条件下的下载速率。

此外，还需注意配合最低档的设备，如标准的小型显示器，不要假设人人都用高清晰度的大银幕。运用先进的浏览器所提供的一些尖端功能是可以的，但应确保首页在较低版本的浏览器上（如某些网上服务所提供的专用浏览器）仍可顺畅地显现。

3.2.6　其他页面的设计

其他页面包括新闻页面、产品页面以及雇员页面，这些页面也需要进行设计。

1. 新闻页面的设计

任何类型企业的电子商务网站都应该有新闻页面，该页面担负着双重作用，既可以用来动态发布有关新产品、新开发项目、公司活动的情况，又可以作为公司的活动年表。有了电子商务网站，公司就可以迅速地以较低的成本发布新闻稿。

新闻页面的风格应保持一致，不要使用那些不利于任何文本阅读的背景图片和颜色，也不要使用与首页面同样的链接颜色，它应是理想的可打印页面，应保持清晰、简单、快捷的特点以便于打印，通常使用 CSS 来保持新闻页面风格的一致。

建立新闻页面，首先要在首页上编写并设置可点击的新闻标题，然后编写完整的新闻页面，这些页面通过超链接与新闻标题相连。

（1）首页中的新闻标题

标题要能足够清楚地描述新闻的要点，以便用户能确切地知道自己点击的是什么。通常标题的文字不宜过长，主要包括的要素与版面布置如下。

- 新闻标题组成的要素。新闻日期：日期位于标题的开头，使用一个动词来描述新闻的要点，如说明产品或公司发生了什么。涉及的产品或企业：着重表示新闻直接涉及的产品或企业。提示语：用来激发浏览者的兴趣，如加一个"new"图标或字样表示新闻是最新的。
- 新闻标题的版面布置。首页中新闻标题的版面布置要保持简单、清晰、引人注目，通常可采用以下几种方法。新闻标题按时间降序进行排列，顶部是最近的新闻，底部是稍早时候的新闻；可在新闻标题前采用标准项目符号或小的图像作为点缀，增加页面的可读性；将新闻标题的列表放在可上下滚动的窗口中以容纳更多的新闻。

（2）新闻页面

新闻页面要满足易于导航的要求，首先要方便用户从新闻页面到网站中其他内容页面的跳转，其次还要方便用户迅速地到达其他的新闻页面，通常可以通过在新闻页面中进行以下设计来实现。

- 建立导航系统以便于用户实现在新闻页面与网站中其他页面间的无缝跳转。
- 建立与前面或后面新闻的链接，这样用户可在其中连续浏览而不必经常返回首页。
- 将新闻分类或按时间建立索引，用户可根据时间或内容检索其感兴趣的新闻。
- 在新闻页面中添加与该新闻有关的图片、声音或其他多媒体文件。
- 将文字中出现的关键人名链接到其 E-mail 地址或其个人首页上。
- 增加客户、专家对新闻主题的见解或公共舆论。

2. 产品页面的设计

产品页面一般采用信息分层、逐层细化的方法展示公司产品或服务。所谓信息分层就是将产品信息放在不同详细程度的页面上，从而允许用户能自上而下地找到最适合自己需求的信息层。比如，首先建立产品/价格列表（第1层），该列表允许用户为每一项内容选择一个产品页面（第2层），这个页面又能引出具有详细信息的页面（第3层）。如果这些层不够，还可以继续分层，进一步建立具体到多个按产品系列分类的产品/价格列表的链接页面。每个信息层都允许用户在相应的信息深度范围内通过导航栏进行浏览。

这样，产品页面的主要内容应包括产品/价格列表以及单个的产品页面，建立产品名称到产品页面的链接，还可以利用高级表格给目录增加新的风格和生动的图像。

掌握产品页面的创建主要在于掌握产品目录的层次结构和导航方法。产品目录的设计思想和整个网站结构的设计思想是一致的，都是由概括到详细的层次结构。

产品目录的分层通常如下。

第1层：产品/价格列表，该列表使用用户能够全面浏览公司的产品。

第2层：对应每个产品的页面，页面将对产品的详细信息进行展示。

第3层：如果浏览者还要深入了解该产品的技术细节、设计维护等，可以通过本层页面获得产品更深层次的信息。

第4层：如果浏览者对第3层的信息还不满足，可以通过网络向公司的有关人员进一步了解信息。

产品页面应达到以下要求。

- 包含关于产品尽可能多的有用信息。
- 具有独创性。产品页面不仅包括对产品的纯客观的描述，还可以包括一些消费者的评价及媒体的报道等能提高产品可信度的信息。
- 包含网站的导航栏及到产品/价格列表目录的链接，注意不要在产品页面上增加太多无用的链接。

3. 雇员页面的设计

雇员是企业最宝贵的资源和财富之一，企业通过创建每个雇员的页面可以吸引潜在客户，同时也是使企业人格化的有效手段。客户希望把电子邮件发给一个有名字的真正的人，而不是 Web 站点。对企业和消费者而言，设计集中介绍雇员的 Web 页面是一种好的解决办法。

创建雇员页面是使企业人格化的重要方法，网民可通过浏览雇员页面了解公司的技术实力，由此培养对企业的信心。

目前，网上企业的雇员页面大都采用框架形式。最简单的框架之一是将网页分成左右两部分，左半部分的网页中放置将雇员名字按字母顺序排列的清单，每个雇员名字都会链接到对应雇员的个人页面；个人页面的内容放置在右半部分的网页中。这种方法与无框架页面相比，能为用户提供更方便、简捷的导航。

① 设计雇员目录。设计按字母顺序排列的雇员清单，用其填充左半部分的网页。建议在雇员清单文档开头添加简单的标题和小的标志图像，表明这是该公司的雇员目录。

② 创建默认页面。默认页面是在用户第一次启动雇员目录，进入某个雇员个人页面之前在右半部分的网页中显示的页面。默认页面应提供企业名称及标志等基本信息。

③ 创建个人页面。个人页面应尽量多地提供雇员的信息，企业应鼓励雇员自己创建个人页面。个人页面应包括以下基本元素。

● 联系信息。给出雇员的 E-mail、电话、传真，最好能提供跳转到该雇员的电子邮箱地址的链接，这样用户可以直接跳转到他的电子邮箱地址或将 E-mail 直接发送到他的邮箱。

● 组织和部门信息。雇员及其部门在公司中的地位也应包括在个人页面中，同时还要提供到该部门页面的链接。

● 雇员背景信息。可按标准格式和布局输入雇员的教育和专业背景信息，此外，简历是个好材料。尽量提供雇员在网上其他资料的链接。

● 一些有趣的材料。增加反映雇员独特个性的材料，如爱好、获得过的荣誉等。

4. 辅助页面设计

① 客户支持页面。Internet 是一种理想的消费者服务工具，目前，Internet 的最佳用途可能是与消费者通信并为其提供服务。许多用户上网并不是要购买商品，而是寻求帮助，网站应尽其所能地为客户提供服务和技术支持。令人满意的服务能更好地满足客户需求，这方面的投资必定会获得回报。在设计客户支持页面时，应尽可能地站在客户的角度，预测每种潜在的需求，向客户提供有用的信息，使他们对企业和产品产生亲切感。

② 市场调研页面。Internet 即时互动的特性决定了它是一种有效的市场调研工具。网上企业可通过制作市场调研页面来收集消费者及其对产品、服务的评价、建议等信息，由此可建立起市场信息数据库，将其作为营销决策的量化基础。

③ 企业信息页面。企业网页的特点之一是资信不易确定，这是网上消费者不轻易下订单的主要原因之一。因此，企业应尽量提高企业资信的透明度，让浏览者了解企业的状况。企业信息页面主要包括公司数据库、财务表格、与投资者关系等页面。

④ 其他内容。除上述基本内容外，根据企业自身的特点还可以在企业网站上设置其他内容，如赞助商页面、货物追踪系统、电子货币及安全保密系统等。

3.2.7 网页制作

目前，很多企业及其电子商务网站都很重视网络数据库，在充分利用网络的即时性、互动性方面，网络数据库起着重要的作用。但是，究竟何时应用数据库？何时不用？如何应用数据库？企业哪些业务或内容需要通过 Web 数据库来实现？如何进行维护？这些问题都需要进行仔细分析。一般而言，电子商务网站中的 Web 资源总是包括静态网页和动态网页两种。静态网页就是一个个 HTML 文件，制作好后，内容相对稳定，不需要经常修改，文件比较小，适合在网上传输，执行效率很高；而动态网页中包含的是需要频繁更新的数据。动态网页由数据库和相应的应用程序构成，由于其页面中包含的内容是来自数据库的，因此，可根据用户的不同选择返回不同的页面。

通常情况下，公司介绍、员工信息、销售网络、售后服务信息、联系信息等是一些相对固定不变的信息，其更改频率不高，可以以静态网页的形式呈现。而产品的信息、网上销售的信息（产品价格、产品目录、购物车、订单、产品搜索等）以及其他服务（如技术支持、公司新闻动态、论坛系统），特别是网站的管理系统，一般而言都采用动态网页的形式呈现。总而言之，凡是网页上需要与用户进行交互的内容，就要采用动态网页的形式呈现。

1. 静态网页的制作

制作静态网页前要选择一种网页制作软件（或工具）。从原理来讲，用任何一种文本编辑器都可以制作静态网页，但"所见即所得"的可视化开发工具无疑是最方便的。这里我们选择使用 Dreamweaver 来制作静态网页。

下面，通过模拟制作"冬藏"网上书店网站首页，来简要介绍建立静态网页的主要过程。"冬藏"网上书店网站首页如图 3-20 所示。

图 3-20 "冬藏"网上书店网站首页

创建网站首页及二级页面的操作步骤如下。

① 创建本地网站。在 Dreamweaver 文档编辑状态，选择"站点→新建站点→站点"，在"本地站点文件夹"右侧，单击"浏览"按钮，在硬盘中选择一个文件夹，完成本地网站的建立。

② 制作站标。网站标志（Logo）简称"站标"，是网站特色和内涵的集中体现。"冬藏"网上书店站标力求简单明快，这里使用文字的排列来体现网站的主题，如图 3-21 所示。

图 3-21 站标

③ 使用 Dreamweaver 通过 DIV+CSS 对"冬藏"网上书店网站首页进行布局。首页的布局示意如图 3-22 所示。

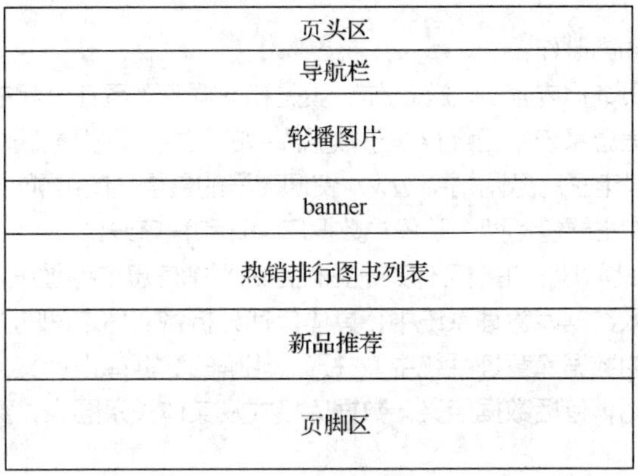

| 页头区 |
| 导航栏 |
| 轮播图片 |
| banner |
| 热销排行图书列表 |
| 新品推荐 |
| 页脚区 |

图 3-22　首页布局示意

④ 制作轮播图片时，除了使用 HTML 和 CSS 代码，还需要编写或从网站查找相关的 JavaScript 代码，保存成.js 文件，并引入网页中以供调用。

"冬藏"网站首页制作过程，将放在项目三的【任务实施】部分进行具体介绍。

⑤ 制作网站二级页面——商品类目页面。网站首页制作完成后，用户可根据自己的情况决定是否制作二级网页。如制作二级网页，最好先制作模板，然后利用模板快速制作首页导航栏各个栏目所对应的网页。二级网页的制作方法与网站首页的制作方法相似。

2. 动态网页的制作

电子商务网站是具有高度可交互性的网站，如果一个电子商务网站上只有静态 Web 页，那么这个网站绝对不能满足用户和企业双方对信息访问和数据处理的需要。网站中的信息资源不能随时更新，企业不能与用户进行信息的交流，用户不能根据自己的意愿有选择地浏览网页，那这个网站就会成为"过期的报纸"。另外，用户在与企业进行电子商务行为时会产生大量的动态数据，如即时交易数据、安全认证数据等，这也都要求电子商务网站提供大量的动态网页。

一般而言，动态网页的制作分为两种：网页表示形式的动态制作和网页数据内容的动态制作。

（1）网页表示形式的动态制作

网页表示形式的动态制作通过在静态网页中添加活动内容，附加一些用编程语言所编写的小程序来使原本内容固定的 HTML 文件更加吸引人。目前有 4 种制作方式，分别介绍如下。

● Script（脚本）语言。在 HTML 中结合脚本语言，如网景和 Sun 公司开发的 JavaScript、微软公司的 VBScript 及 Perl，来形成动态变化的 HTML 表示形式，如能够随着用户鼠标的移动显示不同的文字内容信息；单击某张图片后它突然向下坠落；打开某个网页时一张可爱的图片从左下角徐徐升起等。这些脚本语言是对 HTML 语法和功能的扩展和延伸。

● Java Applets。Java 能够在任何系统平台上建立应用程序，并被几乎所有的浏览器支持，在 HTML 中加入用 Java 语言编写的 Java Applets 能够生成水中涟漪、倒影、计数器、滚动字幕、变色按钮、渐变时钟、数字时钟等动态效果。

● 串联样式表（Cascading Style Sheets，CSS）。CSS3 提供了过渡、变换、动画等绚丽且实用的新功能属性，在很大程度上完成了过去需要 Flash 才能实现的网页动画效果，又解决了 Flash 动画需要安装插件才能浏览动画给浏览者带来麻烦的问题。

● 虚拟现实建模语言（Virtual Reality Modeling Language，VRML）。它的主要用途是描述物体

的三维空间信息，让网页的浏览者可以看到三维的物体。用户不仅可以看到物体的正面，还可以看到物体的其他角度，或将物体旋转、拉近、推远等。利用这一特性，企业可以在电子商务网站中充分展示相关产品。

（2）网页数据内容的动态制作

交互式动态网页中网页数据内容的动态制作一般是和数据库联系在一起的，通过特定的编程语言和外部应用程序来访问企业信息系统中已经存在于数据库中的信息。网页数据内容的动态制作是动态网页的一个最重要的应用，也是电子商务网站中 www 资源建设的最重要的组成部分之一。

交互式动态网页的制作主要包括两个阶段：数据库设计和程序设计。

① 数据库设计阶段。此阶段的主要工作是根据确定的网站信息结构图进行数据库的逻辑设计、物理设计，并将具体的数据输入数据库管理系统中；具体包括分析各实体之间的关系，确定数据库的关系数据模型，将之转化到具体的数据库管理系统中，并形成明确的数据库设计文档。数据库设计文档的主要内容为对数据库的详细说明，包括数据定义、数据库模式及实体关系图表、数据库报表、显示元素及它们连接至数据库的方式等。

② 程序设计阶段。在进行应用程序的编写之前，必须考虑 Web 数据库接口技术、编写应用程序的编程语言等的选择。

● Web 数据库接口技术的选择。Web 与数据库的连接方法很多，选择何种 Web 数据库接口技术来进行动态网页的制作取决于网站开发者所掌握的编程语言的种类、所使用的后台数据库系统以及网站的运行环境。

● 编程语言的选择。编程语言的选择对于任何项目的开发来说都是重要的，动态网页的开发也不例外。除了要考虑开发者掌握的程序设计语言的熟练程度、应用程序与数据库通信的效率等因素以外，还要考虑开发的动态网页中将要使用的数据库系统和 Web 服务器。目前动态网页开发主要采用 JSP（ Java Server Pages，Java 服务器页面）技术、ASP 和 ASP.NET 技术、PHP 技术等。

PHP 是目前最热门的 Web 开发语言之一，因其简单高效、开源免费、跨平台等特性受到 Web 开发人员的广泛欢迎。本书主要介绍使用 PHP+MySQL 开发动态网页的思路和方法。

● 应用程序的编写。应用程序的编写包括动态网页的可视化设计和动态交互应用程序的编写。动态网页的可视化设计与前面所讲的静态网页的可视化设计类似。

（3）使用 Dreamweaver 设计动态网页的基本步骤

① 设计页面。设计任何 Web 网页，都有一个关键步骤，即页面设计。当向网页中添加动态元素时，页面的设计对于其可用性至关重要。

② 创建动态内容源。这里需要安装 PhPStudy 这个 PhP 调试环境工具。PhPStudy 的安装和设置方法请参照本书项目二中 PHP 环境搭建部分的介绍。

● 创建动态内容源（如数据库），登录 phpMyAdmin，创建数据库并输入内容。

● 创建动态内容源与 Dreamweaver 之间的连接。

● 选择动态内容元素并将其插入选定页面。

③ 测试和调试页面。在将动态网页或整个 Web 站点发布到 Web 上之前，应首先测试和调试其功能。

3.2.8 用 Dreamweaver 制作动态网页

Dreamweaver 软件功能很强，既可以制作静态网页，也可以制作动态网页。下面用 Dreamweaver CC 2018 制作动态网页

1. 设置本地站点

Dreamweaver 可以用于创建单个网页，但在大多数情况下，要将这些单独的网页组合为站点。

Dreamweaver 不仅提供了网页编辑功能，而且提供了强大的站点管理功能。

在 Dreamweaver 中，利用站点，可以组织和管理所有 Web 文档，将站点上传到 Web 服务器，跟踪和维护链接，以及管理和共享文件。Dreamweaver 站点是包含网站中所有文件和资源的集合。

作为一种文件的组织形式，Dreamweaver 站点是由文件和文件所在的文件夹组成的。不同的文件夹保存不同的网页内容，可以分为以下 3 类，具体属于哪一类取决于开发环境和要开发的网站类型。

● 本地文件夹。这是工作目录，通常为硬盘上的文件夹。此类文件夹可以位于本地，也可以位于网络服务器。

● 远程文件夹。它位于运行 Web 服务器的计算机（远程服务器），用于发布 Web 网站。

● 测试文件夹。它是 Dreamweaver 处理动态网页的文件夹。使用此文件夹生成动态内容并在工作时连接到数据库，用于对动态网页进行测试。

这 3 类文件夹也代表了不同的站点类型，分别为本地站点、远程站点和测试站点。

建议为创建的每个新网站定义一个 Dreamweaver 本地站点文件夹，只需指定计划用于存储所有站点文件的本地文件夹。如果设置有远程站点，创建或更新站点后，可以将站点发布到远程服务器，同时保留本地副本以便根据需要更新文件。如果要在 Dreamweaver 中使用动态网页预览，则需要设置测试服务器。

在 Dreamweaver 中创建本地站点很简单。选择"站点"→"新建站点"→"站点"，弹出图 3-23 所示的对话框，将站点名称设置为"冬藏"，本地站点文件夹设置为网页程序所在的磁盘目录（本实例中为 D:\PhPStudy_pro\www\dongcang），单击"保存"按钮。

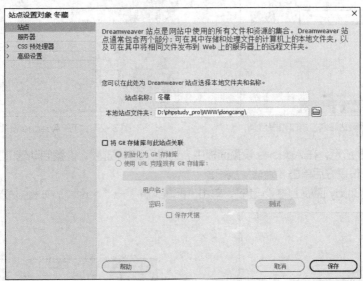

图 3-23　设置本地站点信息

2．配置服务器端环境

动态网页的测试离不开服务器端环境，必须设置并安装 Web 服务器（如 IIS、Apache）、数据库平台（如 SQL Server、MySQL）及服务器端语言环境（如 ASP.NET、PHP）。这里以在 Windows 10 操作系统下配置 PhPStudy 本地服务器环境为例。

操作步骤如下。

① 打开 PhPStudy，启动 Apache、MySQL 服务，如图 3-24 所示。

② 单击 PhPStudy 面板上的"网站"→"创建网站"，如图 3-25 所示。

图 3-24　启动服务器

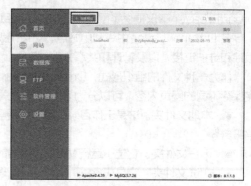

图 3-25　创建网站

③ 设置网站的域名、端口以及根目录，最后单击"确认"按钮，如图 3-26 所示。

④ 单击 PhPStudy 面板"首页"上 Apache2.4.39 后面的"配置"按钮，如图 3-27 所示，打开 Apache 设置面板。

图 3-26　设置网站域名、端口和根目录

图 3-27　打开 Apache 设置面板

⑤ 如图 3-28 所示，在 Apache 设置面板中，选择"基本配置"，设置启动端口（默认为 80），以及网站目录，全部设置好后单击"确认"按钮。

⑥ 单击 PhPStudy 面板上的"设置"，单击"配置文件"→"hosts"，如图 3-29 所示。

图 3-28　设置端口以及网站目录

图 3-29　修改配置文件

⑦ 单击 hosts 文件，选择用记事本打开并修改。在 hosts 文件的最后一行，添加网站的域名

www.dc.com 并按"Enter"键，如图 3-30 所示。如果不在 hosts 文件中添加前面设置好的网站域名 www.dc.com，则浏览测试 PHP 网页时，只能在浏览器的地址栏中使用本机的 IP 地址 127.0.0.1 或 localhost，不能使用域名。

⑧ 单击 PhPStudy 面板上的"网站"，单击域名为 localhost 的网站后面的"管理"按钮后，选择 "停止"，用同样的方法，将域名为 www.dc.com 的网站设置为"启用"，如图 3-31 所示。

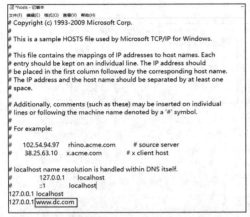

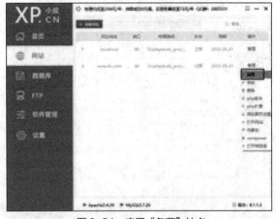

图 3-30 修改 hosts 文件 图 3-31 启用"冬藏"站点

⑨ 打开 Dreamweaver，编辑一个简单的 PHP 测试网页。网页内容如图 3-32 所示。网页编辑完成后保存在 D:\PhPStudy_pro\www\dongcang 站点根目录下，文件名为 test.php。

⑩ 打开浏览器，在地址栏输入"http://www.dc.com/test.php"，并按"Enter"键。显示效果如图 3-33 所示。到这里，服务器环境设置完成。

图 3-32 test.php 网页内容 图 3-33 test.php 网页浏览效果

3. 设置测试服务器

设置测试服务器后可以安全地测试所有动态代码而不会对正式发布的网站造成任何损害。本地计算机、开发服务器、中间服务器或生产服务器都可作为测试服务器。虽然可以将 Internet 上实时运行的 Web 服务器用于测试，但是这样做需要高速连接网络支持，而且不安全，影响开发，难以区分测试网页和实际发布的网页。而设置本地测试服务器更为简单和安全，不必花时间来上传、测试、修复、重新上传和重新测试页面，非常有利于网站的开发。下面介绍本地测试服务器的设置。

设置测试服务器之前应先创建本地站点，这里沿用之前创建的冬藏站点（也可新建一个站点），如图 3-34 所示。

① 单击图 3-34 所示对话框中的"服务器"，并单击添加服务器按钮 ✚，打开"基本"选项卡，进行服务器基本参数设置，如图 3-35 所示。在"基本"选项卡中指定服务器名称为"dongcang"，从"连接方式"下拉列表中选择"本地/网络"（这里表示的是本地测试服务器），"服务器文件夹"设置与本地站点相同（每次测试文件时，Dreamweaver 无须将这些文件复制到测试服务器），再设置 Web URL http://www.dc.com（这里设置的是图 3-26 中设置的网站域名。设置完成后在 Dreamweaver 中预览网页时，就会在浏览器地址栏中显示这个网址）。

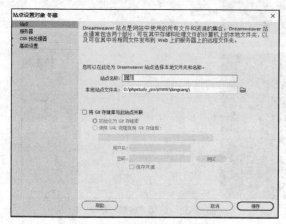

图 3-34　设置测试服务器的站点

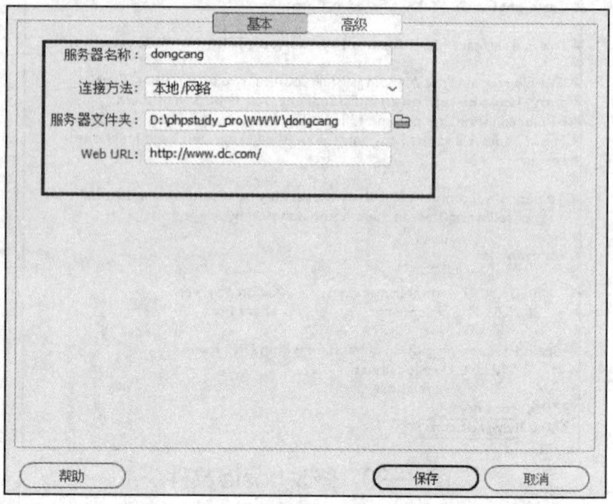

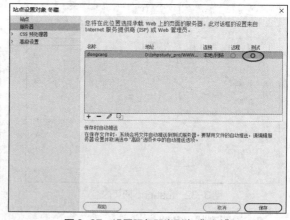

图 3-35　设置服务器基本参数

② 设置后再打开"高级"选项卡，勾选"维护同步信息"复选框，在"服务器模型"下拉列表中选择"PHP MySQL"选项（表示是使用 PHP 开发的网页），其他的保持默认值，如图 3-36 所示。

③ 单击"保存"按钮，返回服务器设置界面，选择"测试"单选按钮，如图 3-37 所示。

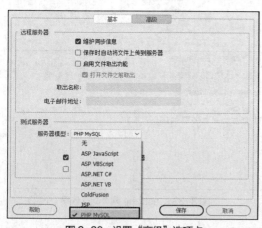

图 3-36　设置"高级"选项卡

图 3-37　设置服务器类型为"测试"

④ 单击"保存"按钮，完成冬藏站点的定义设置。接着单击"完成"按钮，关闭"管理站点"对话框，这样就完成了 Dreamweaver 测试站点的网站环境设置。

除了添加新服务器，还可以在图 3-37 所示的操作界面中单击减号图标 − 删除当前选中的服务器，单击铅笔图标 ✎ 编辑选择的服务器，单击复制图标 ❒ 复制服务器的定义。

之所以建立 Dreamweaver 测试服务器并对站点的网络环境进行设置，是为了方便在使用 Dreamweaver 软件开发网站的时候打开实时视图，从而在编辑窗口的上部即时看到 PHP 网站运行的效果。这对初学 PHP 的网站开发者特别有帮助。

4. 创建动态内容源

动态内容源的主要部分是数据库。创建动态内容源主要有以下几步。

（1）建立数据库

要创建动态页面，必须先建立包含相关信息的数据库文件。MySQL 数据库文件建立的具体操作请参考本书项目四部分的介绍。这里使用 phpMyAdmin 创建一个名为 test 的数据库文件，test 数据库中只建一个名为 tb_books 的数据表。数据表的字段内容及说明如表 3-1 所示。数据库和数据表建完后，输入 10 条记录。

表 3-1　tb_books 数据表

字段名称	字段类型	字段大小	说明
id	int	10	编号
mingcheng	varchar	80	书名
zuozhe	varchar	60	作者
zhekoujia	decimal	（10,2）	折扣价
chubansj	char	10	出版时间

（2）建立数据库连接

要在动态网页中使用数据库，首先要建立网站与数据库连接。

HTML 网页是无法读取数据库的，要想从 HTML 网页中获取数据库里的数据，需要借助 PHP 或 JSP 等来实现。

建立网站与数据库连接的步骤如下。

① 单击 Dreamweaver "文件" → "新建"，在网站根目录下新建一个名为 conn.php 的网页，输入网页标题 "冬藏书店"，然后单击 "文件" → "保存" 将网页保存。

② conn.php 是用来存放数据库连接设置信息的文件，PHP 中大多数此类文件都用的是这个文件名。打开该文件并使用代码视图，输入 MySQL 的连接代码。

在这个文件中定义与数据库的连接（mysqli_connect 函数)，连接代码包括以下内容。

```php
<?php
//建立数据库连接
Sconn=mysqli_connect("localhost"," root","root","test");
//设置字符编码格式为utf-8, @用于抑制字符变量的声明提醒
@ mysqli_set_charset（$conn,utf8 );
@ mysqli_query(Sconn,utf8);
//如果连接错误,则显示错误原因
if(mysqli_connect_ermo($conn))
{
Echo "连接 MySQL 失败:"  . mysqli_connect_error();
}
?>
```

数据库连接函数的参数值的含义如下。

localhost: MySQL 服务器的地址。

root: MySQL 用户名。

root: MySQL 用户密码。

test: 连接数据库的名称。

网站与数据库连接后才能对数据库进行查询、新增、修改或删除等操作。在网站制作完成后，要将存放连接设置信息的文件上传至网络上的主机空间，如果发现网络上的访问 MySQL 服务器的用户名、密码等与本地的设置有所不同，则可以直接修改 conn.php 文件。

（3）创建记录集

记录集是数据库查询的结果。它会提取请求的特定信息，并允许在指定页面内显示该信息。一般根据包含在数据库中的信息和要显示的内容来定义记录集。

使用 Dreamweaver 以前的版本时，可以利用 Dreamweaver 软件自带的动态服务器行为面板、数据库面板和绑定面板来快速建立一些基本动态功能，但 Dreamweaver 较新的版本不再具有数据库面板等功能。所以这里改用 PHP 7 的 MySQLi 函数，在 Dreamweaver 中编写一段 PHP 代码来实现对 MySQL 数据库的操作，这些操作包括创建记录集、插入记录、更新记录、复制记录、显示记录和记录集分页等常使用的动态服务器行为。

这里只介绍如何创建记录集和显示记录两项操作。

在每个需要查看数据库记录的页面中都应建立一个 MySQL 数据库的查询"记录集"，从而可以让 Dreamweaver 知道，目前这个网页中所需要的是数据库中的哪些数据。即便需要的内容一样，在不同网页中也需要单独建立记录集。

同一个数据库只需建立一次 MySQL 连接，但可为同一个 MySQL 数据库连接建立多个记录集，配合筛选的功能，使一个记录集只包含数据库中符合某些条件的记录。

下面以实例来说明如何创建记录集，具体的步骤如下。

① 单击 Dreamweaver "文件" → "新建"，在网站根目录下新建一个名为 newbook.php 的网页，输入网页标题"冬藏书店"，然后按"Ctrl+S"组合键，保存当前网页文件。

② 打开 newbook.php 文件，使用代码视图，输入以下代码。

首先将 conn.php 的内容引用到当前网页中。

```php
<?php
  include("conn.php"); //嵌入数据库连接文件 conn.php
  ?>
```

接着输入建立数据库查询"记录集"的 PHP 代码。

```php
<?php
  $sql = mysqli_query($conn, "SELECT * FROM tb_books order by chubansj desc limit 8"); //执行查询操作
  $info = mysqli_fetch_array($sql); //将查询结果返回到数组中
  if ($info == false) { //如果查询结果为空
    echo "暂无新图书!"; //输出字符串
      } else {
  ?>
```

（4）向网页添加动态内容

定义数据集或其他数据源并将其添加到"绑定"面板后，可以将其代表的动态内容插入页面中。

将记录集内的记录（即数据库中的数据）直接显示到网页上，实现的步骤如下。

在"文件"面板中打开 index.php 网页文件，在网页中插入一个 2 行 5 列的表格，在表格的<td>标签中输入图 3-38 所示的内容。

将编号、书名、作者、售价、出版时间 5 个字段分别输入相应的单元格，并输入有关的 PHP 代码后，打开实时视图。视图呈现的效果与使用浏览器打开的网页效果一样。浏览器浏览效果如图 3-39 所示。

通过以上操作，用 Dreamweaver 创建了 PHP 动态网页，增加了网站的实用性。当然，网页正式

发布之前还需要测试和调试页面。

图 3-38　创建表格并输入 PHP 代码

图 3-39　浏览器浏览效果

3.3　网页发布

多数网页制作者都想发布自己制作的 Web 站点，将自己制作的网页在较大的范围内展示。发布站点之前常常要对站点进行大量的测试工作，在站点发布后，还应根据设计意图的变化及浏览者的反应不断完善站点结构、更新网页内容。

3.3.1　选择 Web 服务器

Web 服务器是容纳、分配各种信息的计算机，网络浏览者通过 Web 浏览器在服务器内查找指定的 URL 站点。站点发布到 Web 服务器之后，其中的文件和文件夹都保存在 Web 服务器上。

在选择服务提供商时，必须考虑其提供服务的内容和质量。通常通过查阅、电话咨询、实地查看等方式收集各种信息，多家比较从而决定所需要的服务提供商。下列事项是制作网页之前选择服务提供商时应该考虑的。

（1）磁盘空间

发布站点所需的服务器磁盘空间是由发布站点包含的文件大小决定的。

（2）可靠性

出现意外情况时，服务提供商必须有足够的能力保证 Web 服务器的正常运行，这样网络浏览者不会因为意外情况中断对站点的访问。

另外，Web 服务器必须确保支持运行网站使用的脚本语言，支持网站所使用的数据库类型，Web 服务器还必须支持 PHP 网页。

（3）客户服务

Web 服务器必须积极响应网络浏览者通过 Web 浏览器发出的访问请求。

（4）价格因素

寻找服务提供商时多家对比，找出性价比最佳的方案。

在确定服务提供商后，通过申请，站点发布者将获得 Web 服务器的 URL，并得到用户名和口令。在发布站点时，需要输入用户名与口令，以便服务提供商识别发布者的身份。

3.3.2 测试站点

测试站点是为了及时发现存在的问题、完善站点的内容。在向远程站点上传文件并对外发布之前，必须先对本地站点进行全面测试。这主要包括以下几项工作。

① 检查页面显示的一致性。确认网页在目标浏览器中的功能同预期效果一致，网页在那些不支持样式、层或 JavaScript 的浏览器中是否一样易读和功能正常。

② 检查站点链接。使用 Dreamweaver 的"检查站点链接"功能可对当前打开的文档、本地站点的某一部分文档或整个站点进行链接检查，搜寻出断掉的链接（无效的路径或指向不存在的文件）。Dreamweaver 只对站点内的链接进行检查，而外部站点的链接只是生成汇总表，不会对其进行检查。

Dreamweaver 将对指定的文件进行链接检查，完成后会打开"链接检查器"，报告检查情况，如图 3-40 所示。

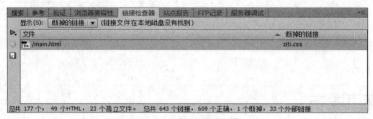

图 3-40 "链接检查器"

③ 检查网页同目标浏览器之间的兼容性。用 Dreamweaver 的"检查目标浏览器"功能对文档中的 HTML 进行检查，以了解其标签或属性是否被目标浏览器支持，当然，这种检查是不会改变文档本身的。"检查目标浏览器"是使用浏览器配置文件来完成兼容性检查的，用户可选取一个文档、文件夹或者整个站点进行检查。

④ 测试文件下载时间。网页测试时，一定要注意页面的大小和下载花费的时间。

3.3.3 远程站点设置

远程服务器通常称为 Web 服务器或发布服务器。通过设置 FTP、SFTP、WebDAV 或 RDS（Relational Database Service，关系数据库服务）连接站点并上传文件或从发布 Web 服务器下载文件，Dreamweaver 将指定的远程文件夹当成远程站点。Dreamweaver 中的站点管理器相当于一款优秀的 FTP 软件，支持断点续传功能，可批量上传、下载文件和目录。

设置使用 FTP 连接到 Web 服务器的操作步骤如下。Dreamweaver 允许用户为一个站点定义多个服务器，因此可以接着前面的站点例子进行操作，为冬藏站点再设置一个远程站点。

设置远程站点具体操作步骤如下。

① 单击菜单栏中的"站点"，选择"管理站点"，打开"管理站点"对话框。

② 选择要定义的站点名称（本实例中为冬藏站点），单击"编辑"按钮 🖉，打开"站点设置对象"对话框。

③ 在左侧选择"服务器"选项。

④ 单击"帮助"栏上的"添加"按钮 ➕，打开图 3-41 所示的对话框，设置 FTP 参数。

⑤ 在"连接方法"下拉列表中，选择"FTP"。

⑥ 设置 FTP 连接方法的相关参数。其中各项参数说明如下。

FTP 地址：指的是网络中服务器供应商所提供的 FTP 主机的 IP 地址，在申请网页服务器的服务以后，由服务提供商提供。输入 IP 地址后一定要确保当前计算机能够访问该服务器。这里使用从一个免费空间申请到的 IP 地址，IP 地址为 "182.16.57.182"。

用户名和密码：这也是服务提供商提供的。密码是打开网站的钥匙，一定要记牢和保存好。可勾选 "保存" 复选框，这样下一次打开时，就不用再重新输入密码了。

根目录：这一项不是必需的，要根据服务提供商的具体设置而定，可填可不填。

⑦ 切换到 "高级" 选项卡，如图 3-42 所示，可以设置 "维护同步信息"。"保存时自动将文件上传到服务器" 和 "启用文件取出功能" 这两项设置与团队制作网页有关，如果是个人制作的网页就没必要使用这两项设置。一旦选中这两项设置，Dreamweaver 会自动记录何人何时修改、上传的文件，便于制作者相互协调工作。由于不打算将其作为测试服务器，所以不用设置 "服务器模型"。

图 3-41　设置 FTP 参数

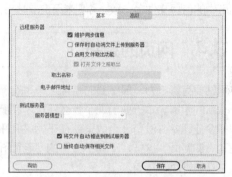

图 3-42　设置远程服务器高级选项

⑧ 完成设置后，单击 "保存" 按钮。这样就完成了远程站点的设置，确保这里选择的是 "远程" 单选按钮，如图 3-43 所示。这里同一站点设置有两个服务器，分别是测试服务器和远程服务器。

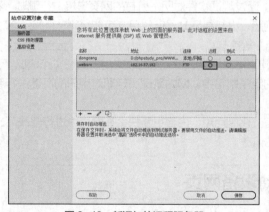

图 3-43　新添加的远程服务器

3.3.4　发布网页

发布网页指将构成网页和站点的所有文件复制到 Web 服务器上，让浏览者看到网页制作者的劳动成果。发布网页既可以通过 FTP 软件完成，也可以通过 Dreamweaver 完成。只要确定 Web 服务器的 URL 和其他的基本信息，通过鼠标操作就可以完成站点的发布工作。

Dreamweaver 发布网页的操作步骤如下。

① 将计算机接入 Internet。

② 在站点管理窗口，单击"连接到远程服务器"按钮，连接 FTP 主机，如图 3-44 所示。

③ 连接成功后，"连接到远程服务器"按钮将高亮显示。

④ 将本地文件和文件夹全部选中，单击"上传文件"按钮 ⇧，开始上传网页。上传完毕后，切换到远程服务器视图，将显示与"本地文件夹"相同的列表。

成功上传后，就可以启动浏览器，输入网址来浏览自己的网页了。

这里要注意 Web 服务器默认的首页名称是什么，例如，采用虚拟主机方式申请网页空间时，给定的默认首页名是 index.htm，那么上传的网

图 3-44　远程服务器视图

站首页文件名也应该是 index.htm。企业自己配置服务器时，也要注意让 Web 服务器的默认首页文件名与站点中的首页文件名一致，否则将无法浏览上传的网页。

3.4　网页的更新

网站要有影响力，最重要的特点之一是有新的内容。企业生产出了什么新产品、针对不同用户推出了什么新的服务、本行业出现了什么新技术和新标准等信息，都应及时地在企业的网站中反映出来。现在很多企业建站并没有什么效果就在于网站几乎没有什么更新，只是将企业的介绍放在网上，没有任何企业动态的新闻，这样"千年不变"的"老面孔"是不可能激发浏览者的兴趣并得到其信任的。网页更新要注意做好以下几点。

① 专人专门维护新闻栏目。专人专门维护新闻栏目很重要，一方面，要把企业、业界动态都反映在里面，让访问者觉得这是一个发展中的企业；另一方面，也要在网上收集相关资料，并放置到网站上，吸引同类用户。

② 时常检查相关链接。通过测试软件对网站所有的网页链接进行测试，看是否能连通，最好是自己亲自测试，这样才能发现问题。尤其是网站导航栏目，可能经常出问题，解决的办法可以是在网页上显示"如有链接错误，请指出"等字样。

③ 在网页中应设计并建立信息反馈表单，随时收集用户的意见和建议。通过反馈表单将收集的意见和建议提交到网站管理员的电子邮箱中，网站管理员定期对用户的反馈进行整理并结合实际修改网页内容，同时及时更新网站内容。

电子商务网站中的内容变化周期短、内容更新快。在网页中进行修改后应及时更新网站，以便访问者能及时浏览到最新的网站信息。

3.5　制作移动设备网页

随着智能手机的普及，移动端开发备受关注。运行在智能移动终端设备的应用程序通常称为 App（Application），在讲解移动设备网页（又称移动端网页）之前，先介绍一下 App 的类型。

3.5.1　移动端应用程序的类型

移动端应用程序主要包括 Native App、Web App 以及 Hybrid App 3 种类型。

1. Native App（原生应用程序）

Native App 是一种基于智能手机本地操作系统（如 iOS、Android），并使用原生程序编写运行的应

用程序，也叫作原生应用程序。一般使用的开发语言为 Java、C++、Objective-C。Native App 是特别为某种操作系统开发的，它们是在各自的移动设备上运行的。

这类应用通常能提供最佳的用户体验、最优质的用户界面和最华丽的交互，可访问移动设备所有功能（GPS、摄像头），可针对不同平台提供不同体验，启动和运行速度快，不足之处是开发和分发成本过高，维持多个版本的更新和升级比较麻烦。

2. Web App（网页应用程序）

Web App 是指采用 HTML5 编写，为移动端浏览器设计的基于 Web 的应用程序。常见的触屏版的网页应用程序就是 Web App。移动设备网页就属于 Web App。

Web App 无须下载、安装，需要利用设备上的浏览器运行，需要联网使用。它们是用普通 Web 开发语言开发的，开发成本低，调试和发布方便，可即时上线，更新和升级快捷。不足之处主要是难以实现复杂的用户界面效果，用户体验较差，无法发挥硬件和操作系统的优势，仅能使用有限的设备功能。

3. Hybrid App（混合模式移动应用程序）

Hybrid App 是指介于上述两者之间的 App，它表面是 Native App，但实际上只有 UI WebView，里面访问的是 Web App。最简单的实现之一就是给 HTML5 网站加上 Native App 的壳。专业一些的实现封装的不是 WebView，而是自己的浏览内核，体验上更像 Native App，更高效，如百度 App。可以使用一些前端 Native 开发框架，或者在移动设备网页的基础上打包生成这类应用。

Hybrid App 同时使用网页开发语言与程序开发语言开发，开发成本和难度比 Native App 小很多，而总体特性更接近 Native App，兼具 Native App 的所有优势，也兼具 Web App 使用 HTML5 跨平台开发低成本的优势。

3.5.2 移动设备网页的特点

选择的移动端应用程序的类型，主要受商业目标、目标用户及技术支持等因素影响。移动设备网页（Web App）的最大优势就是可以在网页上直接调试和修改，随着 HTML5 应用的不断深入，电子商务网站用它来提供移动端服务非常实用。与普通的 PC 端网页相比，移动设备网页具有以下特点。

1. 兼顾小屏幕

移动设备屏幕相对较小，无论是在长度还是在宽度上，都比 PC 端网页更窄、更短，所以网页内容、布局、文字大小等都更为精简。

2. 触屏交互

与 PC 端网页采用鼠标点击不同，移动设备采用手指触碰的方式，会更多地考虑手指交互习惯、人体工学等。触屏的操作尺度比较大，点击误差大，交互更为简单，网页元素如按钮、链接等要大小适中，适合手指触碰。

3. 内容精简

除了 Wi-Fi 之外，移动设备会经常使用 4G 或 5G 进行通信，因网速及流量等不可控因素，移动设备访问网页一般比 PC 端慢得多，因此设计网页时需要考虑流量消耗，尽可能减少网页数量，控制网页大小使之能够快速加载。例如，简化不重要的动画、动效和复杂的图形和文字样式，减少页面渲染的频率和次数，减少页面内容，减少控件数量，减少页面跳转次数等。

4. 突出主题

从用户体验上来说，使用移动设备联网的用户更多的是花费零碎时间上网的人，难以访问很多页面，所以移动网页设计时无须兼顾所有的使用场景，只需着眼于主要使用场景，省去冗余内容，直接放置核心信息。

5. 兼容性好

移动设备网页的兼容性好，基本上只需要针对 WebKit 内核的浏览器做兼容设计，而且这类浏览器对 HTML5 和 CSS3 的兼容性比较好，可充分发挥 HTML5 和 CSS3 的优势。不过要注意少用手势，避免与浏览器手势冲突。

6. 响应式 Web 设计

各种移动设备尺寸不同，为获得良好的视觉效果，移动设备网页多采用响应式 Web 设计，这是一种让用户通过各种尺寸的设备浏览网站获得良好的视觉效果的方法。例如，智能手机的屏幕尺寸远小于计算机显示器，但在计算机显示器和智能手机上浏览同一个网页时没有感觉到任何差别，两者的用户体验几乎一样，说明此网页在响应式 Web 设计方面做得较好。

7. 受开发技术限制

在 PC 上能够使用的一些技术，移动设备可能就无法支持。例如，某些移动设备不支持 Flash，就不能在页面中使用 Flash；又如，某些图片格式在移动设备上支持不充分，应尽量使用 PNG、JPG 等格式的图片。

由于 HTML5 的技术特性，其无法调用系统级别的权限，如系统级别的弹窗、系统级别的通知、地理信息、通讯录、语音等。

3.5.3 移动设备网页开发技术

移动设备网页开发需要的最基本的技术是 HTML、HTML5、CSS、CSS3，复杂的还需要 JavaScript，开发人员应掌握相关的基础知识。基本的移动设备网页要在头部加上以下 3 项基本设置。

- 声明信息：<!DOCTYPE HTML>。
- 编码设置：<meta charset="UTF-8">。
- 移动设备特别设置：<meta content="width=device-width,user-scalable=no" name="viewport">。

最后一项最重要，其中 viewport 表示网页大小可适应各种移动设备；width 用于设置设备的宽度；user-scalable 用于设置是否可以调整缩放，默认为 yes，一般设置为 no。

1. 移动设备网页开发框架

移动设备网页开发可以自己编写大量代码，但这样做效率较低。由于有 WebKit 和 HTML5 的支持，更多的开发人员在开发时会选择相关开发框架，这样做效率较高。主流的移动设备网页开发框架列举如下。

（1）jQuery Mobile

jQuery 是一个快速、简洁的 JavaScript 框架。它封装了 JavaScript 常用的功能代码，提供一种简便的 JavaScript 设计模式，优化 HTML 文件操作、事件处理、动画设计和 AJAX 交互。jQuery Mobile 是 jQuery 在手机和平板电脑上的版本，基于 jQuery 页面驱动，支持全球主流的移动平台。

（2）Bootstrap

Bootstrap 是基于 HTML、CSS 和 JavaScript 的框架，可以用来编写灵活、稳定、高质量的 HTML 和 CSS 代码。Bootstrap 有力地支持响应式 Web 设计，能够同时兼顾 PC 端和移动端的网页设计。

（3）Sencha Touch

它是第一个基于 HTML5 的移动 Web 开发框架。Sencha Touch 提供绚丽的用户界面组件和丰富的数据管理，全部基于最新的 HTML5 和 CSS3 的 Web 标准，全面兼容 Android 和 iOS 设备，用它开发的 Web App 看起来像 Native App。

（4）PhoneGap

这是一个基于 HTML、CSS 和 JavaScript 创建跨平台移动应用程序的快速开发平台。用它开发的网页有着接近 Native App 的性能，可以调用 iOS、Android 等智能手机的核心功能（包括地理定位、加速器、联系人、声音和振动等），此外 PhoneGap 拥有丰富的插件可供开发人员调用。业界很多主流的移动开发框架均源于 PhoneGap。PhoneGap 最突出的优势之一是打通了 Web App 和 Native App 之间的通道。

（5）React

这是一个用于构建用户界面的 JavaScript 库。它从最早的 UI 引擎演变成一整套适用于前后端的 Web App 解决方案。React 主要用于构建 UI，可以在 React 里传递多种类型的参数，如声明代码，渲染出 UI，可以是静态的 HTML DOM 元素，也可以传递动态变量，甚至是可交互的应用组件。由于 React 具有较高的性能，代码逻辑非常简单，越来越多的人已开始关注和使用它。

2. 移动设备网页开发工具

使用任何文本编辑器都可以编写移动设备网页，不过使用集成开发环境（Integrated Development Environment，IDE）的效率要高得多。这里介绍几种常见的移动设备网页集成开发环境。

（1）Dreamweaver

Dreamweaver 是一套拥有可视化编辑界面，用于制作并编辑网站和移动应用程序的网页设计软件。由于 Dreamweaver 支持以代码、拆分、设计、实时视图等多种方式制作、编写和修改网页，初级人员无须编写任何代码就能快速创建 Web 页面。其成熟的代码编辑工具更适用于 Web 开发高级人员。它支持 jQuery Mobile 与 PhoneGap 等移动开发框架。

（2）Adobe Edge

这是一个用 HTML5、CSS、JavaScript 开发动态互动内容的设计工具。它的一个重要功能是 Web 工具包界面，用于确保网页在不同浏览器中架构的一致性。通过 Adobe Edge 设计的内容可以兼容 iOS 和 Android 设备，也可以运行在 Firefox、Chrome 和 Safari 等主流浏览器上。

（3）WebStorm

WebStorm 是 JetBrains 公司推出的一款 JavaScript 开发工具，深受国内开发人员欢迎，被认为是最强大的 HTML5 编辑器之一和最智能的 JavaScript IDE 之一等。它与 IntelliJ IDEA 同源，继承了 IntelliJ IDEA 强大的 JavaScript 部分的功能。IntelliJ IDEA 在业界被公认为是最好的 Java 开发工具之一，其旗舰版本还支持 HTML、CSS、PHP、MySQL、Python 等的开发。

3. 兼顾 PC 和移动设备的网页开发

网页开发如果要完美适应 PC 和移动设备，有两种方式：一种是为移动设备单独开发一套页面，在网站首页上用脚本判断访问页面的设备类型然后跳转，如在 PC 首页加上脚本判断，当用手机访问时则自动跳转到移动版的首页；另一种是响应式 Web 设计，通常采用自适应框架对页面进行开发，如 Bootstrap，一套页面可以适应各种类型的终端，包括 PC 和移动设备。

3.5.4 在 Dreamweaver 中使用 jQuery Mobile 制作移动设备网页

Dreamweaver 集成了 jQuery Mobile，可用于快速设计适合大多数移动设备的网页，同时可使网页自适应设备的各种尺寸。使用 jQuery Mobile 制作移动设备网页有两种方法：一种是使用 jQuery Mobile 起始页制作；另一种是使用空白页制作。

1. 使用 jQuery Mobile 起始页制作移动设备网页

jQuery Mobile 起始页包括 HTML、CSS、JavaScript 和图像文件，可帮助用户快速开发移动设备网页，具体步骤如下。

① 在 Dreamweaver 中为移动设备网页准备一个站点或目录。可以单独为移动设备网页新建一个站点，也可以在现有站点中为移动设备网页建立一个新的专用目录。在 3.2.8 小节的示例站点 dongcang 根

目录下创建一个名为"mobile"的目录。

② 选择"文件"→"新建"打开相应的界面，如图 3-45 所示，依次选中"示例中的页"→"Mobile 起始页"→"jQuery Mobile（本地）"，另外文档类型应选择"HTML5"。

使用 jQuery Mobile 制作移动设备网页必然用到 jQuery Mobile 文件，也就是一组专用的 CSS、JavaScript 和图像文件，又称 jQuery Mobile 库。安装 Dreamweaver 时，会将 jQuery Mobile 文件复制到当前计算机上。如果计划在站点上直接添加 jQuery Mobile 文件，则选择"jQuery Mobile（本地）"，这样网页会链接到本地 jQuery Mobile 文件。如果计划使用 Internet 上的 jQuery Mobile 文件，则选择"jQuery Mobile（CDN）"，这样网页会链接 CDN 的 URL 所指向的 jQuery Mobile 文件。CDN（Content Delivery Network，内容传送网络）是一种计算机网络，其数据副本分别放置在网络中的多个不同节点上。

③ 单击"创建"按钮，在所显示的网页中，单击工具栏上的"实时视图"按钮，选中"持续跟踪链接"，如图 3-46 所示。然后单击工具栏上的"拆分"按钮，在右侧的实时视图中使用导航组件测试网页的运行情况，如图 3-47 所示。

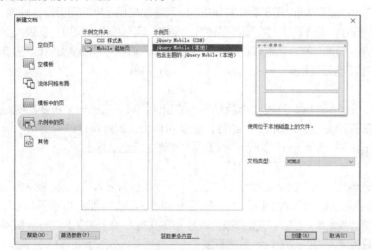

图 3-45 新建文档

图 3-46 启用"持续跟踪链接"功能

图 3-47 实时视图预览

④ 单击工具栏上的"多屏幕预览"按钮 🖥️，使用相应菜单中的选项预览网页在各种尺寸设备上的显示效果，如图 3-48 所示。例如，预览 240×320 功能手机的实时视图，如图 3-49 所示。

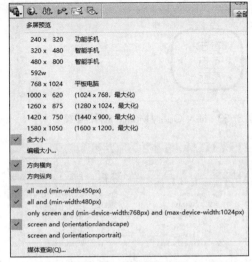

图 3-48　多屏预览菜单　　　　　　图 3-49　预览功能手机的实时视图

⑤ 禁用实时视图（再次单击工具栏上的"实时视图"按钮，这是一个开关按钮），然后单击"设计"按钮切换到设计视图。

⑥ 在"插入"面板（选择"窗口"→"插入"即可打开）中，默认选择的是"常用"，如图 3-50 所示。这里选择"jQuery Mobile"，此时将显示可添加到 Web 应用程序的 jQuery Mobile 组件，如图 3-51 所示。

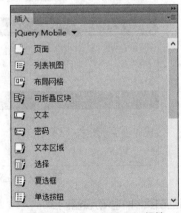

图 3-50　"插入"面板　　　　　　图 3-51　jQuery Mobile 组件

⑦ 在设计视图中，将光标放在要插入组件的位置，然后在"插入"面板中单击要插入的组件。选择"列表视图"，在出现的对话框中，选择相应选项以自定义组件，如图 3-52 所示。单击"确定"按钮，组件将出现在设计视图相应的位置，如图 3-53 所示。

⑧ 保存该 HTML 文件（保存到站点的 mobile 文件夹中），由于选择的是本地 jQuery Mobile 文件，将弹出图 3-54 所示的对话框，单击"复制"按钮，将 jQuery Mobile 文件（包括图像文件）复制到 HTML 文件所在站点的文件夹中。站点视图中将显示添加的 jQuery Mobile 文件和新创建的移动设备网页，如图 3-55 所示。

图 3-52　设置要插入的 jQuery Mobile 组件

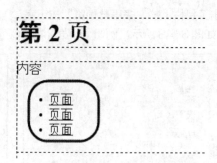

图 3-53　插入 jQuery Mobile 组件的结果

图 3-54　复制 jQuery Mobile 文件

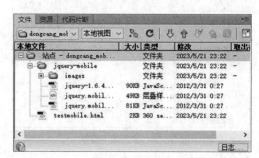

图 3-55　站点视图

⑨ 除了在实时视图中预览页面外，还可直接按 "F12" 键在浏览器中进行实际测试，预览结果如图 3-56 所示。

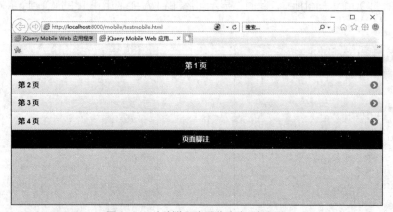

图 3-56　在浏览器中预览移动设备网页

2. 使用空白页制作移动设备网页

与 jQuery Mobile 起始页已经包含部分 HTML、CSS、JavaScript 和图像文件不同，使用空白页首先需要自行添加 jQuery Mobile "页面" 组件，让其充当其他 jQuery Mobile 组件的容器，然后在 "页面" 组件中继续插入其他组件。

① 准备好站点或站点目录，选择 "文件"→"新建" 打开相应的界面，依次选中 "空白页"→"HTML"。有些 jQuery Mobile 组件必须使用 HTML5 特有的属性，因此应选择 HTML5 作为文档类型。

② 在 "插入" 面板中选择 "jQuery Mobile" 以显示 jQuery Mobile 组件。

③ 在 "插入" 面板中将 "页面" 组件拖到设计视图中，弹出图 3-57 所示的对话框，选择链接类型为 "本地"。

④ 单击"确定"按钮，弹出图 3-58 所示的对话框，设置"页面"组件的属性，再单击"确定"按钮完成"页面"组件的添加。

图 3-57 "jQuery Mobile 文件"对话框　　　　　图 3-58 设置"jQuery Mobile 页面"组件

⑤ 在设计视图中，将光标放在要插入组件的位置，然后在"插入"面板中单击该组件。在出现的对话框中，使用各个选项自定义组件。

⑥ 根据需要在实时视图中预览页面。

3. 移动设备网页的测试与发布

移动设备网页的测试与发布与普通网页基本相同，在测试时可使用多屏预览，针对不同屏幕大小的设备进行测试，发布之后也可使用移动设备进行实测。

【任务实施】

任务 1　制作冬藏　　　　　任务 2　制作冬藏
网站静态首页　　　　　　网站的静态类目页面

【拓展实验】

实验 1　ASP.NET　　　　实验 2　制作一个支
运行环境与配置　　　　持网站用户登录的
　　　　　　　　　　　ASP.NET 动态网页

【项目小结】

本项目介绍了网页设计常用的工具软件，包括 Dreamweaver CC2018、PHP 编程语言等软件和技术的主要功能和特点，提出了电子商务网站内容设计的基本流程，并根据这个流程分层次分析了电子商务网站的色彩搭配、信息内容及其功能模块，讨论了网站的链接结构、整体风格的设计。最后介绍了利用 Dreamweaver 制作 PHP 动态网页的服务器设置方法和网页上传更新应注意的主要事项，并专门讲解了移动设备网页的制作。在任务实施部分，安排了冬藏网站两个静态页面制作的训练任务，帮助读者了解电子商务网站布局方法和常用功能模块的制作方法。本章重点讨论了网页的可视化设计问题，并提出了电子商务网站中首页、产品页、新闻页等网页设计的具体结构和组成，为用户实际建立电子商务网站提供了设计思路。

【项目习题】

1. 什么是 PHP 语言？它的基本语法有哪些？
2. 电子商务网站内容设计的基本原则是什么？
3. 举例说明一个电子商务网站的信息内容应包括哪些方面。
4. 举例说明一个电子商务网站的首页设计思路。
5. 更新网站内容时应做好哪些主要工作？
6. 使用 PhPStudy 作为 PHP 调试环境时，Dreamweaver 制作动态网页需要做哪些方面的准备工作。
7. 参考本项目任务实施中的任务 1 和任务 2 的设计思路，用 Dreamweaver 制作完成 2 个类似的电子商务静态网页。
8. 将制作完成的两个静态网页发布运行，查看在不同浏览器下是否能正常浏览。

项目四
数据库的管理与使用

04

【知识目标】

1. 了解 MySQL 的特点及其管理工具；
2. 了解数据库设计相关知识；
3. 掌握 MySQL 数据库开发全过程。

【技能目标】

1. 能够创建并管理数据库；
2. 能够创建并管理表；
3. 能够完成数据查询。

【预备知识】

1. 计算机应用基础知识；
2. 计算机网络基础知识；
3. 网页设计基础知识。

数据库为电子商务网站提供数据。本项目首先为读者介绍 MySQL 数据库的基本概念，然后详细讲述在 MySQL 中创建、修改及删除数据库和表的方法，并对数据查询做详细介绍。

4.1 MySQL 简介

MySQL 是小型关系数据库管理系统。目前在 Internet 上的中小型网站建设中 MySQL 被广泛应用。由于其体积小、速度快、成本低，尤其是具有开放源代码这一个特点，许多中小型网站为了降低网站总体创建成本，会选择 MySQL 作为网站数据库。目前 Internet 上流行的网站架构方式是 LAMP（Linux+Apache+MySQL+PHP），即使用 Linux 作为操作系统，Apache 作为 WAP 服务器，MySQL 作为数据库，PHP 作为服务器端脚本语言。由于这 4 个软件都是遵循 GPL 的开放源代码软件，因此使用这种方式就可以建立稳定的、免费的网站系统。MySQL 数据库最令人欣赏的特性之一，是其开放式的架构，它甚至允许第三方开发自己的数据存储引擎。

从 MySQL 数据库发展可看出，理论的创新和实践永远是相辅相成的，要做到学以致用，知行并进。

4.1.1　MySQL 数据库的特点

MySQL 是世界上最流行的开源数据库之一，无论是快速成长的外部应用企业，还是独立软件开发商或者大型企业，MySQL 都能有效地帮助其实现高性能、可扩展的数据库应用。

MySQL 数据库主要有以下特点。

① 使用核心线程的完全多线程服务，这意味着其可以采用多 CPU 体系结构，支持多线程，可充分利用 CPU 资源。

② 可运行在不同平台，支持 Windows、Linux、UNIX、Solaris、OS/2 等多种操作系统。

③ 使用 C 和 C++编写，并使用多种编译器测试，保证了源代码的可移植性。为多种编程语言提供了 API，这些编程语言包括 C、C++、Java、PHP、Python 等。

④ 优化的 SQL 查询算法，可有效提高查询速度，可以用于拥有上千万条记录的大型数据库。

⑤ 提供可用于管理、检查、优化数据库操作的管理工具。提供支持 TCP/IP、ODBC 和 JDBC 等的多种数据库连接方式，既能够作为单独的应用程序应用在客户端服务器网络环境中，又能够作为库嵌入其他软件中以提供多语言支持，常见的编码都可以用作数据表名和数据列名。

4.1.2　MySQL 的版本

MySQL 设计了多个不同的版本，不同的版本在性能、应用开发等方面均有一些差别，用户可以根据自己的实际情况选择。

1. MySQL 企业版

MySQL 企业版提供了最全面的高级功能、管理工具和技术支持，实现了高水平的可扩展性、安全性和可靠性，可在开发、部署和管理关键业务型 MySQL 应用的过程中降低风险、削减成本和减少复杂性。

2. MySQL 集群版

凭借无可比拟的扩展能力、高可用性和灵活性，MySQL 集群版使用户能够应对下一代 Web、云及通信服务的数据库挑战。

3. MySQL 标准版

MySQL 标准版提供了高性能和可扩展的联机事务处理（Online Transaction Processing，OLTP）应用，提供了易用性，保证了 MySQL 行业应用的性能和可靠性。标准版包含的 InnoDB，使其成为完全集成事务安全的、支持事务处理的数据库。

4. MySQL 经典版

MySQL 经典版是开发密集型应用程序的理想选择，它使用 MyISAM 存储引擎，是一个高性能、零管理的数据库。当用户需要额外的功能时，可以很容易升级到 MySQL 企业版或者 MySQL 集群版。

5. MySQL 社区版

MySQL 社区版是世界上最流行的开源数据库之一，可以免费下载。它可以在 GPL 协议下，由巨大的、活跃的开源开发者社区提供支持，不提供官方技术支持。

MySQL 针对个人用户和商业用户提供了不同版本的产品。MySQL 社区版是供个人用户免费下载的开源数据库。而对于商业用户，有标准版、企业版、集群版等多种版本可供选择，以满足特殊的商业和技术需求。

4.2　MySQL 图形化管理工具

MySQL 是开源软件，个人用户可以登录其官方网站直接下载相应的版本。这里选择 MySQL 社区版，选择平台（如 Windows），不同的操作系统和不同版本的 MySQL，安装过程可能有所不同。

虽然 MySQL 数据库系统只提供命令行客户端（MySQL Command Line Client）管理工具用于数据库的管理与维护，但是第三方提供的管理与维护工具非常多，大部分都是图形化管理工具，图形化管理工具通过软件对数据库中的数据进行操作。这些管理工具可以帮助我们方便地进行数据库管理和数据查询，可以提高数据库管理、备份、迁移和查询的效率，即使没有丰富的 SQL 基础的用户也可以应用自如。

1. MySQL Workbench

MySQL Workbench 是一款由 MySQL 开发的跨平台、可视化数据库工具。其提供了数据建模工具、SQL 开发工具和全面的管理工具（包括服务器配置、用户管理、备份等）。MySQL Workbench 可以在 Windows、Linux 和 macOS 上使用。MySQL Workbench 功能如下。

（1）设计

MySQL Workbench 可让数据库管理员（Database Administrator，DBA）、开发人员或数据库架构师以可视化方式设计、建模、生成和管理数据库。它具有数据建模工具创建复杂 E-R（Entity-Relationship，实体-联系）模型所需的一切功能，支持正向和反向工程，还提供了一些关键特性来执行通常需要大量时间和操作的变更管理和文档任务。

（2）开发

MySQL Workbench 提供了一些可视化工具来创建、执行和优化 SQL 查询。SQL Editor 具有语法高亮显示、自动填充、SQL 代码段重用和 SQL 执行历史记录等功能。开发人员可以通过数据库连接面板（Database Connections Panel）轻松管理标准数据库连接，包括 MySQL Fabric。使用对象浏览器（Object Browser）可以即时访问数据库模式和对象。

（3）管理

MySQL Workbench 提供了一个可视化控制台，可以轻松管理 MySQL 环境，更直观地了解数据库运行状况。开发人员和 DBA 可以使用这些可视化工具配置服务器、管理用户、执行备份和恢复、检查审计数据以及查看数据库运行状况。

MySQL Workbench 提供了一套工具来提高 MySQL 应用的性能，DBA 可以使用性能仪表板快速查看关键性能指标，也可以通过性能报告轻松识别和访问 I/O 热点、占用资源较多的 SQL 语句等。此外，开发人员可以通过改进后的简易应用的可视化解释计划一键查看他们的查询哪里需要优化。

（4）数据库迁移

MySQL Workbench 现在为 SQL Server、Access、Sybase ASE、PostgreSQL 以及其他关系数据库管理系统（Relational Database Management System，RDBMS）表，将对象和数据迁移至 MySQL 提供了全面、简单、易用的解决方案。开发人员和 DBA 可以轻松、快速地转换现有应用，使其可运行在 Windows 及其他平台的 MySQL 上。此外，它还支持从 MySQL 早期版本迁移至最新版本。

2. phpMyAdmin

phpMyAdmin 是一款免费的软件工具，采用 PHP 编写，用于在线管理 MySQL。phpMyAdmin 支持多种 MySQL 操作（最常用的操作包括管理数据库、表、字段、关系、索引、用户和权限），也允许直接执行 SQL 语句。

3. MySQL Administrator

MySQL Administrator 是用于管理数据库，监视和管理 MySQL 实例数据库、用户的权限和数据的管理工具，还可以配置、控制、开启和关闭 MySQL 服务。

4. MySQL Query Browser

MySQL Query Browser 是一个图形化的数据查询工具，可以输入、编辑、调试、执行 SQL 语句，还可以用来管理数据库，查询数据库中的数据。

5. MySQL Migration Toolkit

MySQL Migration Toolkit 是 MySQL 提供的数据库迁移工具，支持 Oracle、SQL Server、Access、Sybase、MaxDB 到 MySQL 之间的转换。

本书采用的是 PhPStudy 集成开发环境。PhPStudy 是一个提供 PHP 调试环境的程序包。该程序包集成最新的 Apache、PHP、MySQL、phpMyAdmin、ZendOptimizer，一次性安装，无须配置即可使用，能提供非常方便、好用的 PHP 调试环境。该程序不仅包括 PHP 调试环境、开发工具和开发手册等，还自带 MySQL 数据库，只需要简单的配置就可以为网站创建新的数据库，不需要再独立安装 MySQL 数据库。这样免去了读者在 Windows 下配置 MySQL 和 PHP 环境的麻烦。PhPStudy 图形化管理工具界面如图 4-1 所示。

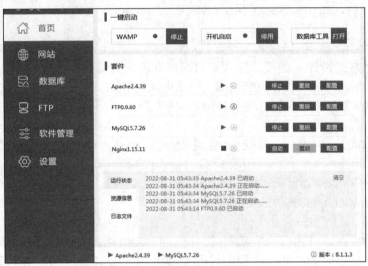

图 4-1　PhPStudy 图形化管理工具界面

4.3　数据库的创建与管理

4.3.1　数据库和数据库对象

1. 数据库的构成

在数据库系统中，数据库实际上以文件形式存在。在 MySQL 中，每个数据库都对应存放在一个与数据库同名的文件夹中。MySQL 数据库文件扩展名有".FRM"，".MYD"和".MYI"这 3 种，其中".FRM"是描述表结构的文件，".MYD"是表的数据文件，".MYI"是表数据文件中的索引文件。

MySQL 数据库主要分为系统数据库、示例数据库和用户数据库。

（1）系统数据库

系统数据库是指随安装程序一起安装，用于协助 MySQL 系统共同完成管理操作的数据库，是 MySQL 运行的基础。这些数据库中记录了一些必需的信息，用户不能直接修改这些系统数据库，也不能在系统数据库表上定义触发器。

① sys 数据库。sys 数据库包含一系列的存储过程、自定义函数以及视图，可以帮助用户快速地了解系统的元数据信息。sys 数据库还结合了 information_schema 和 performance_schema 数据库的

相关数据，让用户更加容易地检索数据。

② information_schema 数据库。information_schema 数据库类似"数据字典"，提供了访问数据库元数据的方式。元数据是关于数据的数据，如数据库名、数据表名、列的数据类型及访问权限等。

③ performance_schema 数据库。performance_schema 数据库主要用于收集数据库服务器性能参数。MySQL 用户不能创建存储引擎为 performance_schema 的表。performance_schema 的功能有：提供进程等待的详细信息，包括锁、互斥变量、文件信息；保存历史的事件汇总信息，为提高 MySQL 服务器性能做出详细的判断；易于增加或删除监控事件点，并可随意改变 MySQL 服务器的监控周期。

④ MySQL 数据库。MySQL 数据库是 MySQL 的核心数据库，它记录了用户及其访问权限等 MySQL 所需的控制和管理信息，如果该数据库被损坏，MySQL 将无法工作。

（2）示例数据库

示例数据库是系统为了让用户学习和理解 MySQL 而设计的。Sakila 和 world 示例数据库是完整的示例，具有更接近实际的数据容量、复杂结构和部件，可以用来展示 MySQL 的功能。

（3）用户数据库

用户数据库是用户根据数据库设计并创建的数据库。

2. 数据库对象

MySQL 数据库中的数据在逻辑上被组织成一系列数据库对象。这些数据库对象包括表、视图、索引、存储过程、触发器、用户定义函数、用户和角色等。

下面对这些常用数据库对象进行简单介绍。

（1）表

表也称为基本表，是 MySQL 数据库中最基本、最重要的对象之一，是 E-R 模型中实体的表示方式，可用于组织和存储具有行列结构的数据对象。行是组织数据的单位，列用于描述数据的属性，每一行都表示一条完整的信息记录，而每一列表示记录中相同元素属性的值。

（2）视图

视图是一种常用的数据库对象，它为用户提供了一种查看数据库中数据的方式，其内容由查询需求定义。视图是虚表，与表非常相似，也是由字段与记录组成的。与表不同的是，视图本身并不存储实际数据，它是基于表存在的。

（3）索引

索引是为提高数据检索的性能而建立的，利用它可以快速地确定指定的信息。索引包含由表或视图中的一列或多列生成的键，这些键存储在某种结构中，使 MySQL 可以有效地查找与键值关联的行。

（4）存储过程和触发器

存储过程和触发器是两个特殊的数据库对象。在 MySQL 中，存储过程独立于表，而触发器则与表紧密结合。用户可以使用存储过程来完善应用程序，使应用程序的运行更加有效率；可以使用触发器来实现复杂的业务规则，更加有效地保障数据完整性。

（5）用户和角色

用户是对数据库有存取权限的使用者。角色是指一组数据库用户的集合。数据库中的用户可以根据需要添加，用户如果被加入某一角色，则将具有该角色的所有权限。

4.3.2　创建数据库

在 MySQL 中主要使用两种方法创建数据库：一是使用图形化管理工具 MySQL Workbench 创建数据库，此方法的优势是简单、直观，能以图形化方式完成数据库的创建和数据属性的设置；二是使用 SQL

语句创建数据库，此方法可以将创建数据库的脚本保存下来，在其他计算机上运行以创建相同的数据库。本小节主要介绍利用 SQL 语句创建数据库。"精于工、匠于心、品于行"，创建数据库的过程需要学习工匠精神。

创建用户数据库的 SQL 语句是 CREATE DATABASE 语句，其语法格式如下：

```
CREATE {DATABASE|SCHEMA}[IF NOT EXISTS]<数据库文件名>
    [选项];
```

说明如下。

- 语句中"[ ]"内为可选项。
- IF NOT EXISTS 用于在创建数据库前判断，只有当正在创建的数据库目前尚不存在时才执行 CREATE DATABASE 操作。
- 选项用于描述字符集和校对规则等。

设置字符集或校对规则，语法格式如下：

```
[DEFAULT] CHARACTER SET[ = ]字符集
|[DEFAULT] COLLATE[ = ]校对规则名
```

使用 CREATE DATABASE 命令创建数据库，所有参数均可以采用默认值，以直接创建数据库，命令如下。

```
CREATE DATABASE dongcang
```

图 4-2　phpMyAdmin 登录界面

该 CREATE DATABASE 命令将会在 MySQL 中创建一个名为"dongcang"的数据库。

为避免重复创建时系统显示错误信息，使用 IF NOT EXISTS 选项创建名为 dongcang 的数据库，操作步骤如下。

① 打开浏览器，在浏览器地址栏输入网址，以访问 MySQL 数据库管理工具 phpMyAdmin，在 phpMyAdmin 登录界面输入登录信息，用户名为 root，密码为 123456，如图 4-2 所示。

② 单击"执行"按钮，进入 phpMyAdmin 管理界面。phpMyAdmin 管理界面如图 4-3 所示。

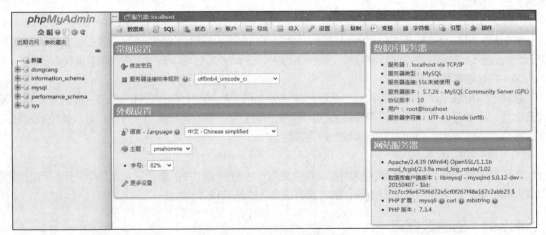

图 4-3　phpMyAdmin 管理界面

③ 单击图 4-3 顶部的"SQL"，在服务器"localhost"运行 SQL 查询语句，如图 4-4 所示。

```
CREATE DATABASE if not exists dongcang;
```

图 4-4　创建数据库的 SQL 语句

④ 单击"执行"按钮，执行该语句，执行的结果是创建 dongcang 数据库，如图 4-5 所示。

4.3.3　查看已有的数据库

对于已有的数据库，使用 SHOW DATABASES 语句可以显示服务器中所有可以使用的数据库的信息。

查看所有可以使用的数据库的信息，SQL 语句如下：

show databases;

查看所有可以使用的数据库的信息结果如图 4-6 所示。

图 4-5　创建 dongcang 数据库

4.3.4　打开数据库

当用户登录 MySQL 服务器，连接 MySQL 后，需要连接 MySQL 服务器中的一个数据库，才能使用该数据库中的数据，以及对该数据库进行操作，可以利用 USE 语句来打开或切换至指定的数据库。

打开 dongcang 数据库，SQL 语句如下：

use dongcang;

4.3.5　删除数据库

图 4-6　查看所有可以使用的数据库的信息结果

当一个数据库已经不再使用时，可以利用删除数据库功能将它删除。删除一个数据库会在系统中将该数据库的内容完全清除，包括数据库的所有数据和该数据库所使用的所有磁盘文件等，该数据库所占用的资源也会同时被释放。

利用 DROP DATABASE 语句来删除数据库。DROP DATABASE 语句的语法格式如下。

DROP DATABASE [IF EXISTS] <数据库文件名>;

例如，删除数据库 dongcang，SQL 语句如下：

DROP DATABASE dongcang;

使用 DROP DATABASE 命令时，可以使用 IF EXISTS 子句，避免删除不存在的数据库时出现 MySQL 提示信息。

4.4 表的创建与管理

4.4.1 数据类型

在 MySQL 数据库中存储的数据都具有自己的数据类型，数据类型决定了数据的存储格式，以及数据所占用的空间，代表了各种不同的信息类型。下面是常用的几种数据类型。

（1）数值数据类型

数值数据可以用于数值运算处理，当要存放纯数值的数据，或要对存放的内容做数值运算时，可以将它定义成数值数据类型。MySQL 提供许多可以存放数值数据的数据类型，如 int、decimal、real 等。这些数值数据的使用字节数及数据范围说明如表 4-1 所示。

表 4-1　数值数据的使用字节数及数据范围

	数据类型	使用字节数	数据范围
整数数值	tinyint	1	$0\sim255$
	smallint	2	$-2^{15}\sim(2^{15}-1)$
	int	4	$-2^{31}\sim(2^{31}-1)$
	bigint	8	$-2^{63}\sim(2^{63}-1)$
小数数值	decimal (numeric)	最大至 38	$(-10^{38}-1)\sim(10^{38}-1)$
浮点数值	float	单精度：4	$-3.40E+38\sim3.40E+38$
		双精度：8	$-1.79E+308\sim1.79E+308$
	real	4	$-3.40E+38\sim3.40E+38$

从表 4-1 中可以发现 float 数据类型可分为单精度与双精度两种。一般来说，除非是进行科学运算需要较精确的值，才会用到双精度，否则一般使用单精度就足够了。另外，使用 float 数据类型可能会产生部分位数数据遗失的问题。例如，当数值位数超过 7 位时，单精度数据类型只会保留最前面的 7 位数字，双精度数据类型只会保留 15 位数字。

（2）字符数据类型

字符数据可以表示文字、数字或其他的特殊符号。在定义字符数据时，必须指定一个数值，用来表示字符数据的长度。字符数据有 char、varchar 和 text 类型。

● char 数据类型。char 数据类型用来存放固定长度的字符串内容，长度可以为 0～255 的任何值。当要保存长度固定的数据时，可以将它定义为 char 数据类型。

当 char 实际的字符串长度小于指定长度时，它将会自动在字符串后面补空格，使字符串长度等于指定长度。

● varchar 数据类型。varchar 数据类型的使用方式与 char 数据类型类似，不同的是，varchar 数据类型可以随着存放数据的长度自动调整其占用的数据空间，当存入的数据长度小于指定的长度时，它不会在数据后面补空格，而是以实际存入的数据长度保存数据。其长度可以指定为 0～65 535 的任何值。

当存储在列中的数据的值的大小经常变化时，varchar 数据类型将是较好的选择，它可以减少不必要的空间浪费，有效地节省空间。

● text 数据类型。text 被视为非二进制字符串。text 数据类型和 varchar 数据类型一样，都是可变长度的数据类型，它允许的最大长度为 $2^{31}-1$。text 不能有默认值。

（3）日期时间数据类型

MySQL 可以存储日期时间数据，也可以存储日期和时间的组合数据。如果要在表中存放日期时间数据，如出生日期、数据传入系统的时间等，就可以将其列定义为日期时间数据类型。

日期时间数据有以下几种类型。

Date 类型，表示日期，输入数据的格式是 yyyy-mm-dd，支持的范围是 1000-01-01～9999-12-31。

Time 类型，表示时间，输入数据的格式是 hh:mm:ss，支持的范围是 –838:59:59～838:59:59。

Datetime 类型，表示日期时间，格式是 yyyy-mm-dd hh:mm:ss，支持的范围为 1000-01-01 00:00:00～9999-12-31 23:59:59。

例如，在 dongcang 数据库中订购时间可以设定成 Datetime 类型。

MySQL 中还有其他特殊的数据类型，这里就不一一介绍了。

4.4.2 创建表

创建表使用 CREATE TABLE 命令。创建表结构后，要输入表记录，输入数据时要讲诚信，数据库管理者填写的是数据，记录的是诚信。

语法格式：

```
CREATE TABLE [IF NOT EXISTS] 表名
    (列名 数据类型 [NOT NULL|NULL] [DEFAULT 列默认值]...)
    ENGINE=存储引擎
```

语法说明如下。

● IF NOT EXISTS，在建表前判断，只有当所建表目前尚不存在时才执行 CREATE TABLE 操作。用该选项可以避免出现表已经存在无法再新建的错误。

● 表名，要创建的表的名称。该表名必须符合标识符语法及命名规则，如果表名中有 MySQL 保留字则必须用单引号标识。

● 列名，表中列的名字。列名必须符合标识符语法及命名规则，长度不能超过 64 个字符，而且列名在表中要唯一。如果列名中有 MySQL 保留字则必须用单引号标识。

● 数据类型，列的数据类型，有的数据类型需要指明长度 n，并用括号标识。

● NOT NULL|NULL，指定该列是否允许为空，如果不指定，则默认值为 NULL。

● DEFAULT，列默认值，用于为列指定默认值，默认值必须为常数。其中，blob 和 text 列不能被赋予默认值。如果没有为列指定默认值，MySQL 将为列自动分配默认值。若列被声明为 NULL，默认值就是 NULL。如果列被声明为 NOT NULL，则默认值取决于列类型。

● ENGINE=存储引擎，MySQL 支持数个存储引擎作为不同类型表的处理器，使用时要指定具体的存储引擎，如 ENGINE=InnoDB。

MySQL 支持的存储引擎有 MyISAM，可用来管理非事务表，它提供高速存储和检索以及全文搜索能力。

下面在 dongcang 数据库中创建用于存储书目的书目信息表 tb_books，表的列结构如表 4-2 所示。

表 4-2　tb_books 表

字段名称	类型	长度	是否允许为空	说明
id	int	10	否	书目编号，应为自动编号，设为主键

续表

字段名称	类型	长度	是否允许为空	说明
mingcheng	varchar	100	是	名称
dingjia	decimal	(10,2)	是	定价
zhekoujia	decimal	(10,2)	是	折扣价
zuozhe	varchar	60	是	作者
chubanjg	varchar	60	是	出版社
chubansj	char	10	是	出版时间
classid	int	4	是	书目类别
jianjie	mediumtext		是	简介
tupian	varchar	80	是	图片地址
shuliang	int	6	是	库存数量
shangjiasj	varchar	25	是	上架时间
cjcishu	int	4	是	成交次数

执行如下 SQL 语句。

```
USE dongcang;
CREATE TABLE tb_books
(
id SMALLINT UNSIGNED NOT NULL PRIMARY KEY,
mingcheng varchar(100),
dingjia decimal(10,2),
  zhekoujia decimal(10,2),
  zuozhe varchar(60),
  chubanjg varchar(60),
  chubansj char(10),
  classid int(4),
jianjie mediumtext,
tupian varchar(80),
shuliang int(6),
shangjiasj varchar(25),
cjcishu int(4)
);
```

执行完毕后，就会在 dongcang 数据库中生成 tb_books 表。

4.4.3 修改表结构

表建立之后，可以使用 ALTER TABLE 语句对表进行修改。修改内容可以是列的属性，如列名、数据类型、长度等，还可以添加列、删除列等。

下面主要介绍利用 SQL 语句修改表的方法。

例如，在 dongcang 数据库中已经建立的 tb_books 表中，增加一个 memo 字段，并删除表中的 jianjie 字段，SQL 语句如下。

```
USE dongcang;
ALTER TABLE tb_books ADD memo varchar(200);
ALTER TABLE tb_books DROP COLUMN jianjie;
```

4.4.4 删除表

当不再需要某个表时，就可以将其删除。一旦删除某个表，该表的结构、数据、约束、索引等就将永久地被删除。

可以使用 DROP TABLE 语句删除表，可以删除表和表中的数据，以及与该表有关的所有索引、触发器、约束、权限规范等。

使用 DROP TABLE 语句删除表的语法格式如下。

```
DROP TABLE table_name;
```

说明：table_name 指要删除的表名。

例如，删除 dongcang 数据库中的 tb_books 表的操作步骤如下。

① 输入如下 SQL 语句。

```
USE dongcang;
DROP TABLE tb_books;
```

② 单击"执行"按钮，完成对 tb_books 表的删除操作。

4.5 数据查询

4.5.1 SQL 简介

结构查询语言（Structure Query Language，SQL）是一种通用的关系数据库标准语言，其功能包括查询、操纵、定义、控制等。目前，SQL 已经被 ANSI（American National Standards Institute，美国国家标准学会）确定为关系数据库系统的国际标准，被很多商品化的关系数据库系统采用。SQL 是一种非过程化语言，用户要做什么，不需要告诉 SQL 如何访问数据库等，只需要告诉 SQL 让数据库做什么就可以了。数据查询需要注重细节，要有精益求精的精神。

SQL 的特点如下。

① 高度综合统一。SQL 集数据查询、数据操纵、数据定义、数据控制功能于一体，可以完成从数据库设计、建立到数据库维护的全部活动，为数据库应用系统开发提供良好环境。

② 非过程化。非关系数据库系统的数据操纵语言一般是过程化的，要完成处理，必须指定存取路径。而 SQL 只需要提出"做什么"，而不用指出"怎么做"，可以大大减轻用户的负担，使数据独立性得到提高。

③ 面向集合的操作方式。SQL 采用的是面向集合的操作方式，查找结果是元组的集合，插入、删除、更新操作的对象也是元组的集合；而非关系数据库系统则采用的是面向记录的操作。

④ 既是自含式语言，也是嵌入式语言。SQL 既是自含式语言，也是嵌入式语言。作为自含式语言，它可以独立地用于联机交互，用户可以直接输入 SQL 语句对数据库进行操作；作为嵌入式语言，它可以嵌入其他高级语言中（如 Visual Basic 语言），以供程序设计员在设计程序时调用。SQL 的以上两种形式的语法结构一致，为用户使用 SQL 提供了很多方便。

⑤ 语言简洁，易学易用。SQL 功能丰富，设计合理，语言简洁，语法结构清晰、简单，接近日常口语形式，因此，方便用户使用和掌握。

SQL 按照功能分为 4 个部分。

① 数据描述语言（Data Description Language，DDL）。DDL 用于描述 SQL 模式、基本表、视图、索引。

② 数据查询语言（Data Query Language，DQL）。DQL 用于查询数据。

③ 数据操纵语言（Data Manipulation Language，DML）。DML 用于查询和更新数据。更新又分为插入、删除、修改。

④ 数据控制语言（Data Control Language，DCL）。DCL 用于控制对数据库的访问，服务器的关闭、启动，以及对基本表和视图的授权、完整性规则描述等。

实现数据描述、数据查询、数据操纵、数据控制功能的语句包括 CREATE、DROP、ALTER、SELECT、INSERT、UPDATE、DELETE、GRANT、REVOKE。

4.5.2　SELECT 语句

1. SELECT 语句的功能

SELECT 语句可以按指定的条件从数据表或视图中查询数据。其主要功能是从 FROM 列出的数据源表中，找出满足 WHERE 检索条件的记录，并按 SELECT 子句的字段列表输出查询结果，可以对查询结果进行分组与排序。

2. SELECT 语句的基本语法格式

SELECT 语句的基本语法格式如下。

```
SELECT <子句 1>
FROM <子句 2>
[WHERE <表达式 1>]
[GROUP BY <子句 3>]
[HAVING <表达式 2>]
[ORDER BY <子句 4>]
    [LIMIT <子句 5>]
    [UNION <运算符>];
```

其中各子句的功能如下。

- SELECT 子句：用于指定查询的输出字段。字段列表用于指定要查询的字段，也就是查询结果中的字段名。

- FROM 子句：用于指定要查询的表，即所要进行查询的数据来源、表或视图的名称。

- WHERE 子句：用于指出查询数据时要满足的筛选条件。

- GROUP BY 子句：用于对指定的列进行分组，列值相同的分为一组。分组列必须在 SELECT 子句的列表中。

- HAVING 子句：用于指定查询结果的附加筛选，通常与 GROUP BY 子句一起使用。

- ORDER BY 子句：用于指定查询结果的排序方法。

- LIMIT 子句：用于限制返回的查询结果的行数。

- UNION 子句：用于将多个 SELECT 语句查询结果组合为一个结果集，该结果集包含联合查询中的所有查询的全部行。

3. 各子句的使用方法

（1）SELECT 子句

SELECT 子句用于指定由查询返回的列。

SELECT 子句的语法格式如下。

```
SELECT [ ALL | DISTINCT ] <目标表达式>[,<目标表达式>][, …]
    FROM <表或视图名> [,<表或视图名>][, …][LIMIT n1[,n2]];
```

各个参数的含义如下。

- ALL：指定在结果集中可以显示所有记录，包括重复行。ALL 是默认设置。
- DISTINCT：指定在结果集中显示所有记录，但只能显示唯一行，其中空值被认为相等。
- LIMIT n1：表示返回最前面的 n1 行数据，n1 表示返回的行数。
- LIMIT n1,n2：表示从 n1 行开始，返回 n2 行数据，默认行为 0（从 0 行开始）。

① 显示所有字段的信息。

【例 4-1】 从数据库 dongcang 的书目信息表 tb_books 中查询所有书目信息，操作步骤如下。

输入 SQL 语句。

```
USE dongcang;
SELECT * FROM tb_books;
```

注意 要返回 **tb_books** 表中所有字段的内容，可以在 **SELECT** 后的指定列名处选用"*****"。

单击工具栏中的"执行"按钮，其查询结果如图 4-7 所示。

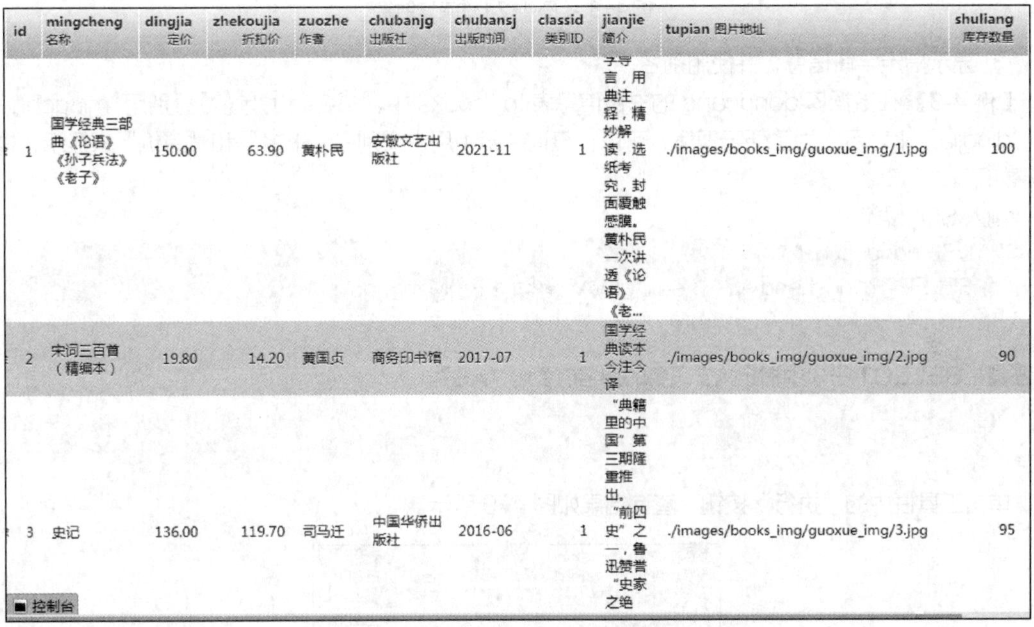

id	mingcheng 名称	dingjia 定价	zhekoujia 折扣价	zuozhe 作者	chubanjg 出版社	chubansj 出版时间	classid 类别ID	jianjie 简介	tupian 图片地址	shuliang 库存数量
1	国学经典三部曲《论语》《孙子兵法》《老子》	150.00	63.90	黄朴民	安徽文艺出版社	2021-11	1	字号言，用典注释，精妙解读，选纸考究，封面覆触感膜。黄朴民一次讲透《论语》《老...	./images/books_img/guoxue_img/1.jpg	100
2	宋词三百首（精编本）	19.80	14.20	黄国贞	商务印书馆	2017-07	1	国学经典读本今注今译	./images/books_img/guoxue_img/2.jpg	90
3	史记	136.00	119.70	司马迁	中国华侨出版社	2016-06	1	"典籍里的中国"第三期重推出。"前四史"之一，鲁迅赞赏"史家之绝	./images/books_img/guoxue_img/3.jpg	95

■ 控制台

图 4-7 【例 4-1】的查询结果

② 显示指定字段的信息。

【例 4-2】 从数据库 dongcang 的书目信息表 tb_books 中查询所有的名称和定价信息，操作步骤如下。

输入 SQL 语句。

```
USE dongcang;
SELECT mingcheng,dingjia FROM tb_books;
```

注意 **SELECT** 后的字段名要用"**，**"分开，前后次序可以任意。

单击工具栏中的"执行"按钮，查询结果如图 4-8 所示。

mingcheng 名称	dingjia 定价
国学经典三部曲《论语》《孙子兵法》《老子》	150.00
宋词三百首（精编本）	19.80
史记	136.00
二十四史（文白对照）	880.00
文心雕龙	49.00
左传	28.00
汉书	30.00
孙子兵法·三十六计	25.00
菜根谭	18.00
诗经	42.00
论语	18.00
孟子	20.00
荀子译注	27.00
韩非子译注	39.00
庄子译注	27.80
资治通鉴（全套四册）	696.00
唐诗三百首	26.00
古文观止（上下册）	60.00
元曲三百首	21.00

图 4-8 【例 4-2】的查询结果

③ 显示指定字段信息，并使用别名。

【例 4-3】在数据库 dongcang 的书目信息表 tb_books 中，"书名"和"单价"分别用"mingcheng"和"dingjia"来表示，为了便于理解，可以在查询结果中用中文别名"书名"和"单价"来显示，操作步骤如下。

输入 SQL 语句。

```
USE dongcang;
SELECT mingcheng AS 书名,dingjia AS 单价 FROM tb_books;
```

注意 SELECT 子句中指定的字段名的别名前要用"AS"。

单击工具栏中的"执行"按钮，查询结果如图 4-9 所示。

书名	单价
国学经典三部曲《论语》《孙子兵法》《老子》	150.00
宋词三百首（精编本）	19.80
史记	136.00
二十四史（文白对照）	880.00
文心雕龙	49.00
左传	28.00
汉书	30.00
孙子兵法·三十六计	25.00
菜根谭	18.00
诗经	42.00
论语	18.00
孟子	20.00
荀子译注	27.00
韩非子译注	39.00
庄子译注	27.80
资治通鉴（全套四册）	696.00
唐诗三百首	26.00
古文观止（上下册）	60.00
元曲三百首	21.00

图 4-9 【例 4-3】的查询结果

④ 在 SELECT 语句中使用 DISTINCT 关键字。

【例 4-4】 在数据库 dongcang 的书目信息表 tb_books 中，查询不同的书目类别，要求书目类别不重复，操作步骤如下。

输入 SQL 语句。

```
USE dongcang;
SELECT DISTINCT classid AS  书目类别  FROM tb_books;
```

> **注意** 在语句中选用 DISTINCT 关键字，将会在查询结果中去掉重复记录。和 DISTINCT 关键字对应的关键字是 ALL，默认情况下不写。

单击工具栏中的"执行"按钮，查询结果如图 4-10 所示。

⑤ 在 SELECT 语句中使用 limit 关键字。

【例 4-5】 在数据库 dongcang 的书目信息表 tb_books 中，查询表中前 5 条记录，操作步骤如下。

输入 SQL 语句。

书目类别
1
2
3
4

图 4-10 【例 4-4】的查询结果

```
USE dongcang;
SELECT mingcheng,zuozhe FROM tb_books limit 5;
```

> **注意** 在语句中选用 limit 5，将会返回表中的前 5 条记录。

单击工具栏中的"执行"按钮，查询结果如图 4-11 所示。

mingcheng 名称	zuozhe 作者
国学经典三部曲《论语》《孙子兵法》《老子》	黄朴民
宋词三百首（精编本）	黄国贞
史记	司马迁
二十四史（文白对照）	高山
文心雕龙	刘勰

图 4-11 【例 4-5】的查询结果

（2）使用 WHERE 子句

有条件查询是指在数据库中查找满足一定条件的记录，在 SELECT 语句中使用 WHERE 子句就可以实现此功能。

有条件查询的基本语法格式如下。

```
SELECT 列名 1[, ...列名 n]
FROM   表名
WHERE 条件表达式
```

WHERE 子句中查询条件表达式的运算符如表 4-3 所示。

表 4-3 WHERE 子句中查询条件表达式的运算符

运算符分类	运算符	说明
比较运算符	>、>=、=、<、<=、<>、!=、!>、!<	用于比较大小。!>和!<表示不大于和不小于
范围运算符	BETWEEN...AND、NOT BETWEEN...AND	用于判断列值是否在指定的范围内

续表

运算符分类	运算符	说明
列表运算符	IN、NOT IN	用于判断列值是否是指定列表中的值
模糊匹配符	LIKE、NOT LIKE	用于判断列值是否与指定的字符通配格式相符
空值判断符	IS NULL、NOT NULL	用于判断列值是否为空
逻辑运算符	AND、OR、NOT	用于多个条件的逻辑连接

WHERE 子句的具体应用如下。

① 在条件表达式中使用比较运算符。

【例 4-6】 在数据库 dongcang 的书目信息表 tb_books 中，查询定价小于等于 25 元的书目信息，操作步骤如下。

输入 SQL 语句。

```
USE dongcang;
SELECT id,mingcheng,dingjia
FROM tb_books
WHERE dingjia<=25;
```

单击工具栏中的"执行"按钮，查询结果如图 4-12 所示。

② 在条件表达式中使用比较运算符和逻辑运算符。

【例 4-7】 在数据库 dongcang 的书目信息表 tb_books 中查询书目类别为 1，并且定价小于 25 元的书目信息，操作步骤如下。

输入 SQL 语句。

```
USE dongcang;
SELECT mingcheng,dingjia FROM tb_books
WHERE classid=1 and dingjia<25;
```

单击工具栏中的"执行"按钮，查询结果如图 4-13 所示。

id	mingcheng 名称	dingjia 定价
2	宋词三百首（精编本）	19.80
8	孙子兵法·三十六计	25.00
9	菜根谭	18.00
11	论语	18.00
12	孟子	20.00
19	元曲三百首	21.00

图 4-12 【例 4-6】的查询结果

mingcheng 名称	dingjia 定价
宋词三百首（精编本）	19.80
菜根谭	18.00
论语	18.00
孟子	20.00
元曲三百首	21.00

图 4-13 【例 4-7】的查询结果

③ 在条件表达式中使用 BETWEEN 运算符。

【例 4-8】 在数据库 dongcang 的书目信息表 tb_books 中，查询定价为 100～200 元的书目信息，操作步骤如下。

输入 SQL 语句。

```
USE dongcang;
SELECT id,mingcheng,dingjia,chubansj
FROM tb_books
WHERE dingjia between 100 and 200;
```

单击工具栏中的"执行"按钮，查询结果如图 4-14 所示。

id	mingcheng 名称	dingjia 定价	chubansj 出版时间
1	国学经典三部曲《论语》《孙子兵法》《老子》	150.00	2021-11
3	史记	136.00	2016-06
26	党史百年天天读（全2册）	198.00	2021-08
33	平凡的世界	138.00	2021-06

图 4-14 【例 4-8】的查询结果

（3）使用 ORDER BY 子句

ORDER BY 子句的基本语法格式如下。

```
SELECT 列名 1[,...列名 n]
FROM  表名
ORDER BY 列名 1[,...列名 n]  [ASC] [DESC]
```

一般情况下，查询结果中的记录是按它们在表中的原始顺序进行排列的，如果要改变排列顺序，可以使用 ORDER BY 子句，它可以实现对查询结果的重新排序。排序方式可以是升序（从低到高或从小到大），使用的关键字为 ASC，也可以是降序（从高到低或从大到小），使用的关键字为 DESC。如果省略 ASC 或 DESC，系统则默认为升序。可以在 ORDER BY 子句中指定多个显示列，但查询结果首先按第 1 列进行排序，当第 1 列值相同时，再按照第 2 列进行排序。ORDER BY 子句要求写在 WHERE 子句的后面。

ORDER BY 子句的具体应用如下。

① 对指定排序的字段进行排序。

【例 4-9】 在数据库 dongcang 的书目信息表 tb_books 中，查询书目信息，要求查询结果按照单价的降序排列，操作步骤如下。

输入 SQL 语句。

```
USE dongcang;
SELECT mingcheng AS 书名,dingjia AS 单价,zuozhe AS 作者
 FROM tb_books
 ORDER BY dingjia DESC;
```

单击工具栏中的"执行"按钮，查询结果如图 4-15 所示。

书名	单价	作者
二十四史（文白对照）	880.00	高山
资治通鉴（全套四册）	696.00	司马迁
鲁迅经典全集	298.00	鲁迅
中国共产党历史第一卷第二卷	269.00	中央党史研究室
人世间	238.00	梁晓声
心理抚养	226.00	李玫瑾
党史百年天天读（全2册）	198.00	卢佳,郭伟伟
国学经典三部曲《论语》《孙子兵法》《老子》	150.00	黄朴民
平凡的世界	138.00	路遥
史记	136.00	司马迁
长征	98.00	王树增
苦难辉煌	79.00	金一南
实验心理学	69.00	郭秀艳
古文观止（上下册）	60.00	钟基

图 4-15 【例 4-9】的查询结果

② 指定主排序字段和次排序字段。

【例 4-10】 在数据库 dongcang 的书目信息表 tb_books 中查询书目信息，要求查询结果按照出版单位升序排列，当出版单位相同时，按照单价降序排列，操作步骤如下。

输入 SQL 语句。

```
USE dongcang;
SELECT mingcheng AS 书名,dingjia AS 单价,chubanjg AS 出版单位
  FROM tb_books
  ORDER BY 出版单位 ASC,单价 DESC;
```

> **注意** 在 ORDER BY 子句后根据两个不同列的值进行排序，排在前边的列为主排序字段，排在后边的列为次排序字段，当主排序字段的值相同时，则按照次排序字段进行排序。

单击工具栏中的"执行"按钮，查询结果如图 4-16 所示。

书名	单价 ▼ 2	出版单位 ▲ 1
可能这就是人生吧	42.00	中国友谊出版公司
教育心理学	58.00	人民教育出版社
心安即是归处	49.00	古吴轩出版社
心理抚养	226.00	上海三联书店
韩非子译注	39.00	上海三联书店
庄子译注	27.80	上海三联书店
荀子译注	27.00	上海三联书店
中国共产党历史第一卷第二卷	269.00	中共党史出版社
中国共产党简史	27.00	中共党史出版社
古文观止（上下册）	60.00	中华书局
唐诗三百首	26.00	中华书局
元曲三百首	21.00	中华书局
史记	136.00	中国华侨出版社
鲁迅经典全集	298.00	中国文史出版社
左传	28.00	中国文联出版社

图 4-16 【例 4-10】的查询结果

（4）使用 GROUP BY 子句

使用集合函数进行的统计都是针对整个查询结果的，一般情况下，还要求按照一定的条件对数据进行分组统计，GROUP BY 子句就可实现此功能，即按照指定的列，对查询结果进行分组统计。

GROUP BY 子句的语法格式如下。

```
GROUP BY 列名[HAVING 条件表达式]
```

HAVING 条件表达式选项用来对生成的查询结果进行筛选。WHERE 子句用来对表中的记录进行筛选；而 HAVING 表达式用来对查询结果的记录进行筛选。在 HAVING 表达式中可以使用集合函数，以对查询结果的所有列值进行统计；在 WHERE 子句中不能使用集合函数。

GROUP BY 子句的具体应用如下。

① 不使用 HAVING 表达式进行筛选。

【例 4-11】 从数据库 dongcang 的书目信息表 tb_books 中，按照出版社进行分组，并计算各出版社图书的平均价格，操作步骤如下。

输入 SQL 语句。

```
USE dongcang;
SELECT chubanjg AS 出版单位,AVG(dingjia) AS 平均价格
  FROM tb_books
  GROUP BY chubanjg;
```

单击工具栏中的"执行"按钮，查询结果如图 4-17 所示。

出版单位	平均价格
中国友谊出版公司	42.000000
人民教育出版社	58.000000
古吴轩出版社	49.000000
上海三联书店	79.950000
中共党史出版社	148.000000
中华书局	35.666667
中国华侨出版社	136.000000
中国文史出版社	298.000000
中国文联出版社	28.000000
中国法制出版社	198.000000
中国青年出版社	238.000000
人民出版社	39.000000
人民教育出版社	54.400000
人民文学出版社	65.333333
人民日报出版社	53.000000
作家出版社	62.000000
光明日报出版社	880.000000
北京十月文艺出版社	80.933333

图 4-17 【例 4-11】的查询结果

② 使用 HAVING 条件表达式对分组后的数据进行筛选。

【例 4-12】 在数据库 dongcang 的书目信息表 tb_books 中，对出版日期在"2016-03-01"之后的书目按出版单位进行分组，并要求每一种类别书目的价格的平均值大于等于 250，操作步骤如下。

输入 SQL 语句。

```
USE dongcang;
SELECT chubanjg AS 出版单位,AVG(dingjia) AS 平均价格
 FROM tb_books
 WHERE chubansj>='2016-03-01'
 GROUP BY chubanjg
 HAVING AVG(dingjia)>=250;
```

单击工具栏中的"执行"按钮，查询结果如图 4-18 所示。

出版单位	平均价格
中国文史出版社	298.000000
光明日报出版社	880.000000
辽海出版社	696.000000

图 4-18 【例 4-12】的查询结果

（5）使用集合函数

使用集合函数可以实现统计功能，即在进行信息查询的同时对查询结果集进行求和、求平均值、求最大值、求最小值等操作，一般通过集合函数和 GROUP BY 子句的组合来实现。

集合函数及其统计功能如表 4-4 所示。

表 4-4 集合函数及其统计功能

集合函数	功能
SUM([ALL|DISTINCT]列表达式)	计算数据的总和
AVG([ALL|DISTINCT]列表达式)	计算数据的平均值
MIN([ALL|DISTINCT]列表达式)	求出数据中的最小值
MAX([ALL|DISTINCT]列表达式)	求出数据中的最大值
COUNT({[ALL|DISTINCT]列表达式}*)	计算总记录数。COUNT(*)返回行数，包括含有空值的行，不能与 DISTINCT 一起使用

集合函数可以在查询结果的列集上进行各种统计运算，运算的结果为一条记录。在进行统计运算时，SELECT 子句的字段列表中不能有列名，只能有集合函数。

集合函数中的 ALL 子项为默认选项，表示计算所有的值；DISTINCT 表示计算时去掉重复值；列表达式是指含有列名的表达式。

集合函数的具体应用如下。

① 使用平均值函数 AVG。

【例 4-13】 在数据库 dongcang 的书目信息表 tb_books 中，对所有书目的定价求平均值，操作步骤如下。

输入 SQL 语句。

```
USE dongcang;
SELECT AVG(dingjia) AS 平均价格
FROM tb_books;
```

单击工具栏中的"执行"按钮，查询结果如图 4-19 所示。

平均价格
93.989091

图 4-19 【例 4-13】的查询结果

② 使用求和函数 SUM。

【例 4-14】 在数据库 dongcang 的书目信息表 tb_books 中，对所有书目定价求和，操作步骤如下。

输入 SQL 语句。

```
USE dongcang;
SELECT SUM(dingjia) AS 价格之和
FROM tb_books;
```

AVG 和 SUM 的作用是对数值型列值求平均值与求和，它们只能用于数值型字段，并且忽略列值为空（NULL）的记录。

单击工具栏中的"执行"按钮，查询结果如图 4-20 所示。

价格之和
5169.40

图 4-20 【例 4-14】的查询结果

③ 使用统计函数 COUNT。

【例 4-15】 在数据库 dongcang 的书目信息表 tb_books 中，统计记录数，操作步骤如下。

输入 SQL 语句。

```
USE dongcang;
SELECT COUNT(*) AS 记录总数
FROM tb_books;
```

单击工具栏中的"执行"按钮，查询结果如图 4-21 所示。

记录总数
55

图 4-21 【例 4-15】的查询结果

④ 使用最大值函数 MAX。

【例 4-16】 在数据库 dongcang 的书目信息表 tb_books 中，统计书目类别为"1"的书目的最高价格，操作步骤如下。

输入 SQL 语句。

```
USE dongcang;
SELECT MAX(dingjia) AS 最高价格
  FROM tb_books
    WHERE classid='1';
```

单击工具栏中的"执行"按钮，查询结果如图 4-22 所示。

最高价格
880.00

图 4-22 【例 4-16】的查询结果

⑤ 使用最小值函数 MIN。

【例 4-17】 在数据库 dongcang 的书目信息表 tb_books 中，统计出书目的最低价格，操作步骤如下。

输入 SQL 语句。

```
USE dongcang;
SELECT MIN(dingjia) AS 最低价格
  FROM tb_books;
```

单击工具栏中的"执行"按钮，查询结果如图 4-23 所示。

最低价格
18.00

图 4-23 【例 4-17】的查询结果

 注意 MAX 和 MIN 函数分别用来返回指定列中的最大值和最小值，在执行时忽略列值为 NULL 的记录，只要指定的列是可排序的，就都可以求最大值和最小值。

4.5.3 INSERT 语句

1. 标准的 INSERT 语句

使用 INSERT 语句是最为常用的添加表格数据的方法之一，尤其是当需要通过编写程序向表中添加数据时，就显得更为重要了。INSERT 语句的标准格式如下。

```
INSERT [IGNORE][INTO] 表名[列名,...]
  VALUES({表达式|DEFAULT},...),(...),...
    |SET 列名={表达式|DEFAULT},...
```

语法说明如下。

● 列名，指需要插入数据的列名。若给全部列插入数据，列名可以省略。若只给表的部分列插入数据，需要指定这些列。

● VALUES 子句，包含各列需要插入的数据清单，数据的顺序要与列的顺序对应。

● 表达式可以是一个常量或变量，也可以是空值，其值的数据类型要与列的数据类型一致。

● DEFAULT，指定该列的默认值。

● IGNORE，当语句的作用是插入一条违背唯一约束的记录时，MySQL 不会尝试去执行该语句。

【**例 4-18**】 在书目信息表 tb_books 中添加一条新记录，书目类别为"1"，名称为"国学知识大全"，单价为"49"，作者为"吕思勉"，出版单位为"民主与建设出版社"，出版时间为"2015-08-01"。

输入 SQL 语句。

```
USE dongcang;
INSERT INTO tb_books(classid,mingcheng,dingjia,zuozhe,chubanjg,chubansj)
VALUES(1,'国学知识大全',49,'吕思勉','民主与建设出版社','2015-08-01');
```

单击工具栏中的"执行"按钮，执行结果如图 4-24 所示。

id	mingcheng 名称	dingjia 定价	zhekoujia 折扣价	zuozhe 作者	chubanjg 出版社	chubansj 出版时间	classid 类别ID
51	教育的本质	48.00	48.00	陶行知	湖南人民出版社	2019-08	4
52	教育学	39.80	29.90	王道俊、郭文安	人民教育出版社	2016-06	4
53	教育心理学	58.00	43.50	张大均	人民教育出版社	2015-06	4
54	心理抚养	226.00	69.80	李玫瑾	上海三联书店	2021-08	4
55	实验心理学	69.00	52.40	郭秀艳	人民教育出版社	2019-07	4
56	国学知识大全	49.00	NULL	吕思勉	民主与建设出版社	2015-08-01	1

图 4-24　用 INSERT 语句插入新记录

使用 INSERT 语句时，VALUES 列表中的表达式数量要与列名列表中的列名数量相同，并且要求表达式的数据类型要与表中所对应列的数据类型一致。

在插入记录时，每条语句不必在所有的列都插入数据，没有插入数据的各列将自动插入默认值。但如果在设计表结构时将某一列定义为 NOT NULL，则该列的列名和该列所对应的表达式必须出现在相应的列名列表和 VALUES 列表中，否则，执行时将给出错误提示，即执行失败。在创建表结构时列的类型设置为自动增加的列，不用插入数据。

2. 省略列清单的 INSERT 语句

在 SQL Server 中允许省略 INSERT 语句中的列清单，但在 VALUES 列表中表达式的顺序必须与表中列名的顺序相同。

使用这种方式插入数据，则【例 4-18】中的语句变为如下形式。

```
    INSERT INTO tb_books VALUES('国学知识大全',49,,49,'吕思勉','民主与建设出版社','2015-08-01',1,'','',0,'',0);
```

4.5.4　UPDATE 语句

在日常对数据库的操作中，经常会涉及对表中内容的更改，如更改商品信息、用户信息等。这时便会用到 UPDATE 语句。使用 UPDATE 语句可以指定要修改的列和想要赋予的新值，通过给出的 WHERE 子句设定条件，即指定要更新的列所必须满足的条件。

UPDATE 语句的基本语法格式如下。

```
UPDATE [IGNORE] 表名
SET 列名 1=表达式 1[,列名 2=表达式 2...]
[WHERE 条件]
```

语法说明如下。

- SET 子句，根据 WHERE 子句中指定的条件对符合条件的数据行进行修改。若语句中不设定 WHERE 子句，则更新所有行。
- 列名 1、列名 2…，为要修改列值的列名。
- 表达式 1、表达式 2…，可以是常量、变量或表达式。可以同时修改数据行的多个列值，多个表达式之间用逗号隔开。

【例 4-19】 将【例 4-18】中添加的记录的出版时间改为"2017-11-01"。

输入 SQL 语句。

```
USE dongcang;
UPDATE tb_books
SET chubansj='2017-11-01'
WHERE id=56;
```

单击工具栏中的"执行"按钮，查询结果如图 4-25 所示。

需要注意的是，【例 4-19】中的 WHERE 子句是必需的，如果没有指定更新条件，操作语句将会对表中所有记录的 chubansj 字段的值进行更新。

id	mingcheng 名称	dingjia 定价	zhekoujia 折扣价	zuozhe 作者	chubanjg 出版社	chubansj 出版时间	classid 类别ID
51	教育的本质	48.00	48.00	陶行知	湖南人民出版社	2019-08	4
52	教育学	39.80	29.90	王道俊，郭文安	人民教育出版社	2016-06	4
53	教育心理学	58.00	43.50	张大均	人民教育出版社	2015-06	4
54	心理抚养	226.00	69.80	李玫瑾	上海三联书店	2021-08	4
55	实验心理学	69.00	52.40	郭秀艳	人民教育出版社	2019-07	4
56	国学知识大全	49.00	*NULL*	吕思勉	民主与建设出版社	2017-11-01	1

图 4-25　用 UPDATE 语句更新记录

4.5.5 DELETE 语句

当用户要删除数据时，就要用到 DELETE 语句。DELETE 语句的基本语法格式如下。

```
DELETE [IGNORE] FROM 表名
    [WHERE 条件]
```

语法说明如下。

- FROM 子句，用于说明从何处删除数据，表名为要删除数据的表名。
- WHERE 子句，条件为指定的删除条件。若省略 WHERE 子句，则会删除该表的所有行。

【例 4-20】 通过 DELETE 语句删除【例 4-19】中修改的记录。

输入 SQL 语句。

```
USE dongcang;
DELETE
FROM tb_books
WHERE id=56;
```

查询结果如图 4-26 所示。

显示查询框

✔ 影响了 1 行。（查询花费 0.0340 秒。）

DELETE FROM tb_books WHERE id=56

图 4-26　执行 DELETE 语句后的结果

需要注意的是，DELETE 语句最好和 WHERE 子句配合使用，如果没有带 WHERE 子句，DELETE
语句将删除表中的所有数据。举例如下。

DELETE FROM tb_books

该语句将删除 tb_books 表中的所有记录，建议用户慎重使用。

【任务实施】

任务 1　表的创建与
管理

任务 2　数据查询
语句

任务 3　数据更新
语句

【拓展实验】

实验 1　表的创建与
管理

实验 2　数据查询
语句

实验 3　数据更新
语句

【项目小结】

本项目主要讲述了 MySQL 数据库和表的操作，包括数据库和表的创建、修改与删除，以及表中数
据的添加、修改与删除，同时也对 SQL 数据查询做了介绍。通过本项目的学习，读者能建立自己的数据
库和表，能对表进行各种查询，并对查询结果排序、分组，能进行数据更新操作。

【项目习题】

1. 创建一个数据库，数据库名称为 dongcang。
2. 在 dongcang 数据库中，创建订单信息表 tb_order，其表结构如表 4-5 所示。

表 4-5 tb_order 数据表

字段名称	类型	长度	允许空	说明
id	int	10	否	订单编号，应为自动编号， 设为主键
zhongshu	int	6	是	商品种数（子订单数）
shouhuoren	varchar	25	是	收货人
dizhi	varchar	125	是	收货人地址
dianhua	varchar	25	是	收货人电话
beizhu	mediumtext		是	收货备注
shijian	char	16	是	下单时间
userid	int	6	是	用户编号
xiadanren	varchar	25	是	下单人
zhifu	varchar	40	是	支付

3. 查询订单信息表 tb_order 中收货人地址为"北京"的订单信息，显示所有字段。

4. 查询订单信息表 tb_order 中的所有收货人和收货人地址，要求列名用中文显示。

5. 统计一下每个省份的订单总数。

6. 在订单信息表 tb_order 中插入一条新记录。

项目五
电子商务网站管理

05

【知识目标】

1. 了解网站管理架构体系；
2. 了解网站的人员管理；
3. 了解网站的系统管理；
4. 了解网站的数据管理；
5. 了解电子商务网站设备管理。

【技能目标】

1. 能够进行网站的人员管理；
2. 能够进行网站的系统管理；
3. 能够进行电子商务网站环境管理。

【预备知识】

1. 计算机基础知识；
2. 网络基础知识；
3. 操作系统基础知识。

本项目将介绍在电子商务网站建设中如何实现对参与网站工作的人员、环境、网站运行信息、计算机设备、网络设备、网络安全控制的管理，帮助读者了解如何构建针对网站建设的管理体系，让读者在理解网站管理的总体架构、计算机操作者的权限、网络系统的安全概念和设置等内容的同时，提高数据安全方面的敏感性和警觉性，尤其是对涉及国家、公共信息等方面的数据，提高重视，共铸信息安全领域的"长城"。

5.1 背景介绍

当今互联网急速发展，已经步入了"快车道"，大数据、云计算、人工智能、机器视觉、5G 等网络技术、通信技术的应用无处不在。以手机、机器人为代表的众多智能移动终端已经广泛普及，大量软件的开发与应用，使互联网已经渗透到人们生活中的方方面面，给人们的生活带来智能化、信息化的改变，比如远程在线医疗、无人机配送、自动驾驶、电商直播等。Internet 将分布在不同地区、不同国家的各种网络系统有机地连接起来，形成了一个跨越地域、跨越时空的，深入全世界所有普通人中的，涉及人们日常生活方方面面的，无所不在、无所不能的网络世界，为公众提供形式多样的网络服务。

对此，从事 IT、电子商务应用相关工作的人员，就需要更加迫切、深入地把握当今的网络环境。今天全球的信息网络、云技术、大数据、人工智能等应用非常广泛，从专业人员的角度来看，信息系统的核心技术还基于网络互连的设备、网络存储技术和数据运算技术。

5.1.1　网络架构的发展

1. 不同时期的网络

如今，网络服务已经逐渐成为家家户户的"基本需求"，成为各个企业、商场，甚至城市管理的标配。人们对网络环境和网络应用已经"习以为常"了，并没有觉得有太多的不解和疑惑，但基于计算机的网络技术的发展却历经曲折。

信息系统架构包括作为基础的网络硬件设备、网络设备维护系统、主机服务器设备、网络操作系统、网络数据库系统、开发工具系统，以及应用层面的专用业务系统、公共应用软件系统，每个层次的核心构成都有着漫长、曲折的发展过程，逐步建立起现代的网络信息系统，即人们在日常生活中各个层面都需要的网络环境。

电子商务专业所需要的网络环境，最早起源于 20 世纪 60 年代的 ARPANET 等。随着技术的成熟和企业的介入，以各个专业网络开发企业为龙头的专用网络系统逐步建立起来，如 Novell 公司的 NetWare 系统，美国思科公司的交换机、路由器等互联设备。进入 20 世纪 80 年代，Internet 开始发展，TCP/IP 逐渐成为网络通用标准协议。进入 21 世纪，无线网络、802.11n、IPv6、网络计算、云技术成为新兴的网络发展技术。

电子商务开发平台使用的计算机操作系统有很多，以大家熟悉的美国微软公司的产品为例，其产品包括 20 世纪 80 年代进入中国市场的 Windows 3.0（中文版）、20 世纪 90 年代的 Windows 95、Windows NT，21 世纪后推出的 Windows 2000 Server、Windows Server 2003，以及现在的 Windows 11、Windows Server 2022 等。

电子商务开发和应用环境，也有着多彩的发展。浏览器从 20 世纪 80 年代进入中国市场的美国网景（Netscape）公司的 Netscape Navigator 浏览器工具，到 90 年代的美国微软公司的 IE。进入 21 世纪后，各类产品闪亮登场，最具代表性的产品如美国谷歌公司的产品等，给广大用户更多样的选择。在开发工具方面，从早期的 C 语言，到后期的 Java 和 Python 语言，再到现今的各类高效专用开发工具，如 Visual Studio Code 和 HBuilderX 等系列产品。

普通电子商务用户，也可以越来越便捷地使用各类工具在线浏览信息，从早期的专用计算机终端上的浏览器软件，到现今的手机在线上网、便携式 iPad、自动售货机，从生活的各个方面、各个角落都为广大用户提供了最佳的、及时的、快捷的信息平台。

2. 电子商务的位置与架构

全球网络架构的体系庞大，在图 5-1 中可以看到信息系统的组成。电子商务网站的普通网络用户所接触的只是通过网络浏览软件访问到各类网站，他们可能并不知道网络中存在着众多为全球用户提供各类服务的网络运营商，这些网络运营商维系着专业的网络体系并连接到全球的网络中。为广大用户提供各类服务，处理海量数据和信息，实现庞大、复杂的功能，需要借助科学、有效的 Internet 的管理才能实现。

图 5-1 所示是电子商务网站的宏观架构示意，抽象地看，它从各个方面为广大互联网用户提供全面

的服务，满足不同的服务器的不同需求。这些服务器包括本地 DNS 服务器、WWW 服务器、电子商务服务器、电子邮件服务器、TTP 服务器、防火墙服务器等。

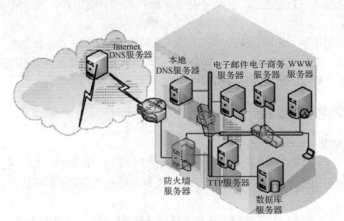

图 5-1　电子商务网站的宏观架构

从图 5-1 可以看出，人们日常访问到的电子商务网站通过一个庞大、复杂的网络系统访问到该网站对公网（对外）访问的一个"接口"，即一个被整个 Internet 识别的 IP 地址，一个对外连接的网络访问设备，该设备再连接到一个具体的电子商务网站的内部局域网中，网络一旦正常连通，Internet 的普通用户和开发运营商用户之间就可以实行互访。互访使网络用户享受到该网站提供的各类服务。

因特网服务提供方（Internet Service Provider，ISP）是如何构成的？ISP 提供的是一系列完成特殊功能的服务器，同时又由数量不等的计算机实现对服务器的管理与维护。

图 5-2 所示为电子商务网站的内部构成，它主要区别于图 5-1 所示的电子商务网站的宏观架构，用于对网站运营机构进行内部管理。

Internet 给 ISP 带来了前所未有的挑战。这种挑战是多方面的：有大量的用户访问、非正常的访问、恶意的破坏、高标准的功能需求、海量数据的汇聚、信息的快速更新、自身系统的升级等。这使 ISP 要面对多方面的管理和维护工作，以及来自各方面的需求。

当网站建好后首先要考虑的就是如何保证网站的正常运转，如何管理与维护好网站，如何使网站及维护网站的计算机网络系统有条不紊地工作。这一切都需要在设计网站时有充分的考虑和妥善的安排。

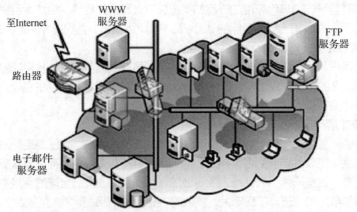

图 5-2　电子商务网站的内部构成

云技术的普及和应用，给电子商务网站的架构提供了一种具有代表性的模式，即"托管模式"。这种模式的特点就是电子商务运营商把针对普通用户访问的信息，上传到因特网内容提供方（Internet Content Provider，ICP）的服务器硬件集群体系中，针对自身网站的实际需求租用空间和性能，而自己的开发维护机构在比较容易实现的局域网环境中运转，将完成的服务产品上传到租用的可以支持互联网众多用户访问的具有强大功能的服务器中，从而更好地为互联网用户提供方便、快捷、高效的电子商务服务。该模式如图 5-3 所示。该模式的特点就是将所要发布的信息上传到指定服务器中，使电子商务运营商可以减少发布网站的维护成本，维护涉及诸多工作，因而可大大减轻电子商务运营商的维护负担，同时提高电子商务运营商在其产品开发和产品维护上的运行效率。电子商务运营商自身的网络维护人员的工作内容将更加集中到内部局域网的管理与维护上。

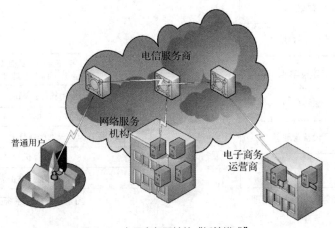

图 5-3　电子商务网站的"托管模式"

5.1.2　管理架构体系

电子商务网站所有功能的实现必须由高效的管理机构来维系，来管理机构涉及人员、环境、信息等各个方面，具体描述如图 5-4 所示。

1. 人员管理

在电子商务网站的运营中，包含各类人员，部分在图 5-4 中已经列出，而这些人员负责网站的方方面面的日常工作，相互之间有着密不可分的联系，每个岗位、每个人员都有着举足轻重的地位，一个人的失误，可能会导致整个网站瘫痪，因此必须非常科学严谨地对人员进行责任与权力相统一的管理。

2. 规划管理

规划管理涉及网站的整体运营、网站的风格、网站的主体框架结构等的相关工作，虽然不涉及网站的具体开发编程工作，但工作结果直接关系到后续人员工作的目标和成效，因此对其必须进行有效的管理。

3. 应用管理

网站应用管理涉及网站的所有开发性工作，这些工作包括版本升级、新功能添加、页面风格及结构设计、页面关联设计、网站各项功能的程序设计、所有图像的平面设计、各类数据的统计分析设计等。

4. 数据管理

在网站运营中涉及各类信息，其中最主要的有产品的文字、图片、图像、声音等，产品的详细性能技术参数和价格数据，网站访问客户刷新信息，与其他数据的关联等，而且这些数据又都有着详细的日期、时间等。更特别的是，还有各类信息的后台支持信息，如各类信息日志、各类信息关联数据、各类信息算法、各类信息的量化分析统计、各类信息索引体系等，这些信息统称为数据。数据涉及信息的更新保存、用户个人隐私以及核心商业秘密，能进一步产生用户数据画像、数据标签，并能针对不同的服务需求，衍生出新的功能和营销策略，因此必须安全地管理和存储数据。

5. 系统管理

在信息系统架构中，支撑应用系统和相关开发工具运转的是计算机系统。而计算机系统是维系计算机设备与应用系统的桥梁与基础，计算机系统的稳定直接关系到架构在上面的所有软件的稳定。系统管理的好坏关系到电子商务网站的产品是否能形成、各类服务功能能否被广大网民及时应用，因此必须对其加以全面的维护。信息系统的构成如图5-5所示。

图5-4　电子商务网站的内部管理

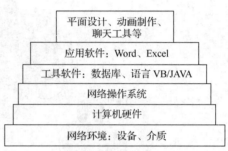

图5-5　信息系统的构成

6. 设备管理

从图5-7中可以看出，设备和介质是整个信息系统架构的基础，所有功能都必须通过这些设备才得以正常实现。随着信息加工技术及信息系统维护技术的更新，越来越多的新技术、新设备进入电子商务网站的运行中，这就更加需要加强信息系统中各类设备的兼容管理与维护。

7. 环境管理

环境是指电子商务网站的运转环境，包括网站一线环境和辅助工作环境，而这些环境都需要提供基础的电力、工作房间等，对这些环境的有效管理可以保障在此环境中的网络设备及计算机系统的正常运转。

如今，众多行业都存在着"重设备，轻应用"的不当观念，再好的设备也需要高效的管理和人员应用操作，才能发挥其最大效用。人们在创建网络系统或网站时投入了大量的硬件资金和软件资金，硬件设备先进，软件功能齐全。但是，当电子商务网站真正投入商业运行时，海量的用户访问、即时高效的产品信息、最新的客户反馈意见、最新的网站页面和营销模式，时刻都在发生着前所未有的改变。网页功能出错、错误不断且不能及时修复、内容陈旧、服务响应速度慢、交互体验差、邮件管理混乱、资源被占用、网站经常被黑客攻击等问题，会给网站带来灾难性的后果，造成用户大量流失，使网站失去生存之本。这就说明：建设好网站，并且网站投入运行后，关键的工作是管理、维护好系统，使之成为为用户提供稳定、全新、优良服务的有生命力的系统。

5.2　人员管理

在信息系统，特别是电子商务网站正常运转后，形成了完整、固定的工作流程，建立了各类规范，形成了各类信息数据，当软件、硬件、数据系统保持完好时，使用、控制它们的人将起到关键的作用。

在本节中只是对计算机操作人员进行分析，不对计算机环境管理人员做分析。

5.2.1 人员构成

网站虽然有着先进的信息管理系统，成套的规章制度，严密的监督检查核实机构等，但这些都需要具体的执行者，需要有着强烈的责任感和工作热情的岗位职员来具体操作。由于每个人所处的岗位不同，其工作内容、工作要求也有着非常大的差异，因此必须分清岗位的差异及各位执行者的特点。

1. 网络系统最高管理员

通常我们把综合的企业网站和计算机网络系统分成两大维护体系：硬件体系和软件体系。维护人员有时需要扮演双重角色，在维护硬件体系的同时也要维护软件体系，这里着重分析计算机软件体系的维护与管理。

网络系统在默认情况下有一个最高决策者，他是整个系统的最高管理者和最高权力的拥有者，在系统中有绝对的权威和能力，可以随意调用所有的设备资源，在整个网络系统的各个环节、各个区域都可开展工作而不受限制。在现有网络操作系统中，基本都采用这种方式管理，如在 Windows Server 2016 产品中就有全局型域管理员 Domain Admins、本地管理员 Administrator 等，图 5-6 所示为指定的域管理员。

图 5-6　指定的域管理员

2. 系统安全审核与监督人员

不管是在日常的工作中还是在计算机系统中，各项工作的监督都非常重要。程序和系统都是开发人员编码完成的，不同程序员有不同的习惯和思维方式，不管软件和系统设计得如何周到、如何完善，总会出现意想不到的问题。从科学的角度分析，任何程序的实现都不可能非常完善、不出现故障，更何况电子商务网站的所有软硬件均需要人员控制，执行者会因各种原因在执行时造成故障，因此不可能避免故障，关键是在出现故障后能查到产生的原因，这样才能找出责任人和待改正的错误、待完善的缺陷，这时就需要能够在系统中记录下运行过程，对其进行监督。

3. 账号与权限管理人员

现实生活中人们已经逐步掌握和熟练使用各类智能设备。在有着完善的安全机制的计算机网络操作系统中，任何进入计算机系统进行访问的操作者都拥有能让信息系统识别和确认的数字身份，即数字账户（用户名）和密码，进入系统的唯一方式就是使用在该系统中建立的数字账户和对应匹配的密码。

随着互联网的广泛应用，在各类网站及数字化环境中每个用户都要建立相对私密的认证名称和密码，不少还涉及资金支付等操作，要想保障广大用户正确、安全地使用电子商务系统，就必须对其用户信息进行有效管理和维护。

不同用户需求不同，必须由拥有特殊身份的专门的账户管理员负责完成其用户信息的建立与维护。

4. 服务器开启（运行）与停止的控制人员

普通用户不能正常访问网络资源的原因很多，如软件不兼容、访问权限不足、网络连接中断等，但这里更需要控制人员加以注意的是，提供相关服务功能的服务器非正常关闭很可能带来严重的后果。

提供网络服务、功能服务的核心设备、专业服务器必须保证其全天候的正常工作，而不能任意地由未经授权的人员执行开启（运行）、停止与关闭等其他操作。

例如接入 Internet 的计算机网络系统、域名系统（Domain Name System，DNS）、域控制（Domain Controller，DC）、WWW 服务器等均是关键设备，其运转应该受到严格控制。在网站中，核心的硬件设备，如网络服务器、域控制服务器、WWW 服务器、E-mail 服务器、专用 UPS 等，必须正常运行，不能像个人计算机那样随意开关。在整个网络中，网络操作系统等的服务器的开启（运行）与停止需由拥有专门权限的人员完成。

5. 专门系统（服务器）功能控制人员

在服务器硬件上运行着操作系统，一般情况下在操作系统之上要再运行具有专门功能的功能软件（服务器）来为用户提供服务。例如，在 Windows Server 2016 上再安装运行域服务器软件，使其所在服务器成为域服务器，运行 IIS 服务器使其所在服务器成为 Intranet 服务器，实现局域网内的多种功能。

那么，这些专门系统（服务器）应当由谁来完成管理与维护呢？有人认为应当由网络系统管理员来完成，因为其控制着进入操作系统的权力，进入操作系统后才能进入各类专门系统（服务器）。但是各类专门系统（服务器）的各项功能丰富且复杂，如果只因有控制进入操作系统的权力，就由负责操作系统的管理员完成管理与维护工作，系统管理员将会承担大量的工作，同时也会被赋予更高的权力，一旦系统管理员出现问题，整个系统将面临停摆的风险。

因此，进入操作系统后应当由专门系统（服务器）的专门管理员完成专门的服务器管理和维护工作。以 Windows Server 2016 为例，图 5-7 所示为服务器角色配置。

图 5-7　服务器角色配置

常见的专门系统（服务器）及其管理的内容如下。
- 文件服务器：管理网络系统中的所有文件目录及文件。
- 打印服务器：管理网络系统中所有拥有独立 IP 地址、可共享的打印机。
- IIS 服务器：支持管理 Internet 信息。
- 应用服务器：安装、维护应用软件。

- 数据库服务器：安装、管理网络数据库。
- Web 服务器：运行 Web 的服务器。
- 证书服务器：安装、维护软件授权登记。
- 防火墙服务器：安装、维护防火墙软件。
- 远程访问服务器：控制、管理远程访问系统用户。
- 备份服务器：管理信息备份。

从以上分析可以看出，一般在网络系统的环境下，每一个专项服务都由对应的服务器实现。专门系统（服务器）最明显的特点之一就是，每个专门系统（服务器）在其初始化架构安装时均要提示安装人员，是否建一个独立的不同于系统超级用户的管理员账户，这个管理员账户一般称为本地管理员账户。从该特点就可以看出，专门系统（服务器）的管理维护工作，必须由专门的管理员完成，彼此协调形成统一的网络系统。当前，也存在成员需要管理多个不同的系统账号问题，可以借用专门的账户管理软件，实现一套密码登录多种不同的服务器或系统，如轻量目录访问协议（Lightweight Directory Access Protocol，LDAP）等。

6. 软件开发与维护人员

在网络系统中，除了安装有操作系统的专门系统（服务器）的工作和维护服务器的工作需要由专门人员完成外，安装在各台计算机服务器或独立于计算机上、为整个计算机系统和网站提供应用功能的软件，也需要软件开发与维护人员就其功能进行维护，同时需要他们在软件原有的基础上继续开发新的版本或功能。因为任何软件都可能会受到各种因素的制约，软件自身存在着缺陷，当其运行在一个系统中，特别是在商业网站上时，就会出现各种故障。

任何一个软件都不可能实现所需的所有功能，这时就需要有多种解决途径：由软件开发和维护人员到现场解决；由软件开发商提供软件升级版本；软件开发人员借助开发工具（软件）开发新的应用程序等。他们的工作会依据系统对软件的需求，可能既要使用系统环境，又要使用专门系统（服务器）、开发软件，还要运行应用软件，涉及系统的各个层次。在维护时要跨硬件平台，因此这部分工作是整个系统中最复杂的工作之一。

7. 软件应用人员

（1）基本使用人员

在网络系统及网站中有大量基础的工作是实现数据输入、信息更新、信息阅读、数据传递（通过应用软件向网站传送被管理网页的数据，或将相关数据下载到本地）等。这些工作涉及系统及网站内部的各类人员，也涉及普通用户。他们频繁地"进出"系统及网站，并伴随着大量的数据交换。基本使用者往往工作单一，所涉及其他方面的工作不多，不会像软件开发与维护人员那样对系统平台、专门服务器、应用软件做出改变。基本使用者往往是系统及网站所不可知的，进入系统及网站的地点也不确定。

（2）专业使用人员

在网络系统及网站中除了有大量基础的工作是实现数据输入等外，还有相当多的工作是实现功能更新、信息调用、信息处理、辅助软件使用、个人数据处理等。这些工作对网络系统和网站的需求相对来说更高。专业使用人员的工作一般不会涉及系统平台和专门的服务器，但是他们要频繁地调用应用软件。例如，图像维护人员调用图像制作软件 Photoshop，数据分析人员调用统计软件 Excel，网页更新人员调用 Visual Studio Code 软件等。除此之外，行政人员也有相应的工作需要使用相应的软件。

8. 访问者

网络系统及网站都给访问者提供了进入系统的通道，这个进入者一般称为访问者或客人。他们在网络系统及网站中只能是旁观者，只能实现标题浏览、网页访问等。

综上所述，在一个完善的信息系统中，有着角色、权力各异的"人员"，这些人员不是自然人，可在现实中让多人拥有同一种权力，也可让一人被赋予多种权力。

5.2.2　权限分布

前面对借助 Windows Server 2016 网络系统及网站开展工作的人员的工作性质和工作范围进行了初步分析。在了解各类操作人员的权限前，首先要清楚以下3个概念。

● 账户与密码：是指使用计算机的人员的数字符号。

● 资源对象：信息存储的位置，在 Windows 服务器中分成4个层次，即不同的计算机——卷、计算机硬盘上的不同区域——分区、各个分区下的区域——文件夹、文件夹中包含的具体信息载体——文件。

● 权限：用通俗的语言表达就是"谁、在哪里、可以做什么"，即指定的账户在指定的资源对象中具有指定的权力。

所有在计算机网络系统中建立账户并进入计算机系统的用户应当拥有多大的权力，对网络和网站的信息及数据有多大的处理能力，要针对其工作需求来分析、设计，看看这些人员在系统中需要什么权限，需要多大权限，当被赋予一定权限后，责任范围内的工作能否正常完成，超出责任范围的功能及软件是否被禁止。

因此，要对计算机用户在系统中所需的权限进行分析。分析计算机用户对资源的权限是指对所有资源可能拥有的权限，有些权限可能暂时不需要。现实中，在进入系统对资源进行使用时，这些所拥有的权限可以根据需求进行改变。

这里我们以 Windows Server 2016 网络操作系统为平台向读者介绍针对资源对象不同权限的设计。图 5-8 所示为针对某文件夹的资源对象权限配置。

图 5-8　针对某文件夹的资源对象权限配置

1. 列出文件夹内容

只能列出（看一看）指定的文件或目录，以及子目录，但不能对文件实现包括"运行"在内的任何处理，同时不能对目录进行任何操作。

在 Windows Server 2016 中对指定文件夹（宠物网站）的"浏览"权限进行查看、分析的操作步骤如下。

① 进入指定文件夹（宠物网站）。

② 查看权限的设定。右击，在弹出的快捷菜单中选择"文件夹"→"属性"→"安全"→"编辑"，如图 5-8 所示。

2. 读取和执行

用户在指定目录下读取数据，如果文件是应用程序，即可运行该文件（如读取以.exe 为扩展名的可执行文件）。

3. 写入

用户可在指定目录下创建目录、创建文件，并往文件中写入新的内容，但不能运行该目录下的文件，不能对该文件进行修改。

4. 修改和删除

用户可对该资源对象的子目录及其包含的文件进行修改、删除。具备该权限的用户可自动拥有修改及前面提到的权限。注意，即便拥有该权限也不能删除资源对象本身。

5. 完全控制

不言而喻，"完全控制"就是指用户在指定目录下拥有所有权力，什么工作都能够处理。

通过对用户权限的分析看出，可将所有用户对软件和数据的控制划分为上述6种，基本上覆盖了用户的需求。

 注意 这里分析的用户，应是能够进入计算机系统的用户。分析时，不考虑用户受到的时间、地点等的限制，只分析其进入计算机后的权力。

这样，当任何用户进入计算机系统后，均可以在即将进入该目录和子目录的用户权限的限制下管理、控制用户，使用户能够在规范、有序、安全的条件下完成指定工作，实现所需功能。

在当今流行的计算机网络操作系统中，用户权限是网络操作系统非常重要的组成部分。用户权限的设置有一整套策略。同时，作为成熟的专用服务器，应用软件均有一整套权限策略。一般情况下，用户在进入应用软件之前首先要进入系统，这时，系统管理员均会借助整套的权限策略来安排、管理即将进入系统的用户，然后用户再根据需求进入专用服务器或应用软件。

5.2.3 权限控制

通过对用户权限的分析，已经总结出 6 种权限，即完全控制、修改和删除、读取和执行、读取、写入、列出文件夹内容。在进入计算机网络系统后，用户将依据为其赋予的权限完成相应的工作。

但是，对于一个完善的网络系统与网站，只通过设置权限来管理用户是不够的，还需要通过多种方法来实现。可以通过以下分析来实现对用户更完善的管理。

1. 账号和密码

这是一个传统的方法，即每一个计算机用户在进入计算机网络系统或进入专门服务器时，均使用用户名和密码。

用户名：是进入计算机系统的唯一标识名。

密码：实际上是一组不显示出来的加密数据。

每一个系统对用户名和密码的使用都有严格的使用策略规则。例如，密码的长度、密码所使用的符号、密码设置的权限（由用户本人设置或管理员设置）、密码的有效时间。当前常见的策略规则有：密码最少 8 位、由字母和数字组成、包含大写字母、密码中使用的符号等。

在 Windows Server 2016 服务器中账号、密码设置的操作步骤如下。

① 设置用户账号、密码。选择"开始"→"设置"→"账户"→"其他用户"→"将其他人添加到这台计算机"，为计算机创建一个新账号，如图 5-9 所示。

② 设置密码策略规则。选择"开始"→"控制面板"→"管理工具"→"本地安全策略"→"账户策略"→"密码策略"，设置密码策略规则，如图 5-10 所示。

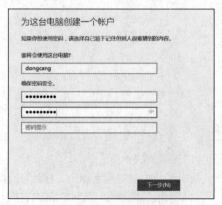

图 5-9 创建新账户对话框

图 5-10 "本地安全策略"窗口

2. 位置限制

前面已经分析过，在计算机系统及网站中有各种人员，他们各自完成各自的工作，有的工作非常重要，涉及系统管理；有的工作因涉及专门服务器，或因涉及机密数据，不允许随意外传，而需要通过放置在办公所在地的计算机系统及网站来完成，一般为机房某一台特定 IP 的计算机。完成这些工作的人员不允许随意地改变办公地点和使用的计算机，因此对相应的用户应限制其使用的计算机，即使用的某个用户账号必须从指定的计算机进入计算机网络系统及网站，以完成相应的工作。

通过这种手段，可以根据用户账号所完成的工作的性质进行相应的管理，更好地解决系统安全问题。

例如，系统管理员、账号管理员必须在主服务器上直接登录系统，技术人员必须从指定的计算机进入系统。一般数据输入必须从指定区域的计算机进入系统。

在 Windows Server 2016 服务器中设置指定用户在指定计算机登录的操作步骤如下。

① 进入管理工具。

② 用户属性的设置与 5.2.2 小节介绍的操作相同。

③ 设置登录计算机。选择"属性"→"账户"→"登录到"→"下列计算机"→"输入指定计算机名"，单击"确定"按钮。输入当前用户能在网络中使用的登录服务器的计算机名。

3. 资源路径

① 运行应用软件目录。不管是软件维护人员还是数据输入人员，不管是网站访问用户还是一般管理人员，在使用其用户账号进入计算机后均会运行某个应用软件或程序维护软件，这时软件由众多的用户调用运行。因此，需将软件保存到指定目录中，同时分别设置用户的使用权限，用户要运行软件，就必须拥有调用这些软件的权限，即软件保存目录允许该用户执行相应的操作，这样便于对用户权限进行统一管理。所以，同一个用户在软件所在目录和数据保存目录中的权限可能是不同的。

② 用户数据调用与保存目录。每一个用户账号进入计算机后都应有保存数据或处理数据的指定目录，这些目录只提供给该用户使用，这些目录及目录下的文件由用户自行管理。

资源路径的具体设置方法参考用户权限设置的方法。

4. 时间控制

时间控制就是在指定的日期、时间，才允许登录系统的账户进入计算机网络系统及网站。比如，只允许某些用户在工作时间内访问系统。这样能更有效地管理网络系统及网站。

5. 资源处理程度限制

这方面之前已经分析过，其权限设置决定了用户能够对资源进行操作的程度。

6. 对用户权限的综合应用

用户对计算机系统控制权限的高低决定其对计算机的信任程度。这种信任就应当通过提出具体的问题并加以解决来实现。下面来提出具体的问题。

- 什么人能使用计算机？
- 使用者只能使用哪台计算机？
- 使用者在什么时间能使用指定计算机？
- 使用者能运行什么应用软件？
- 使用者对数据处理的范围是什么？
- 在计算机系统中何处保管相关数据？
- 对保管数据的区域的大小有何限制？

以上这些问题是计算机应用的主要问题，可以通过下面的操作加以解决。

① 指定账户使用计算机。什么人能使用计算机是通过在计算机系统中建立指定账户，并针对该账户设置相关密码来进行指定的。密码应遵循"复杂密码策略"，同时密码根据需要在规定的时间内更换，根据要求由账户自己完成或由高权限的管理账户完成。

② 指定账户使用指定计算机。该账户只能使用指定计算机。在基于 Windows Server 2016 的系统中，在账户属性中针对某一个账户可以登录的计算机有两种：一种是任何计算机；另一种是指定的计算机。系统管理员可根据需求设置。

当账户被确定使用为只能使用指定计算机时，如果计算机的物理放置地点固定，则指定账户必须在指定地点使用该计算机，从而限制关键账户在不该登录的地点不能使用计算机，避免由于账户登录地点变换产生的安全问题，即便账户不幸丢失，不法分子也无法通过远程登录来控制系统。

③ 指定账户在指定时间使用指定计算机。当指定账户被限制了只能使用的计算机后，对该计算机允许使用的时间要特别注意，因为通常关键账户并不是在任意时间都可以使用计算机的。例如，某个账户只能在上班时间使用计算机，这样该账户登录计算机的时间就应该限制在早上 9 点至下午 6 点。

④ 指定账户使用指定软件。在企业的网络环境下，大家基于公共平台，共同完成相关或独立的工作，每个账户不可能都从事相同的工作，因此每个账户的具体应用也就不同，这样对每个账户的应用应做出限制。例如，走进单位大门，是不是可以随意进出每个房间？是不是可以随意翻看与自己无关的材料？很显然是不可以的。在现实中，大家都认同和遵守这些规定。随着日常工作的计算机化和计算机工作的网络化，网络环境中所有的设备和应用软件均处在公共的环境下，这时就需要对每个账户所使用的软件和对软件使用的程度进行设置。例如，有的账户对指定软件可以运行、更改、控制；有的账户只可以运行；有的账户不能运行只能浏览。因此就需对软件的安装位置进行严格的限定和设置，这样就可针对不同的用户进行不同的设置。

⑤ 指定账户对被指定软件的使用权限设置。指定账户对软件的使用可能存在区别，同时运行软件产生的不同数据也应有不同的存放位置和处理方式。例如，通过计算机完成相关财务的账务计算，其计算结果涉及企业机密，因此要存放在不同的档案柜中便于拥有不同权限的人来查阅。那么，应对计算机产生的数据的存放位置进行设置，这个设置一般在对应软件安装或软件维护时进行设置。

⑥ 指定账户对指定文件夹的权限设置。当数据在指定的分区（文件夹）保存时，不同的账户对数据有不同的处理权限。对数据的处理权限有完全控制、更改、运行、读取、浏览和拒绝。这样使得在计算机中可以因账户身份的不同决定账户对数据的不同应用。

⑦ 指定账户对指定文件夹的大小限制。每一个计算机系统中的账户均有其要保管的信息，并拥有对这些信息完全的控制权。但计算机系统的存储资源并不是无限的，就如同每个人在办公室通常只有一张办公桌和有限的几个抽屉，能放置的物品的大小受限于抽屉的大小。在计算机中对账户使用的存储资源的限制称为"磁盘限额"，它用来控制每个账户对服务器硬盘的使用。

通过上述对账户及其相关内容的设置基本上可以实现对使用计算机人员的全面、有效的管理，在建立规则时可以听取多方意见，参照实际情况，如何处理突发状况等，一旦建立完成，应严格执行，敦促人员遵循良好的操作标准、行为规范，这样就可以避免绝大部分错误和问题。

5.2.4 日志管理

1. 日志的提出

在 5.2.1 小节中已详细介绍了网站系统中各类管理人员及其相关的管理工作。对各类人员的工作应采取规范的管理。这些管理不应只停留在制度上和对其工作的信任上，还应借助计算机系统所提供的功能约束、限制各类管理工作，使整个系统工作更加安全可靠。

但是即使具备再完善的系统及相应的管理，再优秀的操作人员也可能会遇到意想不到的问题甚至严重的故障，在这些问题中不能排除来是自系统内部具有较高管理权限的工作人员的失误或遗漏。这时，整个系统的管理工作应有更完善的机制来加以管理。功能完善的网络操作系统具备一项特别的功能，即对所有进入系统的对象，包括账户、设备、终端等的所有操作进行详细记录，一般称为"系统日志"。比如某天某个时刻，某一用户通过哪个 IP 地址登录了系统、查看了哪些文件、进行了什么操作等，都会被记录下来，"系统日志"包括很多软件，如数据库等。日志最大的特点之一是，用户无法对其进行操作、修改，是系统或软件自身进行记录的。

2. 日志的设置

在不同的网络操作系统中均具备"系统日志"管理功能，但不同网络操作系统有着不同的具体实现功能，本书以微软公司的 Windows Server 2016 为例介绍该功能的应用。

在 Windows Server 2016 中可实现对指定账户、指定客户机、指定外设、指定对象、指定资源的相关功能的完成情况的详细记载。在该系统中"系统日志"被称为事件审核。该功能需通过以下 3 组操作来实现。

① 审核策略类型设置。系统指定了要审核的与安全有关的事件的类别，包括审核账户登录事件、审核账户管理、审核目录服务访问、审核登录事件、审核对象访问、更改审核策略、审核特权使用、审核过程跟踪及审核系统事件等。

在以上各个类别中，选定相关内容，设置为审核。

② 为指定资源、指定账户设置审核项目。选定指定的分区或分区中的文件夹，通过属性中安全的"高级"设置，完成对指定账户的一系列操作，设置审核。

③ 通过安全日志实现事件查看。在以上设置完成后，系统具备了审核功能。管理者可以通过调用"安全日志"查看相关信息。

在 Windows Server 2016 中实现审核策略的操作步骤如下。

① 审核命令类型设置。选择"开始"→"控制面板"→"管理工具"→"本地安全设置"→"本地策略"→"审核策略"。

② 设置审核对象的访问属性。在审核策略右边，右击"审核对象访问"，在弹出的快捷菜单中选择"属性"→"选定"，单击"确定"按钮，如图 5-11 所示。

③ 日志的应用。选择"开始"→"控制面板"→"管理工具"→"事件查看器"→"Windows 日志"→"安全"，如图 5-12 所示。

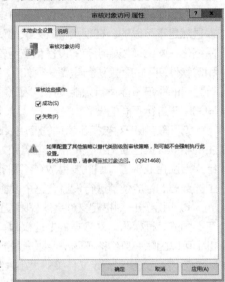

图 5-11 "审核对象访问 属性"对话框

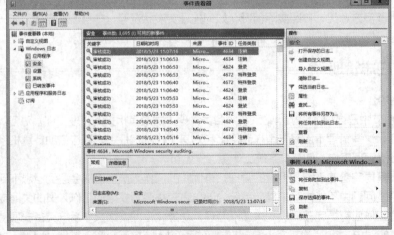

图 5-12 "事件查看器"窗口

5.3 系统管理

前面介绍了如何对人员进行管理，实现了对计算机网络系统的管理，这是网站运行的基础。下一步的工作就是实现对网站中各项功能及网页内容的管理了。

现在做如下假设：确定了维护网页的用户账号，该账号调用的软件（包括功能服务器），该账号可进入、管理的目录，指定软件、服务器、数据的处理程度，下一步需要完成的工作就是针对网页，完成网页本身的管理。

5.3.1 网站系统功能分析

在 5.1.2 小节中对网络应用管理进行了初步的分析。在网络应用开发中主要有 3 类工作：网站规划类工作、网站应用开发类工作和信息维护类工作。这 3 类工作有着各自的特点和技术规范。

1. 网站规划

网站规划涉及网站的整体运营、网站的风格和网站的框架结构等。在用户访问网站时一开始出现什么内容布局，每一页的色彩效果的展现，网页左边以什么风格为主，网页右边、上边、下边分别以什么为特点展现给用户等，这些内容都是由网站规划部门统一设计的。在当今的一些博客网页中，网站规划者引入了"模板"模式，目的是让用户根据网站提供的风格各异的版面布局来完善自己的博客网页，这些网页其实就是由网站规划部门统一设计出来的"半成品"，并由用户自己再次加工实现的。

2. 网站应用开发

网站应用开发涉及网站的所有开发性工作，这些工作包括网站各项功能的程序设计、所有图像的平面设计、各类数据统计分析设计等。这些工作是网站最核心的工作，内容繁杂，参与人员众多，而且相互之间有着密不可分的关联，因此要进行科学严谨的管理。

3. 信息维护

普通网民对某些网站关注及喜欢的主要原因是这些网站能提供给他赏心悦目的色彩、时时更新的图文及社交互动。这些内容的更新必须由专门的信息维护机构来完成，这里面包含的工作有图文的采集、图文的编辑、图文的输入、图文的归档等，这些工作繁杂而浩大、单一而冗长，从事这些工作的人员往往都会因其单调枯燥而感到厌烦，但是，恰恰就是这种单调的工作维护着电子商务网站海量的信息。

5.3.2 网站系统功能管理

1. 网站、网页架构与更新

当前，人们的生活和 Internet 变得密不可分，随着移动终端应用的普及，大量的年轻人几乎天天都要通过功能各异的软件登录到网络中，以满足自身的工作、社交、娱乐等需求，人们自身也可以随时随地地利用 Internet 发布信息、获取信息、实现商业运作、开展相应的业务等。普通访问者访问网站、阅读网页、查看相关信息，最关心的是有无用户需要的、感兴趣的信息，信息是否可信，信息是否最新，等等。这几点是网站及网页维护人员应当首先考虑的问题。管理人员要依照访问用户的需求，及时调整网页内容、风格、跟进技术、更新网页的信息。

2. 访问数据分析

在网站建设中，访问者的数量直接关系到网站的经营与生存，对于商业网站，必须统计以下信息。

- 网站的访问数据。
- 首页计数：反映多少人访问该网站，如日活跃人数、月活跃人数。
- 综合浏览量：在某一时间段网站各网页的浏览次数。

- 独立访问用户：在某一个时间，来自不同 IP 地址的访问数量。
- 印象数：网页或广告的被访问数。
- 点击次数：一段时间内某网站或者网页被点击访问的次数。
- 点击率：单个广告出现次数与被点击次数的比。
- 在线人数：实时在线用户人数。

3. 交互信息管理

网站建好后，网站的日常管理特别是对反馈到网站的信息的管理非常重要，需要建立正常的维护和管理流程。

以下交互信息需维护：问答信息、客户邮件信息、投票统计信息和顾客意见等。

综合以上几个方面，针对网页的管理是复杂、细致、连续的工作，是网站管理中最具体、最直接的管理工作，管理的好坏更加直接地呈现在公众面前。因此，在整个计算机系统和网站建设中，对交互信息的管理应给予特别的重视，培养用户黏性需要时间，但失去用户却很快。

在 5.1.2 小节中，简单介绍了网络操作系统的管理，同时通过图 5-2 可以看到，网络操作系统是所有应用软件架构的基础与平台，如果没有稳定的操作系统作为支撑，那么整个电子商务网站就会处在岌岌可危的环境中，因此网络操作系统管理至关重要。

5.3.3 系统管理架构与维护

这里要特别强调的是，网络操作系统管理不是指对操作系统中的功能组件或功能模块的应用，而是指保证网络操作系统的正常运转的必要维护。

系统维护一般分成以下 3 种类型。

- 系统核心维护：一般以系统升级（安装补丁等）和系统备份方式维护。
- 系统模块维护：通过添加和删除来完成。
- 系统辅助工具维护：通过微软公司另行提供的产品来完成。

1. 系统功能的实现

当域控制服务器启动后，用户可通过"管理工具"完成系统的维护，当然也有基本的维护内容可以在传统的"控制面板"中完成，但最重要的维护内容均通过"管理工具"完成，"管理工具"窗口如图 5-13 所示。

图 5-13 "管理工具"窗口

2. 系统基本的维护

要想保证系统的正常运转，最基本也是最重要的就是对系统缺陷和漏洞进行修复。任何计算机系统软件都可能存在一定的错误、漏洞和缺陷，在用户使用这些产品的初期，系统的故障还没有显露出来，但随着用户的广泛使用和开发人员对系统的深入研究，这些问题将逐步显露出来，这时普通用户就需要对系统有基本的维护，这种维护称为"系统升级""打补丁""漏洞修复"。系统升级可以至少通过下述两种方式来完成。

① 通过系统自身的升级功能。单击"开始"→"设置"→"更新和安全"→"Windows 更新"即可进入系统升级界面，如图 5-14 所示。

② 通过访问微软官方网站。微软官方网站提供了"安全技术中心"，用以全面维护各个版本的补丁及系统升级服务，如图 5-15 所示。

图 5-14 "Windows 更新"页面

图 5-15 安全技术中心

3. 系统备份方式维护

在系统维护中，最基本的维护之一就是建立基本系统备份与恢复机制，这样当系统出现故障造成瘫痪时，可以迅速地恢复到备份状态。在图 5-16 所示的通过单击"开始"→"服务器管理器"→"添加角色和功能向导"打开的窗口中，可以完成系统备份功能的添加，然后可以开始正常地完成系统备份了，执行"开始"→"Windows 管理工具"→"Windows Server Backup"命令，按照提示完成备份，如图 5-17 所示。

图 5-16 "添加角色和功能向导"窗口

图 5-17 "本地备份"窗口

4. 系统状态的监控

在系统运转中，经常会出现一些让使用者不知所措的现象，如速度慢、数据传输效率低等。出现这些现象的原因是什么？网络管理人员应透过表面现象，分析其内在的原因，对系统的运转状况有正确的把握。Windows Server 2016 为管理者提供了性能检测平台，可以借助检测平台的量化信息，实时显示设备运行参数，以此来寻找原因。

在图 5-13 所示的"管理工具"窗口中双击"性能监视器"，弹出"性能监视器"窗口，如图 5-18 所示，其中提供了管理人员通过详细的参数列表选定的指定参数的实时变化状态，这些参数的变化状态，反映的是系统当前的运转情况。

在选择参数时，可先进行参数类别"性能对象"的选择，再进行具体的参数选择。如果管理人员对复杂参数不了解，还可通过窗口提供的说明了解对应参数的功能。参数选择如图 5-19 所示。

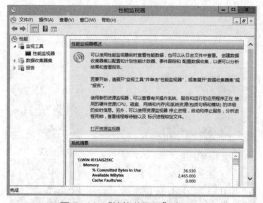

图 5-18 "性能监视器"窗口

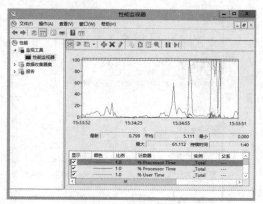

图 5-19 参数选择

总之，通过本节对系统管理的学习，读者能够通过规范、系统、较为完整的方法来完成对计算机系统自身的管理。但在现实工作中，用户使用的计算机环境特别是系统环境在更新、在变化，其管理模式也有不同层次的调整，因此，计算机系统维护是非常复杂而全面的工作，不是这里初步的介绍所能涵盖的，还需要计算机管理人员更加全面地了解和掌握计算机系统复杂的维护功能，这样才能保证计算机系统有良好的运行状态。

5.4 数据管理

在当今这个信息"爆炸"的时代，在计算机网络发展到目前为止的几十年里，实现的最主要的功能是什么？对于企业的计算机应用系统而言什么是最重要的？在一个计算机网络系统，特别是一个对外提供服务器的商业网站中什么是最重要的？对以上这些问题，可能会有以下几种观点。

- 数据最重要。
- 工作环境最重要。
- 计算机硬件设备最重要。
- 计算机软件系统最重要。
- 人员管理最重要。

现在把以上内容通过层次关系表现出来，如图 5-20 所示，环境是一切的基础，这样依次构成各个部分。但是，有了这些就能构成完整的网络系统吗？

从图 5-20 中可以看出最关键的应当是最上面的层次，即数据，Internet 发展到现在最主要的功能就是信息共享、数据共享。

这里的数据是指用于整个计算机网络系统的各类数据。

其他几个层次通过一定的措施和短期的处理均可恢复，但是数据恢复使用简单的手段是无法实现的。

- 数据通常通过相当长的时间积累，这种积累可能长达数年。
- 数据是在有限的条件下采集的，如在指定的时间、指定的地点、特定的场地。
- 数据是在不可重现的特定环境下形成的，如特定的人员、特定的场地。
- 数据代表着原始的特性，如特定的人群在特定的情绪状态下。

从这几点可以看出，所谓数据恢复，是极为不容易的，而且需要经历非常复杂的过程，如今的大数据、人工智能，都是基于海量数据的清洗、梳理，通过算法进行再次编译，产生出的核心应用，数据是贯穿整个网络的核心内容。如图 5-21 所示，数据处于系统的核心。

图 5-20　管理层次

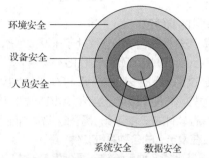

图 5-21　数据的构成位置

近些年，大家能频繁听到大数据、人工智能、云计算等技术名词，这些技术的应用改变了当前的经济环境和经济活动，重构了生产、分配、交换、消费等经济活动的各个环节，形成了从宏观到微观各领域的智能化新需求，并因此催生出了新技术、新产品、新业态、新模式，但其中底层的逻辑依然是对数据的处理，例如传统饭店的经营业务，信息经过数据化后接入网络平台，平台收集用户需求，把用户的需求数据传递给饭店，就产生了外卖应用服务。

当前大多数软件、设备都会有意无意地收集用户信息和数据，一方面是将其作为给用户提供更多人性化设计的数据依据，提升用户使用体验；另一方面则是尝试开发新功能，研究用户习惯，通过用户喜好和数据财富深度绑定用户，产生社区文化聚集效应，吸引相关企业来投放产品广告等。用户在社交媒体分享的优质内容、图片，会进一步成为平台吸引其他用户的数据，数据在传输、分享的过程中，会产生较为隐蔽的经济价值，企业在追求这些较为隐蔽的经济价值时，就会带来各方面的安全隐患，而这些隐患很可能被不法分子利用。

在当前技术环境下，具有较高的数据安全意识是平台管理员的一项必备素质，比如某品牌手机的云服务功能会上传大量用户的私人数据，服务器地址应当设置在我国境内；某品牌汽车的摄像头会时刻上传拍摄数据，具有保密需求的机关单位就应当限制其活动范围等。

因此，对数据的维护和管理对于电子商务机构和现代企业，乃至国防安全机构来说是头等重要的事情。例如，打车软件中的路网数据，高铁行驶中的运行状态数据，快递系统中用户的个人信息数据，社交软件中的用户数据，都是非常重要、核心的数据信息，时常被不法分子、境外势力觊觎，所以管理人员要对数据安全具有较高的敏感性和警觉性，尤其是对涉及国家、公共信息等方面的数据，要更加重视，共铸信息安全领域的"长城"。

5.4.1　数据的分类

在计算机系统中，有着海量的信息和丰富的数据。这些信息是随着时间的延续、工作的开展和深入，以及系统功能的丰富一点一点积累起来的。在开始阶段，人们往往感觉不到它的存在，但随着时间的延续，数据逐渐成为整个资源的重要组成部分。如何将海量的数据分类？如何去管理这些海量数据？这些数据有何区别？这些数据中哪些是必须保留的？下面，我们将带着这些问题进行进一步的学习。

计算机系统可以简单划分为3个部分，如图5-22所示。

第1部分为物理设备，即所有硬件。

第2部分为应用软件，即完成某一类功能的模块化的可独立安装和运行的产品。

数据
应用软件
物理设备

图5-22　计算机系统的构成

第3部分为数据，即各类软件（包括硬件驱动）的中间数据和各类程序的运行结果数据等。

本小节不讨论有关硬件，只对软件和数据进行分析。如何对软件和数据进行管理？必须先对其有正确的分析与分类。

1. 未安装的软件包

一般在系统软件安装前，软件处于未释放状态，通常称之为软件介质或软件包，如美国微软公司的Windows Server 2016、Office 2016等软件包。这时，系统管理者往往将其预先复制到计算机硬盘中，这样既可以通过它来完成安装或升级，又可以对该软件包进行妥善保管，同时在该软件运行过程中需调用初始软件包时均可方便地调用。当然，现在随着网络应用的普及，在应用层面网络用户往往只是在自己的管理界面中保存软件的安装链接，需要时只需访问此链接，即可通过互联网完成软件在环境中的安装。

2. 安装在设备上的各种系统软件

安装在设备上的各种系统软件是指将前一类软件包具体安装到硬件后形成的系统程序，具体包括操作系统程序（如美国微软公司的Windows Server 2016）、硬件驱动程序（如显卡驱动程序、网卡驱动程序）。这类系统软件是计算机运行的基础，特点是数量大、复杂、管理规范、功能全面。

3. 安装在系统之上的应用软件

安装在系统之上的应用软件是指叠加在系统软件上的应用软件，具体包括功能软件（如Java、SQL Server、防火墙软件、杀毒软件等）、各种应用软件（如财务软件、管理信息系统软件等）。

4. 软件之间相互协调的中间软件

软件之间相互协调的中间软件是指运行在系统上在特殊需求下必须叠加的专用软件或调用的程序，如系统功能程序、路由软件、通信协议软件、数据接口软件、程序动态链接程序等。此类软件数量庞大且复杂，一般情况下在安装好系统后，系统自身建立了完善的管理区域和模式。

5. 系统管理与维护数据

系统管理与维护数据是指系统软件在安装和运行中产生并且在运行中调用、维持系统正常运转的数据，通常称这类数据为系统数据或系统参数。这类数据决定了系统能否正常运转，它负责系统同软件、硬件、用户之间的沟通，在系统运转的过程中会随时更新、增加数据。这类数据是非常重要且非常危险的，不能出现一点点差错，一旦出现差错，整个系统都将瘫痪。

例如，读者熟悉的Windows中的注册表文件C:\Winnt\System.dat和user.dat；域服务器管理信息C:\WINNT\system32.dns；系统审核安全日志C:\Winnt\System32\config\SecEvent.Evt等。

6. 应用软件维护数据

应用软件维护数据是指应用软件在安装和运行中产生并且在运行中调用，以维持软件正常运转的数据。例如，编者的计算机中E:\Program Files\Kingsoft\XDict\WordList存放着金山词霸的所有单词表。

7. 用户应用数据

用户应用数据是指用户运行应用软件所需的数据和运行程序产生的结果数据。这些数据也是读者最熟悉和最常使用的数据，如Word文档信息、Excel数据、DBF格式数据等，它包括各类信息（数据、文字、图片、声音）。这类数据的特点是数量大、调用频繁、更新快、所属关系复杂、有相当的历史沿革关系。

8. 用户备份数据

用户备份数据是指用户运行应用软件时所产生的数据，以及产生的结果数据的周期性备份。这类数据的特点是系统自动产生的、数据量大。人为备份数据的数据通常没有规律，且备份的数量较多，如 BAK 格式的所有数据和用户自行备份的数据。

9. 系统备份文件

系统备份数据是指系统程序运行中特别是在系统调整（升级）时自行产生的数据，如压缩文件、系统升级备份文件等。其特点是数量大、无规律、在特殊时候由系统调用。随着计算机系统的日趋完善，操作系统往往在架构硬盘并对其初始化时已经划分出单独的区域来管理系统备份数据，而计算机系统在出现故障时，往往都是在用户简单的选择性操作下自己完成系统恢复的。在系统恢复时系统备份文件的作用就显得尤为重要了。

10. 系统临时数据

系统临时数据是指系统程序运行中自行产生的，用于改善系统运行状况的数据文件，其特点是数量大，如 TEMP 文件夹下的文件、IE 软件在 C:\Documents and Settings\ld\Local Settings\Temporary Internet Files 下生成的文件。

上面对数据的分类，可通过图 5-23 表现出来。

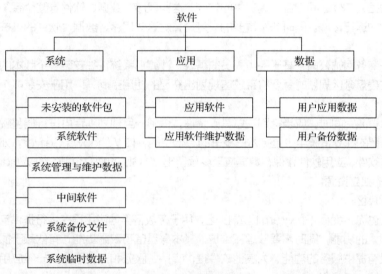

图 5-23　数据分类

综上所述，计算机系统中运行、保存着大量重要的数据（程序），从对数据的分类中可以看到，每一类数据都有它存在的理由和用途。

- 系统：决定整个系统的运行以及与硬件的关联，同时支撑着应用软件的运行环境。
- 应用：决定用户要通过计算机实现的功能。
- 数据：是用户得到的计算机处理结果。

各类数据相互依赖、相互协调、相互支持，缺一不可。这 3 类数据构成了复杂、功能强大的软件系统。

5.4.2　数据的存储与更新

系统、应用、数据 3 类数据协调、有机的配合，保证了计算机各种功能的实现。那么作为计算机系统管理者，为了保证计算机的正常运行，应确保 10 类数据（程序）不受破坏。

在庞大复杂的数据面前，如何完成数据备份？备份哪些数据？备份多少数据？这些取决于数据对计算机系统的重要性。数据的重要性又与这些数据（程序）如何保存，即存在硬盘的什么区域有着密切的联系。

在计算机系统中，硬盘资源的正确分配直接关系到系统的安全和故障的恢复与处理。正常情况下，硬盘应当为独立的物理硬盘。

如果独立硬盘条件不具备，应对一块物理硬盘正确地分区，分为系统区、基础程序区、应用程序区、用户数据区和备份（软件原始包）区，如图 5-24 所示。但有一点要特别提醒读者，现在的计算机系统，往往在初次使用时，已经对硬盘做了基本的系统自定义分区，如果用户没有非常专业的维护水平，最好不要破坏原有的分区，不要重新做分区处理，待系统出现故障必须对硬盘重新规划分区时再完成此项工作。

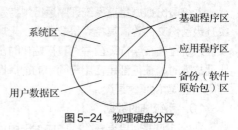

图 5-24　物理硬盘分区

下面分别对各个分区进行分析。

（1）系统区

系统区也称 System 区或 C 区，用于存放操作系统程序、与系统有着直接关系的程序、系统运行时管理与维护的数据、软件之间相互协调的中间软件。这些程序、数据、软件是整个系统的基础和核心，是所有应用软件的运行环境。同时非常重要的一点是，对这些程序、数据、软件的维护由计算机系统管理人员承担。

在有些电子商务网站公司，基于各类人员的需要，计算机系统往往安装多个版本的操作系统，这就要求维护人员在硬盘分区规划时就要将系统区规划出充足的使用空间，以用于安装多个版本的网络操作系统。

在预留硬盘资源空间时，应当特别注意其冗余性，否则一旦规划确定再进行调整就非常困难了。一般的原则是，预留的独立资源至少是技术白皮书的 5 倍空间，如 Windows Server，如果不在系统区安装任何开发工具软件、应用软件和保存数据应至少预留出 20 GB 的独立资源；如 Windows 11，系统应预留出 50 GB 的独立资源。

（2）基础程序区

基础程序区也称 Basic-Program 区或 D 区，用于存放各类为应用程序运行提供支持的程序。这些程序自身有着强大的功能，同时需要管理和维护。其本身具备了双重功能，有依赖于操作系统成为应用软件的功能，又有提供服务的功能，为其他软件提供支持、服务和开发平台。一般应用软件用户不涉及这方面软件的维护，如 SQL Server 2019。

（3）应用程序区

应用程序区也称 User-Program 区或 E 区，用于存放各类用户直接应用的程序。这类程序自身有着强大的应用功能，一般不需要或很少需要由系统管理员维护，可由用户直接调用和管理，包括程序本身的安全体系。这类程序往往是已经开发好的比较完善的软件，或已形成模块化的产品，如财务软件。

（4）用户数据区

用户数据区也称 Data 区或 F 区，用于存放各类用户数据。这些数据包括用户待处理的数据和程序处理完毕的数据，还有一些中间数据。这个分区往往由用户按自身的需求加以管理和维护，绝大部分工作由用户本人承担。

建议如果条件许可，尽可能将用户数据区建立在独立的硬件资源上，同时进行异机异地冗余备份。

（5）备份区

备份区也称 Backup 区或 G 区，用于存放程序软件包，待以上提到的各类软件在运行过程中出现故障需要安装软件包时，可以直接从该硬盘分区调用。

以上这些分区的建立，使计算机系统的软件和数据可以按照应用的目的、应用的程度、应用的水平和管理人员的分工，区别对待、区别处理。按照不同的要求实现不同的管理。

可以查看在 Windows Server 2016 R2 中的硬盘空间设置，查看硬盘分区规划的操作步骤如下。

① 进入"计算机管理"窗口。选择"开始"→"控制面板"→"管理工具"→"计算机管理"→"磁盘管理"，打开"计算机管理"窗口，查看硬盘资源配置，如图 5-25 所示。

② 查看、设置硬盘配置。例如，右击图 5-25 中的 C 盘，在弹出的快捷菜单中选择"指定硬盘"→"属性"，打开硬盘属性对话框，如图 5-26 所示。

图 5-25　硬盘资源配置

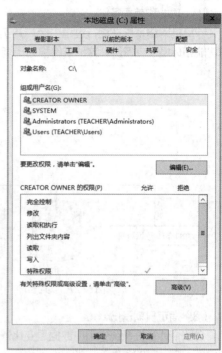

图 5-26　硬盘属性对话框

③ 格式化硬盘。例如，右击图 5-25 中的 C 盘，在弹出的快捷菜单中选择"指定硬盘"→"格式化"命令。

5.4.3　数据的备份

IT 手段改变了当前的经济环境和经济活动，来自各方面的对计算机的干扰与破坏无处不在，各种破坏随时随地有可能发生。这些破坏包括来自自然界、局部环境、设备、程序自身缺陷等的非人为因素；也包括来自病毒、错误修改、错误删除等的人为因素。这些破坏给计算机的应用带来了各种影响。

要想避免灾难，就必须找到在灾难发生后快速、有效地恢复计算机系统的方法。目前，计算机应用领域所采用的诸多办法中，不管采用什么技术，不管如何快速恢复，其本质就是信息的有效备份，即对数据按照事先的设计进行有效的备份。只有实现对计算机系统的可靠的、真实的、实时的数据备份，当灾难发生时系统才有可能恢复，而只有恢复了的系统才有可能正常工作。

1. 备份的形式

一般情况下，当指定数据需要备份时，操作者往往不分主次、不分时效，认为只要将重要的信息或所有数据都备份下来就安全了。这种情况往往出现在计算机系统建立初期，可以采取一些简单的手段备份，不必对要备份的数据进行分析。

但随着时间的推移和工作的开展，各类程序和数据的量就会呈指数级增长，这时宝贵的硬盘资源被无意义地占用，同时备份时间和备份内容也会因备份量的大幅度增加而显得繁杂。在备份过程中，备份与未备份数据是混乱的。

因此，应在备份工作开始前对整个备份信息进行进一步分析。

（1）实时备份

在程序和数据中，有相当多的信息在每时每刻发生着变化。系统依赖这些信息运转，这些信息必须随时备份，这种备份称为实时备份，如图5-27所示。

（2）功能和差异备份

计算机网络系统在运行过程中经常要实现版本的升级或系统设置的修改，这时系统往往需要针对新的功能和环境建立备份，这种备份称为功能和差异备份，如图5-28所示。

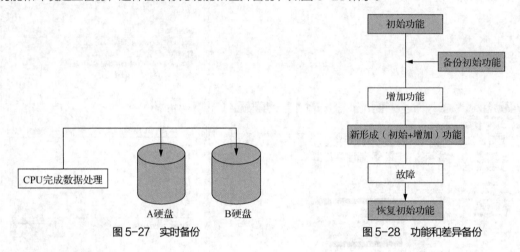

图5-27　实时备份　　　　图5-28　功能和差异备份

（3）指定日期备份

在整个计算机系统中用户数据是变化最大、数量最多的数据，这类数据只有在工作结束时才有保留的价值。在一定的条件下，当工作到达某一个特定的时间，数据要发生变化时，在变化之前进行备份。这种备份称为指定日期备份，如图5-29所示。

（4）副本备份

在将程序和数据存储到硬盘上时，为了避免保存数据的区域出现意外的物理损坏，往往会原封不动地建立一个一样的副本，这种备份称为副本备份，如图5-30所示。

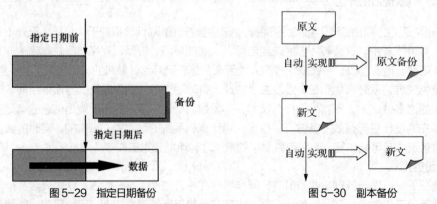

图5-29　指定日期备份　　　　图5-30　副本备份

（5）增量备份

当程序或数据在原备份的基础上增加内容时，系统只对增加部分备份，这种备份称为增量备份。

2. 备份的方法

当备份的数据内容和备份的周期被确定后，下一步就要考虑通过什么样的手段实现备份。

（1）系统自动备份

计算机系统和应用软件本身具备一定的备份数据的设置，当这种设置启动后，系统或程序会自动实现备份。因此，系统管理员可以根据硬件和软件自身的备份功能实现自动备份。

因为系统自动备份的方法必须要通过具体应用软件来实现，所以现通过 Word 2016 来介绍此功能。在 Word 2016 中实现自动备份的操作步骤如下。

① 进入实现自动备份功能的模块。运行 Word 2016 后选择"文件"→"选项"→"保存"。

② 自动备份功能设置。在"Word 选项"对话框中修改"保存自动恢复信息时间间隔"，单击"确定"按钮，如图 5-31 所示。

图 5-31 自动备份

（2）异地备份

在同一台计算机的同一块硬盘或不同硬盘上实现备份，其前提是该计算机正常工作。但是，当该计算机出现非常严重的故障时，可能会导致硬盘也一同损坏，这时备份的数据同样也被损坏。因此，对于重要的软件和数据应采取不同的计算机、不同的存储介质在不同的地点完成备份。经常采用的备份手段有双机热备份、光盘备份、磁带机备份和通过特殊管道（连接介质）实现的不同地点的计算机备份。

以上这几种备份方法是比较有效、可靠的备份，但是这些备份的实现是建立在相应的硬件设备上的，必须借助对应的硬件实现。因此，采取这些备份方法时需要专门的硬件和专门的技术。

3. 备份手段

一般情况下，采取什么样的备份手段取决于该手段能否在计算机系统和数据出现故障后将其正常恢复。

例如，对操作系统的备份，如果选择了光盘或磁带备份，当设备损坏或计算机主板损坏时，主板上系统配置数据被破坏，以上备份就无法实现正常恢复。因此，在前面没有强调备份手段，实际上是因为备份手段取决于恢复手段和程度。

（1）灾难恢复备份

一般情况下，对系统的基础环境的备份采用灾难恢复备份，该备份是借助于计算机设备的特定设计实现的，即当计算机主机的任何硬件出现故障时，在更换硬件后，通过指定操作对硬盘数据进行恢复。

在 HP 6000R 企业级服务器实现恢复备份的操作步骤如下。

① 使用可安装灾难恢复功能的企业级服务器。

② 通过服务商购置灾难恢复功能配件。

可选的 HP SureStore DAT 磁带机具有"单键"灾难恢复功能，可单键备份磁盘，即包含系统镜像及数据文件，用户可在出现灾难时用磁带引导，然后从磁带恢复数据文件。

③ 实现灾难恢复功能。

（2）镜像备份

功能强大的计算机网络系统，通常会提供硬盘资源的镜像备份。所谓镜像备份，就是在计算机硬盘构成上采取特殊的技术，使两块硬盘存储完全相同的内容，并且实时地更新，保持内容完全相同，一旦其中一块硬盘出现故障，另一块硬盘将继续保证系统的正常运转和数据的完整。当故障盘被更换后，系统将自动实现两块硬盘的同步镜像工作。

实现镜像备份的方式分两种：通过 RAID 控制卡与硬盘连接，通过硬件实现镜像备份；通过操作系统设置两块相同的硬盘实现镜像备份。

镜像备份可以对整个硬盘资源进行全面、完整的备份，保护硬盘资源的所有信息。但是，其备份量非常大，会占用大量资源，需要充足的硬盘配置；同时这种备份对备份内容不做任何筛选，也会备份无意义的数据。所以，正常情况下，只针对操作系统和重要的程序区采取此种手段备份。

建立镜像的具体方法因计算机硬件和操作系统软件而异，可根据相应的操作手册来实现。

一般情况下，只有在硬盘硬件发生故障、系统瘫痪时，才会采用此手段实现系统数据备份。例如，对操作系统所在硬盘区进行双硬盘镜像备份，当一块硬盘出现故障时，更换其中之一，然后系统自动完成镜像恢复。在实际工作中如果选择"热插拔"硬盘，整个系统就可以在不关机的情况下完成硬盘更换。重要的应用程序和数据也可采用这种手段备份。

通过 Windows Server 2016 系统软件实现硬盘镜像备份的操作步骤如下。

① 在准备实现镜像备份的计算机中安装容量大小相同的两个硬盘。

② 对其中一个硬盘进行正常系统安装、分区。

③ 查找另一个硬盘。选择"开始"→"设置"→"控制面板"→"管理工具"→"计算机管理"→"存储"→"磁盘管理"。

④ 对另一个硬盘进行镜像设置。可将现有的任何简单卷镜像到其他动态磁盘上，只要该磁盘有足够的未分配空间。如果是具有足够未分配空间的动态磁盘，则打开"磁盘管理"，如图 5-27 所示，右击图中磁盘 1，在弹出的快捷菜单中选择要创建镜像卷的动态磁盘上的"未分配空间"→"创建卷"→"下一步"→"镜像卷"，单击"确定"按钮。

（3）拷贝复制

通过拷贝形式复制与恢复，这种形式适用于较通用的数据格式，备份恢复方法简单，在这里不做介绍。这种备份手段只是在备份时考虑数据量，选择适当的备份介质，便于数据恢复。

在 Windows Server 2016 中实现复制的操作步骤如下。

① 进入资源管理器。

② 确定要复制的文件夹或文件。

③ 复制。

④ 选定存放文件夹或文件。

⑤ 粘贴。

4．备份的组织

备份工作是计算机系统中平常、烦琐、重复、重要的工作，是计算机出现故障后最后的解决手段。对于一个真正的计算机网络系统来说，此项工作非常重要，因此应当对此项工作进行认真的组织和调配。只有这样才能使该项工作有条不紊、保质保量地实施。

备份工作的流程如下。

（1）确定备份管理员

在大型的计算机网络系统中，系统的管理中往往会根据不同类型的工作，安排不同的人担当不同的角色。备份工作往往需要在计算机系统处于"闲置"状态时进行，而且不同的数据在不同的时间使用，必须在指定的时间内完成备份。这要求从事备份工作的管理员必须有很好的工作素质。

以 Windows Server 2016 网络操作系统举例，在该操作系统的用户及组设置中，有一个 Backup Operators 内置组，其工作是对文件和数据进行备份、还原，同时关闭系统。因此，可将执行数据（程序）备份工作的人员添加到该组，完成备份工作。

（2）审核备份计划

在复杂的计算机网络环境中，各种人员共同开展工作。执行备份工作的操作员，会针对不属于个人的数据开展备份工作。当一个系统运转之初或一个项目组开始共同完成一次复杂编程时，都应当制订数据备份计划，整个计划包括备份内容、备份周期、备份手段、备份量和保存时间。

备份计划由备份操作员审核，排除冗余备份并纳入统一备份流程中。

（3）建立备份方案和流程

当整个计算机系统的用户提交了多项备份需求后，备份操作员将制订一个备份方案确定以下内容：备份时间、备份顺序、备份内容、备份数据量、备份设备、备份数据与原备份数据的关系和建立备份批处理文件。

（4）实现备份和建立备份档案

当准备工作完成后备份操作员按计划开始备份工作，并建立备份档案，对整个备份工作进行记载。

5.4.4 数据的恢复与清除

在计算机系统中数据备份的目的是保障系统和相关数据出现故障、损坏、遗失时对其进行恢复和再现。因此，对备份数据的恢复与清除是重要工作。

1. 恢复程度

在备份源出现故障时，通过备份档案管理员很容易查到所需恢复的数据备份，这时往往备份的数据已经很多，有些与进程有关的数据会重复备份，这时应当按照要求选择所需的程度进行恢复，避免所恢复的系统和数据不能保证系统正常运行。

例如，一个网络操作系统采用磁带机对系统进行备份，在第一备份时间完成 A 备份，在这之后系统安装补丁程序；在第二备份时间完成 B 备份，在这之后系统安装中间件程序；在第三备份时间完成 C 备份，当系统出现故障时，应根据需求选择恢复。

2. 恢复手段

一般情况下，采取了什么样的备份手段就通过相应的手段恢复。但是，有些备份数据的手段不能保证在恢复时系统可正常运行。

具体恢复参见 5.4.3 小节。

3. 数据清除

数据清除实际上是对所保管的存储数据介质的管理，数据清除取决于保管时效，保管时效一般没有严格的要求。但是，计算结果数据和数据库基础数据有着准确的日期和时间特征，备份这些数据不止是为了防止数据故障，还为了记录历史，记录特定日期、特定时间的数据。因此，这类数据一般要保存相当长的时间。

整个系统备份信息的保留，决定保存介质的时效和用户需求。当数据无任何保留价值时，可以恢复存储介质的初始状态，用于继续对数据进行备份工作。如果存储介质不能再利用则通过技术手段销毁。

5.5　电子商务网站设备管理

5.5.1　网络节点与端点设备管理

1. 建立拓扑关系

在公司中，当工作人员在指定地点开展工作时，需要整个网络系统能迅速地运行。很多公司在建设网络系统时不经过分析和设计，带有很大的盲目性和随意性，这往往导致系统运转稍加变化，整个系统就出现问题，设备连接不通，数据传送不畅，工作停顿。因此，网站内部必须为工作人员建立适合服务器、计算机互连的拓扑环境。这个拓扑环境应当具备以下特点：管理相对方便、互连简单、有冗余的设计、便于维护等。

这种拓扑环境应当按照综合布线的规范设计、实施，以达到较理想的工作环境。

2. 网络节点的管理

网络中有两类设备：一类是固定在指定地点、共享于整个系统的设备，一般是网络节点设备，主要用于网络现有设备互连，如交换机、路由器、防火墙等；另一类是临时使用的节点设备，主要用途是扩展计算机网络系统及网站的规模。

这些设备应当在整个网络构成时根据技术要求进行合理的放置。设备固定后应当由专门的管理人员负责管理。

硬件方面，保证其适应于整个网络环境，能实现长效的工作状态。例如，7 天×24 小时的工作状态，并通过冗余拓扑设计避免因个别设备的故障而影响整个网络的正常运转。

软件方面，通过专门的程序系统命令实现远程的非现场的维护，实现相应的功能设置，如交换机端口管理、路由 IP 地址管理、协议启动与配置管理等。这样从技术上实现了网络的高效运转，避免了各类冲突的发生和网络瘫痪。

3. 网络中端点设备的管理

端点设备是指计算机网络系统中接入网络的具有独立功能的应用设备。

（1）服务器

服务器（这里指硬件设备）在计算机网络系统中是非常重要的。服务器运转的正常与否，决定了整个网站的状态，以及功能的实现。在功能完善、客户需求多、访问量大、下载数据量大的网站，服务器往往不止一台，一般有多台服务器，每个服务器或每组服务器具备专门的功能，承担网站的某一类任务。一般有下列服务器：域服务器、IIS 服务器、应用服务器、数据库服务器、Web 服务器、防火墙服务器、文件服务器、打印服务器、远程访问服务器和备份服务器等。

服务器在网站中承担的工作又有主次之分，有些服务器必须在系统初始化时启动，有些服务器则是独立服务器，在完成相应工作时才启动。因用户的需求变化，在网站的运转过程中服务器的配置也不同，每台服务器在某个方面会有特殊的配置要求，如电子邮件服务器就要有庞大的存储空间、FTP 服务器就要有冗余的信道带宽等，因此对服务器设备的管理应当严谨、有序。其管理工作应从以下几个方面实现。

① 安置地点。每台服务器应有一个可靠、固定的安置地点。

② 启动与关闭。对服务器采取严格开机、关机控制，保证整个计算机网络和网站的运转，特别是提供关键功能的服务器，没有经过规定的程序和授权是不能被关闭的。

③ 系统升级。随着时间的延续，原有的计算机系统配置不能满足需求，应定期对其测试，进行升级。升级包括硬件升级和软件升级。

硬件升级。一定要测试新硬件与原设备的兼容性，以及与软件的兼容性，不要因为硬件的升级或更换而造成整个服务器瘫痪。

软件升级。在服务器方面必须按照严格的流程进行升级工作，否则，一旦升级过程中出现错误，就不能回退到原状态，从而导致系统完全瘫痪。

④ 故障记录与处理。因为服务器是计算机网络系统中的关键设备，它的正常与否关系到整个系统的状态，所以应对服务器出现的情况进行详细的记录，特别是故障记录。故障记录包括时间、地点、设备编号、故障现象、故障结果、连带运行状态等。

当服务器出现故障时一般有以下两种处理方法。

由设备生产商维修。服务器是计算机网络系统中的关键设备，技术含量高，一般由专业工程师维修。在购置服务器时，往往会同时购买服务，如"7×24"回应、4 小时到现场服务等。

由设备管理者负责维修。如果需要自行维护，一定要认真阅读相关手册，按照操作流程完成。

（2）客户机

客户机是指每个网站内部进行各类工作所使用的计算机。虽然个人计算机在网络系统中对整个系统的影响不大，但它是每一个工作者的工具，所有人员通过客户机访问、调用、处理在服务器中的程序和数据。因此，客户机同样需要维护。

① 本机应用软件的维护。在计算机网络系统中，除了应用具有网络功能的软件外，客户机使用的软件均从本地机（当前使用的计算机）上调用，这样本地机上就需要安装计算机使用者需要的所有软件。这些软件运行本地的应用，但是，当客户机上运行的软件要与服务器上的相应软件共同完成某一任务时，就需要调用服务器上的相应软件。因此，在客户机上安装的软件，应保证客户机的需求，应随服务器的对应软件进行升级等工作。

② 本机权限管理。在计算机网络系统中，由客户机使用者决定自己是否访问服务器，这样在客户机通过用户账号登录时，可选择登录本地还是登录服务器，所以一个计算机使用者实际上有两个用户账号：一个是本地账号；另一个是服务器账号。因此，一个计算机网络系统在实现网站的管理功能时，可以根据需求设置用一个操作者的这两个账号。每个账号在它所进入的目录中具有相应的权限。

（3）其他外设

其他外设指所有在计算机网络中接入的非网络、计算机设备，这些设备有接入客户机的，有接入服务器的，有直接接入网络连接设备的，因此对这些设备的设置和管理非常重要。

① 接入客户机。接入客户机的设备由客户机使用，也可被设置为网络共享。

② 接入服务器。接入服务器的设备一般由服务器控制，供网络使用，同时可通过服务器设置使用权限加以管理。

③ 直接进入网络。这些设备有独立的 IP 地址，通过网络中管理它的计算机或服务器完成驱动程序的安装和控制，以及使用该设备的权限的设置。例如，网络打印机直接接入网络设备，但驱动和控制由打印服务器实现。

读者可能会认为，计算机设备有什么复杂的，通电就可使用，坏了就去修理，有很大的随意性，可以松散地管理。但是，当设备操作出现问题时可能找不到操作手册；当驱动出现问题时可能找不到驱动程序；当设备损坏时可能不知道保修期和维修单位；当需要判断设备的连线是否需要调整时，可能不知道连线的设置和连接关系。因此，在计算机网络系统及网站的管理与维护中，对所有设备的管理应当有通用的、标准的管理模式。

5.5.2　日常维护

1. 设备验收

当负责管理设备的人员准备接手管理工作时，首先应验收设备，验收流程如图 5-32 所示。

（1）核对清单

在接收要管理的设备时，交接人员不能只通过口头交接，而要用书面形式交接，列清名称、数量、批号等，再根据清单进行验收。

（2）检查手册

一旦核对清单结束，就要准备做性能验收，这时管理人员依据什么呢？有的读者认为，"让管理者讲述一下就行了"，其实不然，因为这会存在以下几个问题。

- 只教他掌握的。
- 对于问题有意回避。
- 描述不清。
- 相关问题不懂。

图 5-32　设备验收流程

这样，当新的管理人员接手后，就只能完成他记住的操作。设备的其他功能不能被应用，有关设备的隐患不能预知，一旦发生故障就可能会造成对人员的伤害。因此，下一步应当根据表 5-1 所示的检查手册明细对设备进行性能验收。

表 5-1　检查手册明细

编号	名称	内容
1	使用手册	对整体硬件的综合介绍
2	安装操作手册	设备及配件组成，安装方法及基本操作步骤
3	维修手册	对可能出现的故障及对应维修方法进行描述
4	安全手册	设备使用时用电、用水及人身安全的注意事项
5	保修手册	保修条例和如何获取保修

在阅读手册时应注意：语种是否为中文，印刷清晰程度如何，符号是否符合国家标准，计量单位是否符合国家标准。

（3）检查性能

当以上的手册具备后，开始按照手册描述的过程逐一清点、验收设备。验收时应注意提供以下条件。

- 现场充足的空间。
- 符合设备使用的电源。
- 合适的拆装工具。
- 合适的监测工具。

（4）核查附件

最后，要检查设备的附件是否齐全、完备。

2. 接触控制

在设备验收结束后，这些设备就应当投入使用。在使用时首先应对能接触设备的人员进行管控，即接触控制。并不是说所有的设备都要实行接触控制，而是要对计算机网络系统中的关键设备（如服务器、交换机、路由器和 UPS 等）进行接触控制。

同时，对关键设备也可采用区域控制，即将关键设备放在一个指定的房间，对进入该房间或接触设备的人员进行限制，这样可以有效地保证关键设备的安全。

3. 编写设备使用手册

为什么有了设备的各种手册还要再编写设备使用手册？因为一般情况下，设备生产厂家提供的手册存在下列问题。

- 描述详细但烦琐。
- 使用技术术语，非专业人员不易阅读。
- 操作步骤细致但不简洁。
- 相关参考资料多，但不易突出关键操作。

因此，设备管理员必须根据所在的工作环境中人员的情况编写设备使用手册，应本着以下原则编写。

- 描述清楚、简洁。
- 使用非技术术语。
- 步骤通过图示表示。
- 使用本地符号和计量单位。
- 强调安全。

4. 测试运转状况

在整个计算机网络系统投入使用后，设备管理人员应根据设备的使用情况，定期进行检查。在检查时应注意以下问题。

- 人身安全。
- 检测设备。
- 设备连线。
- 运转档案。

通过周期性的连续测试及维护，使设备始终处于正常的工作状态，同时将故障避免在初始阶段。

5. 维护

（1）升级

升级是指设备本身并没有出现故障，而是提升硬件性能或软件功能。这种设备的维护，应按照厂商提供的手册执行。

（2）维修

维修分为厂商维修和自行维修两种。

① 厂商维修。厂商维修是指关键设备或技术含量高的设备往往在购买时确定保修，当出现故障时，现场人员通过多种手段与负责维修的机构联络，向其描述故障，通过维修工程师的指示或由维修工程师到现场完成维修工作。

② 自行维修。自行维修是指基本设备的维修。一般情况下，计算机及相关设备采取组件或模块化结构，当出现故障时，操作人员往往可以根据《维修手册》提示的故障判断方法，判断故障模块或组件，然后在安全的情况下更换故障设备组件。

5.6 电子商务网站环境管理

在实现了前几节提到的管理后，本项目将介绍的最后一个，也是最基本的管理就是环境管理。环境管理面临的是基础工作，但却是重要的工作，任何一个环节出现问题，均能造成计算机网络系统和网站的瘫痪。

环境管理主要涉及网站系统的机房及其设施管理，相关的国家标准有《计算机场地通用规范》GB/T 2887—2011、《电子信息系统机房设计规范》GB 50174—2008 和《电子信息系统机房施工及验收规范》GB 50462—2008。根据国家标准，电子信息系统机房分为 A 类、B 类、C 类 3 个基本类别，建设和管理时可以参照。机房的环境要素非常多，涉及温湿度、空气环境、电气电磁环境、照度及噪声、振动干扰等。作为运行环境的保障，机房空调系统的要求要比普通环境中空调系统的要求高得多。因为它不仅要保障温度、湿度，同时还要控制空气环境中的尘埃粒子数。要能在对新风进行过滤的基础上，形成稳定的洁净内循环系统。这里简单介绍与管理员密切相关的几个方面的环境管理。

5.6.1 门禁系统

门禁系统是数据中心或信息系统的一道重要屏障，可以极大地提高机房的安全性和可靠性，避免因为人员混乱进入而造成损失。虽然在整个系统的建设过程中门禁系统所占比重不大，但却是不可或缺的一部分。

门禁系统一般由控制器、读卡器、感应卡、电锁、综合管理服务器、系统管理工作站、制卡系统等组成，可实行分级管理、计算机联网控制。

目前门禁系统的业务模式是进入大楼可能只需刷卡，进入机房则需要刷卡加输入密码，核心区域则可能需要密码加生物扫描（如指纹识别、人脸识别），且双向刷卡。

门禁系统通常作为机房监控系统的一部分，配备时可结合监控系统一并考虑。

5.6.2 动力供配电系统

动力供配电系统是整个信息系统高可用性的基础。决定系统可用性的关键主要有网络关键设备、网络操作系统、网络外部电源系统、网络数据传输系统等的可用性和系统可管理性。因此，保持系统各部分的持续正常供电，减少不正常电源系统对网络系统的侵害，对于确保系统高可用性尤为关键。表 5-2 所示为一组故障原因分析。

表 5-2　故障原因分析

原因	电源故障/浪涌	暴风雨（雪）损坏	火灾或爆炸	硬件/软件故障	水灾和水患	地震	网络运转中止	人为故障/故意破坏	HVAC故障	其他
占比	45.3%	9.4%	8.2%	8.2%	6.7%	5.5%	4.5%	3.2%	2.3%	6.7%

通过表 5-2 可以看出，一个稳定、可靠的供配电系统对计算机网络系统及网站是非常重要的。如果供配电系统出现故障，则整个系统将彻底瘫痪。为此，需要配备独立的供配电系统，通常由 UPS 不间断电源供电，对机房内的设备还需要进行可靠的接地。

在供电方面首先应保证各类计算机设备的用电。在对众多计算机设备的保护中最重要的就是对服务器电源的保护。在服务器电源输入端通过旁路维护切换开关将输入线路分成两路，一路是市电，另一路是 UPS。当市电正常时由市电供电，当市电中断时由旁路维护切换开关将线路切换到 UPS，由 UPS 供电。如果选用的是"在线式"UPS，则市电首先通过 UPS，经其处理再输送给用电器（服务器），当市电中断时，UPS 自动启动工作。这样就实现了对计算机网络中关键设备较完善的保护。在一般的计算机网络系统中通常采用此方案，如图 5-33 所示。

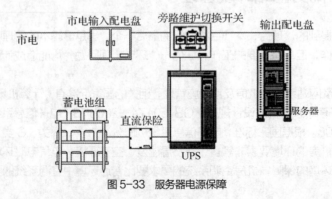

图 5-33　服务器电源保障

在计算机网络系统及网站中，关键设备不止是服务器，那么其他的关键设备如何实现电源的管理呢？可以使关键设备一并处于 UPS 的保护之中，同时使用发电机来保证相关设备的供电，管理员根据现场状况控制相关设备，如图 5-34 所示。

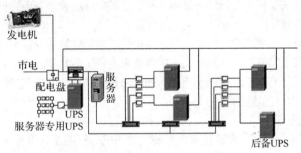

图 5-34　网络系统电源完全保障

管理员通过以下流程完成管理。

① 在市电正常供电的情况下，各类计算机设备均通过 UPS 提供经过处理（稳压、稳流、屏蔽各类电信噪声，如浪涌和尖峰电压）的电源，使所有设备安全使用。

② 当市电中断时，所有 UPS 工作，提供基本电源保障。由计算机管理人员启动发电机，通过配电盘将供电线路切换到发电机，由发电机提供电源保障。

 注意　大型的数据中心机房会采用双路市电，有两路来自不同供电系统的市电接入，这两路市电不是同一个发电源，是不交叉的供电系统，任何一路市电出问题都不会影响到另一路。UPS 并不能算一路输入线路，它只是一路市电输入上增加的保护措施，UPS 只是提供了一份安全保证。

5.6.3　网络布线及其维护

网络布线是机房内设备高速通信的基础，其性能的好坏直接关系到信息系统机房的品质。

布线需要满足信息系统内部及与外界信息交互的要求，其布线链路包括信息系统机房内在主配线区、水平配线区、各电信接入设备区域、各弱电间、维护区域和测试区域等的铜缆和光缆系统，良好的布线系统可使链路上的传输速率达到千兆甚至万兆。

在机房运行过程中，经常会发生由于布线链路问题而造成的链路连通不稳定、数据丢包率变大等现象。因此，在机房运行维护中不仅要对机房跳线走线进行合理规划，对连接处进行适当防护，还需要定期对布线系统的传输性能进行检测。

5.6.4　静电及灾害防范

1. 接地与防静电

在计算机网络设备及网站的管理中，对于静电要格外小心。计算机设备都是电子产品，同时都包含集成电路芯片。这些设备最容易被静电破坏，因此，在设备存放地应采取有效的手段消除设备静电和工作人员所带的静电，工作人员最好佩戴防静电手套，避免因此所带来的损失。在设备存放地必须有符合标准的接地保护。接地系统担负着防雷、保障设备与人身安全、保障设备供电稳定和网络工作稳定的重大责任，对机房防灾抗灾、电源质量、电磁泄漏与干扰、设备正常运转、网络正常畅通，都有重要的意义。防静电地板不仅能有效地预防静电，还能够起到屏蔽电磁辐射的作用。有关这方面的专业知识和相关技术规范，建议读者阅读相应的国家标准和技术手册。

2. 防雷系统

计算机系统和网络的微电子设备具有高密度、高速度、低电压和低功耗等特性，这就使其对各种电磁干扰，如雷电过电压、电力系统操作过电压、静电放电、电磁辐射等非常敏感。如果防护措施不力，随时随地可能遭受重大损失。值得注意的是，雷电不仅会破坏系统设备，更为重要的是它还会使系统的通信中断、工作停顿、声誉受损，其间接损失无法估量。

由于网络集成系统方式点多面广，因此，为了保护建筑物和建筑物内各电子网络设备不受雷电损害或为了使雷电损害降到最低限度，应从整体防雷的角度来进行防雷方案的设计。现在通常都采取综合防雷设计方案，综合防雷设计方案应包括两个方面，即直击雷的防护和感应雷的防护，缺少任何一个方面都是不完整、有缺陷和有潜在危险的。

3. 消防报警及灭火系统

机房的安全性主要依赖于消防报警及灭火系统。由于机房长期是高温易燃环境，所以随时对其易燃状况进行监控是有效防止灾害发生的措施。因此，监控探头应遍布重要监测点，包括顶棚中、吊顶表面、地板等。系统能发出自动、手动预警信号，并能自动启动灭火装置、对配电设备发出消防联动信号等。最后，机房灭火系统通常采用气体灭火，所以必须合理规划管道、钢瓶、消防控制间等设施的位置。

5.6.5　计算机工具

管理人员对设备进行管理最有效的手段之一就是借助专用的工具，这些工具包括检测工具、维修工具、维修配件。

1. 检测工具

检测工具主要用于测试计算机网络设备及介质是否符合相关标准，并达到一定的使用规范。例如，计算机网络介质双绞线的通断测试、线序测试、信号的指标测试等必须借助专业的测试仪器，如美国生产的权威测试设备 Fluke Networks。这些工具符合相应的国际、国家标准及行业标准，在日常使用时给用户提供科学的测试数据，可以访问 Fluke Networks 网站了解产品详情，如图 5-35 所示，其代表产品是 DSX 系列电缆分析仪。但有一点需要注意，就是使用检测工具前需进行基准校验。

图 5-35　Fluke Networks 网站

2. 维修工具

维修工具是指对计算机及网络设备进行维修时使用的机械工具，包括镊子、改锥、夹线钳等。这些工具的品质直接决定维修质量和网线接头制作的品质，因此应选择优质产品。例如，有关美国西蒙（Siemon）公司产品的详细信息可以通过该公司网站进行了解，如图 5-36 所示。

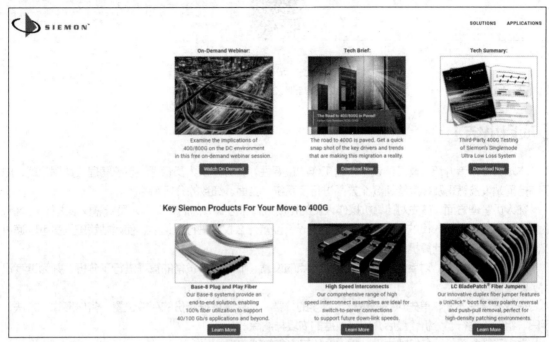

图 5-36　西蒙公司网站

3. 维修配件

"水桶理论"用科学的方法说明任何一点故障都会使整个系统的性能大大降低。例如，在整个信息网络中，唯独连接域控制服务器的网络介质 RJ45 接头的 8 根线没有连接实，有个别时断时续的现象，这就造成了服务器的不正常工作，从而影响整个网络所有用户的工作。RJ45 接头连线的制作看似简直，可它的不正常工作所造成的故障却是灾难性的。

设备配件，如电源、跳线、光驱、RJ 接头、模块、配线架等的品质的优劣同样决定了网络环境中计算机系统的运转状况。

【任务实施】

任务 1　通过角色与功能来部署各种功能服务器

任务 2　建立一个运维管理体系

【拓展实验】

拓展实验　基于域控
制模式下的用户账号
有效期的维护

【项目小结】

本项目向读者介绍了网站建设中管理工作的重要性，并分别从人员管理、系统管理、数据管理、电子商务网站设备管理及环境管理5个方面进行了系统、全面、细致的分析和论述。

在人员管理方面，首先对计算机操作人员的构成进行了分析；然后就操作人员所需权限进行了分析；最后就如何管理操作人员的权限和如何限制权限、设置什么权限进行了论述，使网站管理人员可以通过权限分析对所管理的计算机用户进行权限设计。

在系统管理方面，对系统的建立、网络节点的设置、节点接入设备的管理进行了分析，并为读者设计了管理模式。

在数据管理方面，首先对数据进行了科学的分类；然后就数据备份的存放位置、备份形式、方法、手段、组织等进行了分析；最后介绍了数据的恢复与清除。

在电子商务网站设备管理方面，重点介绍了设备管理流程。

在电子商务网站环境管理方面，分别从门禁系统、动力供配电系统、网络布线及其维护、静电与灾害防范、计算机工具等方面进行了科学的分析。

通过对本项目的学习，读者可以认识到网站管理中各个方面工作的重要性，并且对每个方面的工作有全面的了解；可以科学、系统地实现对现有网站和计算机网络系统的管理；在开展一项新的计算机网络系统管理工作和网站建设或管理工作时能够科学、系统地设计管理模式；能够设计对核心岗位、核心数据、核心用户的严格管理模式，从而保证网站和计算机网络系统可以长时间、无故障、安全、稳定地运行。

【项目习题】

1. 根据数据需求，对服务器（本地计算机）的硬盘进行合理的分区；按照系统的安全需求选定合适的文件进行系统格式化；根据所要安装软件的功能，在不同的硬盘区安装相应的系统、应用、专用软件。

2. 根据所在单位的数据计划，提交一份数据（程序）备份方案。方案包括备份形式、备份方法、备份手段的选择。

项目六
电子商务支付

06

【知识目标】

1. 了解传统支付和电子支付的常见方式；
2. 了解网银支付；
3. 了解第三方支付；
4. 了解主流的在线支付接口。

【技能目标】

1. 熟悉电子商务网站在线支付流程；
2. 掌握电子商务网站支付接口的选择方法；
3. 掌握电子商务网站集成在线支付接口的基本方法。

【预备知识】

1. 电子商务基础知识；
2. 网银基础知识。

电子商务强调支付过程和支付手段的电子化和实时性。电子支付是传统的支付体系向网络延伸并具有实时支付效力的一种方式，能够体现电子商务的优势。电子支付是整个电子商务网站中关键的一环，首先支付必须在确保安全、依法合规的前提下进行，其次是提供多种支付方式。电子支付非常简单快捷，有利于快速开展电子商务活动。电子商务网站的支付业务涉及金融，需要符合监管要求，需要接入合规的支付接口，才能支持在线支付方式，同时规避经营风险。

6.1 电子商务支付简介

电子商务支付按照其支付方式是否在线，可分为传统支付和电子支付。电子支付是电子商务最重要的部分之一，客户、商家和金融机构使用安全电子手段交换商品或服务，即将新型支付手段（如电子现金、银行卡等）的支付信息通过网络安全传送到银行或相应的处理机构，来实现货币支付或资金流转。在电子商务活动中，大多数情况下，卖家只有在买家付款后才开始发货，显然电子支付能大大提高交易效率。

6.1.1　传统支付

传统支付方式的特征是线上（网上）交易、线下（网下）结算，买家和卖家之间通过网络只完成了信息检索、订单处理、合同拟定等信息的传递，不能够直接支付，而是要使用现金、票据或支票等传统金融工具来实现支付行为。目前存在的传统支付方式主要有以下几种。

1. 货到付款

货到付款，即俗称的一手交钱，一手交货，客户在网上购买商品，可以选择货到付款，从而在确保所选购的产品在质量、外观上都没有问题后，再把货款交付给送货人，也就是收款人，这是目前电子商务物流还在使用的一种交易方式。这种方式同时解决网上零售行业的支付和物流两大问题，有利于培养客户对网店的信任，简单易用，便捷直观，特别适用于低价值商品的交易。

货到付款除了直接使用现金外，还可以使用其他非现金支付方式。前几年比较流行使用 POS 机刷买家的银行卡来收取费用。POS（Point Of Sale，电子付款）机是由银行提供的一种能读取银行卡的多功能终端，可以实现电子资金自动转账，具有支持消费、预授权、余额查询和转账等功能，使用起来安全、快捷、可靠。货到付款现在更多的是采用手机扫码支付，以后可能会使用数字人民币支付。

2. 银行汇款或转账

银行汇款或转账是指客户通过金融机构特定的网点向商家指定的银行账户进行汇款或转账。但是由于某些银行本身业务繁忙，手续烦琐，等待时间长，增加了商家的时间成本。

3. 邮局汇款

邮局汇款是指顾客通过邮局向商家指定的地址进行汇款，商家收到汇款信息并确定顾客的付款信息以后再发货。这样可以直接使用货币，避免黑客攻击、账号泄露、密码被盗等问题。但是顾客必须前往邮局才能支付，交易双方地位不平等，主导权在商家一方，商家也觉得到款速度比较慢。

传统支付方式受时间和空间的限制，无法体现电子商务高速、交互性强、简单易用且运作成本低等优势。除了货到付款之外，其他传统支付方式已经很少使用了。

6.1.2　电子支付

从实现手段角度看，电子支付是以计算机技术、通信技术为手段，通过网络系统实现货币流通的支付手段；从目的角度看，电子支付是用户向银行等金融机构发出指令，实现货币支付与资金流转。电子支付是传统的支付体系向网络延伸并具有实时支付效力的一种方式，能够体现电子商务的优势，也代表电子商务支付的发展方向。

1. 电子支付的发展阶段

第 1 个阶段：银行利用计算机处理银行之间的业务，办理结算。

第 2 个阶段：银行计算机与其他机构计算机之间资金的结算，如代发工资等业务。

第 3 个阶段：利用网络终端向客户提供各项银行服务，如自助银行。

第 4 个阶段：利用银行销售终端向客户提供自动扣款服务。

第 5 个阶段：基于互联网的电子支付，它将第 4 个阶段的电子支付系统与互联网整合，实现随时随地通过互联网进行直接转账结算，进而形成电子商务交易支付平台。

2. 电子支付协议

主流的电子支付协议有以下两种。

① SSL（Secure Socket Layer）协议。SSL 协议通常译为安全套接层协议。SSL 协议包括两个子协议：SSL 记录协议与 SSL 握手协议。SSL 记录协议的基本特点是连接是专用的和可靠的。SSL 握手协议的基本特点是能对通信双方的身份进行认证，使进行通信的双方的秘密是安全的、通信是可

靠的。

② SET（Secure Electronic Transaction）协议。SET 协议通常译为安全电子交易协议。SET 协议运行的目标包括保证信息在互联网上安全传输、保证电子商务参与者信息的相互隔离、解决网上认证问题、保证网上交易的实时性、规范协议和消息的格式等。SET 协议所涉及的对象有消费者、在线商店、收单行、电子货币发行机构及电子商务认证中心（Certificate Authority，CA）等。

3. 电子支付的特征

与传统的支付方式相比，电子支付具有以下特征。

① 采用先进的技术通过数字流转来完成信息的传输，其各种交易都是通过数字化的方式进行款项支付的。

② 支付的工作环境基于开放的系统平台，即互联网，不同于传统支付在较为封闭的系统中运行。

③ 使用先进的网络通信手段，对软硬件设施的要求很高。

④ 具有方便、快捷、高效、经济的优势，用户只需拥有一台能上网的 PC、手机或其他智能终端，便可在很短的时间内完成整个支付过程，支付费用比传统支付低得多。

4. 电子支付的业务类型

按电子支付指令的发起方式，可将电子支付分为网上支付、电话支付、移动支付等业务类型。

网上支付是电子支付的一种形式。广义地讲，网上支付是以互联网为基础，利用银行所支持的某种数字金融工具，发生在客户和商家之间的金融交换，实现客户与金融机构、商家之间的在线货币支付、现金流转、资金清算、查询统计等过程，为电子商务和其他服务提供金融支持。

电话支付是电子支付的一种线下实现形式，是指客户使用电话（如固定电话、手机）或其他类似电话的终端设备，通过银行系统就能从个人银行账户里直接完成付款的形式。

移动支付是使用移动设备通过无线方式完成支付行为的一种新型的支付形式。移动支付所使用的移动终端可以是手机、平板电脑等。

5. 电子支付方式

电子支付通常是通过网络，其特征是线上交易、线上结算，将支付方式网络化和电子化。目前常见的网上支付方式有以下几种。

① 网银支付。银行卡是由银行发行的，其本身就具备了存取现金、转账、消费、信贷等功能，同时在开通网上银行（简称"网银"）以后，能够完成相同功能的结算支付，因此其成为最普遍的网上支付方式之一。但是，网银也存在一些问题，那就是不同银行、不同分行、不同卡种之间存在着不同的支付网关、服务标准及地域障碍等问题，这给交易者选择和网站维护带来了一定的困难。

② 第三方支付。它最突出的优点是能够完成第三方担保支付的功能，是目前最受欢迎的电子支付方式之一。目前，支付宝、微信支付、银联支付都是此类平台。

③ 电子现金。电子现金是一种以数据加密的形式流通的货币，其发行者和接收者之间需建立协议、明确授权关系，当下用得比较少。

④ 电子钱包和电子支票。这种数字形式的货币凭证，目前运用得比较少。

⑤ 中央银行数字货币（Central Bank Digital Currency，CBDC）。这是中央银行货币的电子形式，个人和企业都可以使用它来进行付款和储值。我国的 CBDC 就是数字人民币，由中国人民银行发行，是与纸钞和硬币等价的法定货币。它具有可控匿名的特点，借助与区块链类似的分布式记账技术，使交易双方匿名，但对央行不匿名，便于对资金去向进行追踪。数字人民币既支持在线支付，又支持离线支付。没有互联网连接也可实现支付是数字人民币的一大优势。数字人民币的支付结算不需要经过银行、第三方平台，也就不会产生资本清算费用、平台运营成本等所带来的手续费。在目前电子商务活动中，数字人民币的使用处于起步阶段。

6.2 网银支付

网银支付是最基本的电子支付方式之一，国内几乎每一家银行都会提供网银支付业务，这在拓展银行业务的同时极大地促进了电子商务的发展。

6.2.1 网银与电子商务支付

有效地实现支付手段的电子化和网络化是网上交易成败的关键，直接关系到电子商务的发展。网银创造的电子货币及其独具优势的网上支付功能，为电子商务中电子支付的实现提供了强有力的支持。作为电子支付和结算的执行者，网银起着连接买卖双方的纽带作用，网银所提供的电子支付服务是电子商务活动中的关键因素。

1. 网银的概念

网上银行又称网络银行、在线银行或电子银行，通常简称网银。它是各银行在互联网中设立的虚拟柜台，银行利用网络技术，通过互联网向客户提供开户、销户、查询、对账、行内转账、跨行转账、信贷、网上证券、投资理财等传统服务，使客户足不出户就能够安全、便捷地管理活期和定期存款、支票、信用卡及个人投资等。

网银的特点是客户只要拥有账号和密码，就能在世界各地通过互联网进入银行处理交易，它打破了传统银行业务的地域、时间限制，能在任何时候、任何地方、以任何方式为客户提供金融服务。

2. 网银的分类

按照有无实体网点可以将网银分为两类：一类是完全依赖于互联网的无形的网银，也称"虚拟银行"，即指没有实际物理柜台作为支持的网银；另一类是在现有传统银行的基础上，利用互联网开展传统的银行业务交易服务，即传统银行利用互联网作为新的服务手段为客户提供在线服务，实际上是传统银行服务在互联网上的延伸。后者是目前网银存在的主要形式，也是绝大多数商业银行采取的网银发展模式。

按照服务对象，可以将网银分为个人网银和企业网银两种。个人网银主要适用于个人和家庭的日常支付与转账。客户可以通过个人网银服务，完成实时查询、转账、网上支付和汇款等功能。企业网银主要针对企业与政府部门等企事业客户。企事业客户可以通过企业网银服务实时了解企业财务的运作情况，及时在组织内部调配资金，轻松处理大批量的网上支付和工资发放业务，并可处理信用证相关业务。

3. 网银的安全机制

由于在开放的网络环境中运行，网银具有完善的安全机制，涉及网站认证、传输安全、身份认证、授权管理、网上交易资金封闭系统流动、网上支付信息保护、功能申请、设定交易限额、"网上支付"账号与银行主账号分离、严格的网上商户管理、网上交易的可追溯性等。

在安全协议上，目前国内银行在用户连接网络时都是采用基于 SSL 协议加密的 HTTPS。另外，银行还提供一些安全手段来保证安全性，如表 6-1 所示。

表 6-1 银行的安全手段

安全手段	说明
密码	包括登录密码和支付密码。密码使用方便，但是泄露会产生很大风险
移动数字证书	移动数字证书是将数字证书存储在类似 U 盘的硬件上，用户进行网银支付时只需将其插在计算机上即可，携带方便
动态口令验证	在接近 U 盘大小的物理硬件上每隔一段时间产生 6 位数的口令码，其原理是每隔一定时间，将硬件内数字时钟的时间与硬件内部的密钥做一次哈希处理，然后截取哈希处理后的 6 个数字作为口令码
短信验证码	支付时银行系统会发短信验证码到开户时提供的手机号码上，要求用户提供

通常在手机不丢失、其他信息不泄露的情况下，网银支付具有较强的安全性。在国外对出口密码限制的情况下，浏览器提供的 SSL 加密不能提供有力保障，国内大多数网银在登录时会要求安装浏览器插件，其目的是提供额外的一次加密措施，用户输入的信息首先被插件加密一次，然后用 SSL 协议提供的加密手段再次加密。

4. 网银支付

网银的业务品种非常丰富，网银支付只是网银的一个分支业务，是一种即时到账交易业务。

网银支付是最成熟的在线支付功能之一，是国内电子商务企业提供的在线交易服务不可或缺的功能之一。其特点是银行卡需事先开通网银支付功能，且在支付时完全是在银行网银页面输入银行卡信息并验证支付密码，具有稳定、易用、安全、可靠的特点。

在电子商务中具体实现网银支付时需要与银行直接对接，又称银行直连。这种方式与银行紧密集成，通过建立从用户到银行的安全通道，提供畅通的支付途径，提高用户对商家网站的信任度，通过稳定的支付后台来保证交易的稳定性。

> **注意**　本小节所讲解的网银支付主要是指直接使用网银进行支付。广义的网银支付还包括快捷支付、银联支付，这些在线支付方式都属于第三方支付，采用这些方式，用户不用开通网银，不过支付限额较低。用户若要进行大额的网上支付，就需要开通网银。

6.2.2　基于网银的电子商务支付系统

图 6-1 所示是基于网银的电子商务支付系统，由客户、商家、客户开户行（发卡行）、商家开户行（收单行）、支付网关、金融专用网和认证机构组成。除此之外，支付系统还包括所使用的支付工具和支付协议。

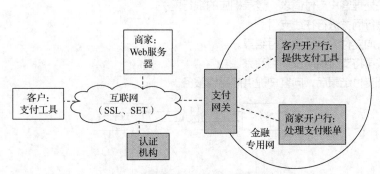

图 6-1　基于网银的电子商务支付系统的组成

1. 客户
客户用自己拥有的支付工具（如信用卡、电子钱包等）来发起支付，是整个支付系统运作的起点。
2. 商家
商家是商品交易的另一方，可以根据客户发起的支付指令向金融系统请求获取货币支付。
3. 客户开户行
客户开户行是指客户开设账户的银行。客户开户行在提供支付工具的同时也提供了银行信用，即保证支付工具的兑付。在以银行卡为基础的支付体系中，客户开户行又被称为发卡行。
4. 商家开户行
商家开户行是商家开设账户的银行，其账户是整个支付过程中资金流向的地方。商家开户行又称收单行。

5. 支付网关

支付网关是公用网（互联网）和银行金融系统（金融专用网）之间的接口，实际上是一组服务器，主要作用是完成两者之间的通信，协议转换，数据加密、解密，以保护银行内部网络的安全。支付信息必须通过支付网关才能进入银行支付系统，进而完成支付的授权和获取。离开了支付网关，网银的电子支付功能也就无法实现。

6. 金融专用网

金融专用网是银行内部及银行间进行通信的网络，具有较高的安全性，如全国电子联行系统、银行卡授权系统等。

7. 认证机构

电子商务认证机构是为解决电子商务活动中交易参与各方身份、资信的认定，维护交易活动的安全，从根本上保障电子商务交易活动顺利进行而设立的。它负责为参与电子商务活动的各方发放数字证书，以确认各方的身份。为确保安全，网银一般都会引进权威的第三方认证机制，使用第三方认证中心的证书完成网上交易，以可靠地解决网上信息传输安全和信用问题。目前国内网银的第三方认证机构通常是中国金融认证中心（China Financial Certification Authority，CFCA）。

6.2.3　网银支付结算流程

网银支付结算流程如图 6-2 所示，主要步骤说明如下。

客户在使用网银支付之前必须注册网银。

① 客户到支持网银支付的商家网站选购商品或服务。

② 商家系统连接到支付网关，向支付网关发送支付请求。

③ 客户结算时选择网银支付方式。

④ 支付网关处理客户支付请求，登录相应的银行网关。

⑤ 客户向银行网关进行在线支付。

⑥ 银行网关向支付网关反馈支付结果。

⑦ 支付网关再将支付结果反馈给商家。

⑧ 商家验证支付结果后，向客户提供商品或服务。

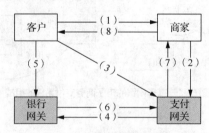

图 6-2　网银支付结算流程

6.3　第三方支付

在电子商务发展的早期，一般采用银行汇款，或者货到付款的形式完成交易。网银开始流行之后，许多购物网站纷纷采用网银支付，但是网银支付大多属于即时付款，用户付款后，钱款马上从买家的银行账户转到卖家的银行账户。如果卖家在收到货款后不发货，买家就没有办法。这种交易形式让买家处于不利地位，从而限制了电子商务的发展。为解决这个问题，诞生了可信第三方（Trusted Third Party）。例如，支付宝作为中介担保平台，解决了电子商务中的信任问题，而且与网银支付相比，支付宝支付便捷、流畅，大大推动了电子商务活动的开展，也带动了一批第三方支付平台的推出。

6.3.1　第三方支付平台

第三方支付是指具备一定实力和信誉保障的独立机构，通过与各银行签约的方式，提供与银行支付结算系统对接进行交易的网络支付模式。第三方支付机构在获得支付业务许可证后，与各银行签约，利用计算机和安全信息技术，在买家、卖家及银行之间建立"桥梁"，为买方与卖方的交易提供款项支付、资金转移、查询记录等服务。

支付平台（Payment Platform）是买卖双方交易过程中的"中间件"，也可以说是技术插件，是在银行监管下保障交易双方利益的独立机构。第三方支付平台是属于第三方的服务中介机构，用于实现第三方担保支付功能的支付平台。在通过第三方支付平台完成的交易中，买家选购商品后，使用第三方平台提供的账户进行货款支付，由第三方通知卖家货款到达。

第三方支付平台主要面向电子商务业务提供电子商务基础支撑与应用支撑服务，并不直接从事具体的电子商务活动。它独立于银行、网站及商家，主要职能是担保支付。

第三方支付平台解决了物流及资金流双向流动问题，突破了时间与空间的限制，提高了交易的可信度。另外，支付平台或机构通常会对交易行为进行记录，防止发生抵赖。

第三方支付平台本身依附于大型的门户网站，且以与其合作的银行的信用作为依托，因此第三方支付平台能够较好地解决网上交易中的信用问题，有利于推动电子商务的快速发展。

6.3.2　第三方支付平台结算流程

要理解第三方支付原理，就要了解第三方支付平台结算流程，图6-3描述的是用户使用第三方支付平台进行商品买卖和结算的流程，主要步骤说明如下。

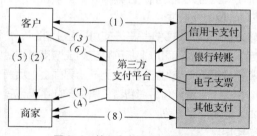

图6-3　第三方支付平台结算流程

① 客户在使用第三方支付时，首先必须在第三方支付平台注册账号，一般可以使用手机号码注册，也可以用邮箱注册。在能够支付之前，必须使用其他方式（如电子支票、银行转账或信用卡支付）往该平台账户里充值。

② 客户可以到支持第三方支付的商家网站选购商品或者服务。进行结算时，选择第三方支付作为支付手段。

③ 客户在自己的客户端上完成支付，其第三方支付平台账户上的资金实际上转到了第三方支付平台的一个专有账户上，并暂时由第三方支付平台保管。

④ 第三方支付平台通知商家客户已付款。

⑤ 商家根据客户提供的收货地址给客户发货。

⑥ 客户收到货物，检查完好之后，在第三方支付平台上确认收货。

⑦ 第三方支付平台将保管的货款转移到商家的账户之中。

⑧ 商家随时可以将自己账户中的资金通过转移到银行卡等方式转出。

由上述流程可知，第三方支付平台的存在使得买卖双方都有了保障。客户在没确认收货之前，其资金一直是安全的。如果产生纠纷，第三方支付平台也可以居中调解。

> **注意** 根据《中国人民银行支付结算司关于将非银行支付机构网络支付业务由直连模式迁移至网联平台处理的通知》，自 2018 年 6 月 30 日起，支付机构受理的涉及银行账户的网络支付业务全部通过网联平台处理。第三方支付平台在各家银行的清算账户直接被切断，必须经过网联或者银联系统之后才能连接到银行。这就是所谓的"断直连"，旨在加强金融监管，并不直接影响客户和商家，只是在第三方支付平台与银行之间增加了网联或银联平台。

6.3.3 第三方支付的特征

第三方支付作为一种新兴的支付方式，具有以下主要特征。

1. 完全与交易双方和银行相独立，具有独立性

在第三方支付所支持的交易下，第三方支付平台完全与交易双方相独立，买卖双方达成买卖合同约定，买方支付货款之后、收到货物之前，货款交由第三方支付平台临时保管，买家收取货物检查无质量问题，并向第三方支付平台表示同意后，第三方支付平台向卖家履行支付行为，并不直接参与整个交易过程。第三方支付平台的独立性决定了它可以公正、及时地维护交易双方的权益，确保双方资金安全。

2. 在业务流程和技术支持方面具有安全性

由于网上购物是在虚拟的环境中进行的，买卖双方分离，交易的安全性显得特别重要。第三方支付因为其独立性等特征，可以独立于交易双方，公平、公正、及时地把资金转入卖方账户，确保资金的安全和交易的顺利进行。第三方支付平台采用先进的网上支付技术，安全级别很高。银行网关的安全性加上支付平台自身的防火墙系统使得交易更加安全、可靠。

3. 可以整合多种银行支付，具有便捷性

第三方支付使用起来比较方便，买方只要在第三方支付平台上注册一个私人账号，然后将自己的银行账户和第三方支付平台绑定，在支付时就可以把货款打进第三方支付平台的账户中。第三方支付平台提供一系列应用接口程序，将多种银行卡支付方式整合到一个界面上，负责交易结算中与银行的对接，使网上购物更加快捷、便利。相较于传统支付，消费者只需要一部手机或者一台计算机，就能轻松解决支付问题，可以节约交易成本，提高交易效率。

4. 可以提高交易双方信用水平

网络交易不像传统交易那样面对面，容易让交易双方无法建立起信任，再加上商家和客户之间的信息不对称，使得交易双方容易产生猜疑。第三方支付平台本身就是实力强、信誉好的企业，并且又与多家银行合作，加上这种支付方式依靠先进的计算机技术、网络技术，本身就十分安全，使得买卖双方都提高了对交易的信赖度。

6.3.4 快捷支付

快捷支付是指用户购买商品时，不需要开通网银，只需提供银行卡卡号、户名、手机号码等信息，银行验证了手机号码的正确性后，第三方支付平台发送手机动态口令到用户的手机上，用户输入正确的动态口令，即可完成支付。如果用户选择保存卡信息，则用户下次支付时，输入第三方支付的支付密码或者手机动态口令即可完成支付。

快捷支付和网银支付的最大区别就是，快捷支付和第三方支付一样，钱没有直接打给商家，买家不容易被骗。快捷支付降低了网上支付的门槛，同时也提高了安全保障性。目前，银联和第三方支付平台大都提供快捷支付服务。具体来讲，快捷支付具有以下优点。

① 可跨终端、跨平台、跨浏览器支付。

② 操作方便，只需要银行卡信息、身份信息及手机就能支付，无须使用 U 盾等安全手段。

③ 页面跳转少，减少了密码被钓鱼工具盗取信息的可能性。

④ 没有使用门槛，只要有银行卡，无须开通网银、无须安装网银控件、无须携带 U 盾/口令卡等。

⑤ 支付成功率高，用户使用费低。

⑥ 操作相对简单。

6.3.5 第四方支付与聚合支付

第四方支付是相对第三方支付而言的，是对第三方支付平台服务的拓展。第三方支付介于银行和商户之间，而第四方支付介于第三方支付和商户之间，没有支付许可牌照的限制。

第四方支付平台属于支付服务集成商，集成了各种第三方支付平台、合作银行、合作电信运营商和其他服务商接口，整合多种支付渠道，能够根据商户的需求进行个性化定制，形成支付通道资源互补优势，满足商户需求，提供适合商户的多方位支付解决方案，也就是目前比较热门的聚合支付。

作为一种统一支付产品，第四方支付提供更安全的支付体验、更方便的快捷接入和更多的支付渠道。它全面支持包括微信支付、支付宝支付、微信 H5 支付、支付宝 H5 支付、公众号支付、网银支付、银联快捷支付等支付渠道，支持 PC 端、移动端等多种终端。无论商户使用哪种支付渠道，只要通过聚合支付接入，即可使用聚合支付对账单及数据进行统计，实现收款、结算、数据统计全面聚合，解决商户在不同渠道重复对账、独立统计的弊端。

另外，第四方支付具有费率低、接入难度小、灵活性高等诸多优点，尤其适合初创型或中小型电子商务企业。

 注意 个别第四方支付服务商对商户审核不够严格，对接口管理不够规范，甚至存在刷单、套现等违规问题，在选择时一定要注意甄别，不要为利益而铤而走险。

6.3.6 第三方支付主要平台

目前，国内的第三方支付平台主要有支付宝、微信支付、云闪付等，银联支付也是一种特殊的第三方支付。下面简要介绍支付宝、微信支付和银联支付，以及云闪付。

1. 支付宝

支付宝是国内常用的第三方支付平台，致力于提供简单、安全、快速的支付解决方案。支付宝与国内、外银行以及 VISA、MasterCard 国际组织等机构建立战略合作关系，成为金融机构在电子支付领域最值得信任的合作伙伴之一。使用支付宝支付需要先注册支付宝账户，支付宝账户分为个人账户和企业账户两类，在支付宝官方网站或者支付宝 App 注册均可。支付宝提供了以下支付功能供商家快速集成。

- 当面付。适合线下交易场景，商家可生成订单二维码供用户扫码支付；也可扫描用户二维码完成收款。
- App 支付。商家快速在自有 App 中集成支付宝支付功能。
- 手机网站支付。为商家移动端网页应用提供集成支付宝支付功能接口。
- 计算机网站支付。为商家 PC 端网页应用提供集成支付宝支付功能接口。

- 刷脸付。适合线下自助支付场景，用户可通过刷脸操作使用支付宝付款。
- 互联网平台直付通。集支付、结算、分账等功能为一体的直付通，可帮助电商、互娱平台解决可能存在的合规问题。
- 支付宝预授权。需要用户在服务前准备一笔预授权资金，商家在服务完结时从预授权资金中扣除消费金额。
- 新当面资金授权。线下消费需要提前缴纳一定的押金，消费结束进行结算时，再根据实际消费情况从押金中扣除消费金额。
- 周期扣款。适合会员收费、话费定时充值等周期定额扣款场景。

2. 微信支付

微信支付是集成在微信客户端的支付功能，用户可以通过手机快速完成支付流程。微信支付以绑定银行卡的快捷支付为基础，向用户提供安全、快捷、高效的支付服务。为满足用户及商户的不同支付需求，微信支持的支付场景包括线下场所接入支付、公众号接入支付、小程序接入支付、PC 网站接入支付、App 接入支付和企业微信接入支付。微信提供的支付产品有付款码支付、JSAPI 支付、Native 支付、App 支付、小程序支付和刷脸支付等。

3. 银联支付

银联支付是中国银联为满足各方网上支付需求，联合各商业银行共同打造的银行卡网上交易转接清算平台，也是国内首个具有金融级预授权担保交易功能、全面支持所有类型银联卡的集成化、综合性网上支付平台。它是一个特殊的第三方电子支付平台。

银联支付涵盖认证支付、快捷支付、储值卡支付、网银支付等多种支付方式，广泛应用于购物缴费、还款转账、商旅服务、基金申购、企业代收付等诸多领域。

银联支付的优点：具有简单、灵活的快捷支付模式，无须开通网银，加快交易进程，提升用户体验，有助银行、商户吸引更多客户，促进网上交易；多重安全技术保障，实时风险监控，充分保证支付安全；与其他担保交易提前划款给第三方账户不同，银联支付的金融级预授权担保交易，是在持卡人自有银行账户内冻结交易资金，免除利息损失和资金挪用风险，最大化保证银行、商户和持卡人权益；延伸全球的银联网络，越来越多的银联境外网上商户让持卡人"轻点鼠标，网购全球"。

4. 云闪付

云闪付是一种非现金收付款移动交易结算工具，是在中国人民银行的指导下，由中国银联携手各商业银行、支付机构等共同开发建设、共同维护运营的移动支付 App。云闪付拥有跨行银行卡管理服务，支持国内所有银联卡的绑定。云闪付目前已应用于网络购物、出行服务、餐饮服务、文娱服务等场景。

6.4　电子商务网站在线支付

电子商务网站的目标就是促成交易。在支付环节上出现问题，最直接的影响之一就是客户无法完成这次交易，更深远的影响就是客户可能会放弃这个网站，因此安全、流畅的支付环节对电子商务网站是非常重要的，而在线支付是目前电子商务支付的主流。

6.4.1　电子商务网站在线支付流程

电子商务网站在线支付流程包括以下 3 个环节。

1. 支付前

支付前指的是客户在购物过程中，从进入网站开始浏览和选择商品、将商品加入购物车、结算提交订单的这个环节，提交订单时要填写收货人信息（包括收货人姓名、收货人地址、联系电话等），如果有特殊需求还可以添加到备注中。如果在购物过程中有疑问可以直接联系商家客服进行咨询。

2. 支付中

支付中是客户真正付款的环节，也是将客户的货款转向商家的必经流程。这个阶段客户需要确认订单并选择付款方式，有的网站支持货到付款，或者在线支付。在线支付的方式有很多种，一般网站都可以进行网银支付、支付宝支付、微信支付等。

清晰、简洁而又安全的支付操作流程有助于用户顺利完成网站支付，图 6-4 所示的是在线支付操作流程示例。简洁、方便的支付流程更有利于促成交易。在线支付方式的安全性比较高，电子商务网站建设应做好配套的安全措施，让客户可以放心使用。

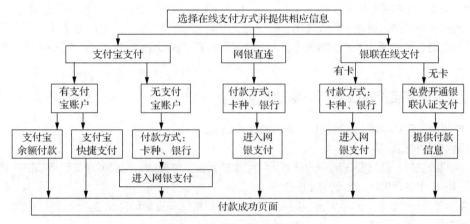

图6-4 在线支付操作流程示例

3. 支付后

客户顺利地完成支付后，网站最好能给出反馈，以提醒客户整个支付过程已经完成。此时也可以通过页面、邮件、短信等方式告知客户已经付款成功，并附上相关订单的购买信息和安全提醒等，这样做可以让客户清楚地知道已经完成了支付，还可以确认所支付的是不是自己要购买的商品或服务。

客户支付完成后，网站可以针对客户购买的商品或服务，提供一些额外的相关服务或活动，可以是与订单本身相关的卖家发货后的快递单号，便于客户通过快递单号追踪商品的物流信息，也可以是一些优惠券的说明。交易完后要引导客户确认收货，并对商品进行评价，同时为一些需要提供售后服务的商品开展服务。

在线支付流程并不仅仅指付款中这一个环节，还包括支付前和支付后这两个重要的引导性环节，这些都需要尽可能优化。设计的支付流程应该让客户更清晰地了解网站的支付全过程，降低因为支付流程不熟悉而导致的客户流失。

6.4.2 选择电子商务网站支付接口

为电子商务网站选择合适的支付接口十分重要。在线支付的基本过程为：客户→选择支付接口→付款到收单行→收单行返回支付结果的通知→第三方支付平台→电子商务网站收到通知后→反馈给客户。在这个过程中支付接口有可能由第三方支付提供，也有可能由银行直接提供，即银行直连。如果支付接口由第三方支付平台提供，那么收单行返回支付结果的通知将通过第三方支付平台返回给电子商务网站从而改变订单的状态；如果是银行直连，那么收单行返回支付结果的通知将直接返回给电子商务网站。

银行直连接口并不适合多数电子商务网站。究其原因有两个方面：一方面，对客户不方便，客户在付款时需要的信息较为烦琐，如银行卡号、银行名称、支付密码等，并且直接从银行卡扣钱，若卡中金额不足，付款就会失败；另一方面，对接银行开发成本较高，交易量不大的情况下很不划算，这就要求商家要非常有实力，但即使具备相当的实力，也需要与每家银行单独签订接口协议，可见经济成本和技术成本之高。

第三方支付接口适合多数电子商务网站。对接像支付宝、微信支付这样的第三方支付平台，既可以通过支付平台直接支付，又可以接通银行卡快捷支付，操作简单便捷。第三方支付汇总了各家银行的接口，提供统一的支付接口，大大降低了电子商务网站的技术成本和经济成本。

第四方支付接口更适合一些初创的或中小型的电子商务网站。它将多个第三方支付接口聚合到一起，有的还集成网银支付，形成包括支付宝、微信支付、银联支付、度小满钱包、京东钱包等多渠道的统一支付平台。其支付技术服务包括专业的 SDK（Software Development Kit，软件开发工具包）、API 数据服务，提供一站式接口管理，大大简化了商户与支付渠道的对接过程。有的第四方支付接口还支持集中管理日常交易、账务等，满足多角色需求。国内第四方支付接口主要有竣付通、口碑聚合、智付云、数科宝等。

6.4.3　电子商务网站支付接口申请

要在电子商务网站中集成支付接口，首先需要申请接口。

1. 网银支付接口申请

要使用网银支付，就需要在商户的业务系统中集成网银支付接口。网站网银支付接口的申请流程大同小异，这里以中国建设银行为例做简要介绍。

① 商户提交申请材料，包括营业执照复印件、组织机构代码证复印件和法人代表身份证复印件。

② 商户与银行签订协议。

③ 银行为商户提供结算及保证金账户与网上预申请密码。

④ 商户在网上填写申请（需输入网上预申请密码才能见到开户申请表）。

⑤ 商户签署电子支付合作协议。

⑥ 网银中心受理并核发 CA 证书，建立商户信息维护表。

⑦ 商户下载证书。

⑧ 需要实时反馈支付信息的商户，登录网银系统，申请密钥。

⑨ 完成开户。

注意　一般的电子商务网站并不需要与每个银行单独签约，而且银行一般也不会跟每个中小型网站签约，第三方支付平台大都与多家银行签约，可以使用各大银行的支付通道，所以网站只需要与第三方支付平台签约即可享用多个银行的支付接口。

2. 第三方支付接口申请

第三方支付接口申请流程如下。

① 电子商务网站企业在第三方支付平台注册账户，联系客服商定费率和接口细节。支付接口费率因行业类型不同、支付公司不同而有差异，具体细节请联系客服商讨。

② 企业签约需提供企业证件，如营业执照复印件、法人身份证复印件、组织机构代码证复印件、税务登记证复印件、开户许可证；个人签约提供身份证扫描件。

③ 提供域名并进行网站 ICP 备案，备案信息必须与提供的资料信息一致。

④ 提供法人或个人划款银行账户。

⑤ 等待第三方支付平台审核资料，审核通过则下发支付接口，商户可以根据接口文档顺利接入电子商务网站，并测试运行。

3. 第四方支付接口申请

第四方支付接口申请与第三方支付接口申请流程一样，一般包括以下 4 个步骤。

① 注册账号。

② 上传认证资料。

③ 认证通过后，下载接口文档进行安装、调试。

④ 成功运行。

在整个申请过程中，相对而言第 2 步和第 3 步要麻烦一些。一般的认证资料，大部分第四方支付平台都要求提供企业"五证"复印件、法人身份证正反面扫描件、银行卡正反面扫描件，基本上不对个人开放。而在接口安装过程中，将第四方支付接口放入网页中，设置好参数即可。

6.4.4　电子商务网站集成支付宝支付接口

在电子商务网站中集成支付宝支付接口主要分为计算机网站支付和手机网站支付两种类型。用户在 PC 端访问商户网站进行购物时，可直接跳转到支付宝收银台完成付款。手机网站支付适用于商户在移动设备网页应用中集成支付宝支付功能。这里简单介绍计算机网站支付。用户要在自己的应用中使用支付宝开放产品的接口能力，需要先入驻支付宝开放平台，前提是注册支付宝账号并完成实名认证。

1. 计算机网站支付的应用场景

计算机网站支付即用户通过支付宝收银台完成支付，交易款项即时转到商户支付宝账户，并提供退款、清结算、对账等配套服务，基本应用场景如下。

① 买家在商户网站选择需购买的商品，填写订单信息后，单击"立即购买"。

② 网页跳转到支付宝收银台页面。用户可以使用支付宝 App 扫一扫屏幕二维码，待手机提示付款后选择支付方式并输入密码即可完成支付；如果不使用手机支付，也可以选择登录账户付款，输入支付宝账号和登录密码登录支付宝收银台。登录成功后可以跳转到商户页面。

③ 用户选择付款方式后，输入支付密码并确认付款，付款成功则页面跳转到付款成功页。

2. 计算机网站支付的接入基本步骤

计算机网站支付的接入基本步骤如下。

（1）创建应用

① 登录到支付宝开放平台，进入管理中心，打开控制台，选择需要创建的应用类型（计算机网站选择"网页/移动应用"），单击"创建应用"按钮，出现图 6-5 所示的界面，填写应用基本信息，单击"确认创建"按钮。

图 6-5　创建应用

② 在"能力列表"部分单击"添加能力"按钮，弹出图6-6所示的界面，选择应用要添加的功能，这里选择"计算机网站支付"，单击"确定"按钮。不同的功能会有不同的使用条件，如果功能使用条件为需签约，则使用此功能前需要签约对应的产品。

图6-6 为应用添加能力

③ 配置应用环境。在图6-7所示的"开发设置"区域配置应用环境，其中接口加签方式必须设置，不过设置前需要先生成密钥或证书。

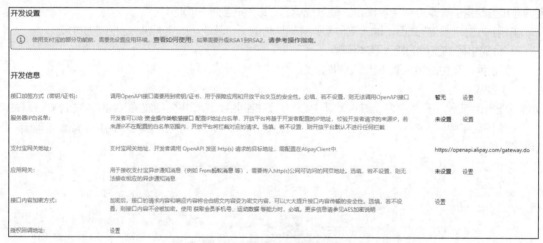

图6-7 应用程序的开发设置

④ 查看APPID。在创建应用后，开放平台会为应用生成应用唯一标识（APPID），通过APPID才能调用开放产品的接口能力。在控制台中"我的应用"区域可以查看当前账号下所有应用的APPID。

（2）绑定应用

以普通商户为例，登录商家中心，选择"账号中心"＞"绑定"＞"APPID绑定"＞"添加绑定"，填写APPID，单击"下一步"按钮即可完成绑定。

（3）配置密钥

企业开发者若要接入资金类支出接口，必须使用公钥证书模式。个人开发者不接入资金类接口，建议使用公钥模式进行加签。这里以公钥模式为例。

① 生成 RSA 密钥, RSA 密钥包含应用私钥 (APP_PRIVATE_KEY)、应用公钥 (APP_PUBLIC_KEY)。可以下载并安装支付宝开放平台开发助手，使用它来生成应用私钥和应用公钥，生成密钥及密钥保存设置如图 6-8 和图 6-9 所示。

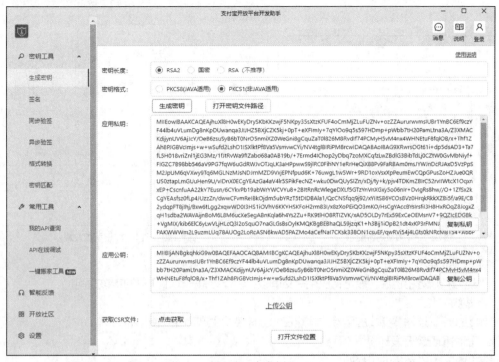

图 6-8 生成密钥

图 6-9 密钥保存设置

② 在支付宝开放平台从管理中心切换到控制台，打开要配置密钥的应用，在"开发设置"区域单击接口加签方式处的"设置"按钮，弹出图 6-10 所示的对话框，复制生成的应用公钥，并将其粘贴到

图 6-7 中的"填写公钥字符"文本区，单击"保存设置"按钮即可完成应用公钥的上传，支付宝将自动生成对应的支付宝公钥，如图 6-11 所示。

图 6-10　加签内容配置　　　　　　　　　　图 6-11　加签配置完成

（4）上线应用

添加能力和配置密钥后，即可将应用提交审核，预计会有一个工作日的审核时间。

（5）签约

应用上线后，还需要完成应用签约才能在线上环境（生产环境）使用能力。

（6）搭建和配置开发环境

搭建和配置开发环境的步骤如下。

① 下载服务端 SDK。为了帮助开发者调用开放接口，支付宝提供了开放平台服务端 SDK，包含 Java、PHP、Node.js、Python 和 C#等 5 种语言版本，封装了签名和验签、HTTP 接口请求等基础功能。下载对应语言版本的 SDK 并引入开发项目中。

② 接口调用配置。

调用具体的 API 前需要创建 Aop 对象，AOP 是 Alipay Open Platform（支付宝开放平台）的简称。以 PHP 开发包为例，它通过以下配置文件（具体参数需要根据应用填写）来定义 Aop 对象所需的参数，这里使用的是公钥模式，公钥证书模式略有不同。

```php
<?php
$config = array (
    //应用 ID，您的 APPID
    'app_id' => "",
    //商户私钥
    'merchant_private_key' => "",
    //异步通知地址
    'notify_url' => "http://外网可访问网关地址/alipay.trade.page.pay-PHP-UTF-8/notify_url.php",
    //同步跳转
    'return_url' => "http://外网可访问网关地址/alipay.trade.page.pay-PHP-UTF-8/return_url.php",
    //编码格式
    'charset' => "UTF-8",
```

```
//签名方式
'sign_type'=>"RSA2",
//支付宝网关
'gatewayUrl' => "https://openapi.alipay.com/gateway.do",
//对应 APPID 下的支付宝公钥
'alipay_public_key' => "",
//日志路径
'log_path' => "",
);
```

然后基于上述配置文件内容创建一个 Aop 对象。

```
$aop = new AlipayTradeService($config);
```

（7）接口调用

支付宝提供的支付接口包括统一收单下单并支付页面接口、统一收单线下交易查询接口、统一收单交易退款接口、统一收单交易退款查询接口、收单退款冲退完成通知接口、统一收单交易关闭接口。为方便商户快速查账，支持商户通过接口获取商户离线账单下载地址。

6.4.5 电子商务网站集成微信支付接口

微信支付支持完成域名 ICP 备案的网站接入支付功能。网站接入微信支付后，可以集成 Native 支付和 JSAPI 支付两种接口，自行生成二维码，用户可以使用微信"扫一扫"来完成支付。无论以哪种接口接入，首先需要申请接入微信支付，入驻微信支付平台。

1. 接入微信支付

用户接入微信支付前首先要选择接入模式，微信支付目前提供以下两种接入模式。

● 直连模式。商户自行申请入驻微信支付时无须服务商协助，通过平台申请即可成为普通商户。信息、资金流由微信支付直接对接直连商户。

● 服务商模式。商户通过微信支付服务商平台申请成为普通服务商。服务商无法以普通商户身份直接发起交易，发起交易必须传入相关特约商户商户号的参数信息。

商户接入微信支付的基本步骤如下。

① 提交材料。在线提交营业执照、身份证、银行账户等基本信息，并按指引完成账户验证。

② 签署协议。微信支付团队会在 1～2 个工作日内完成审核，审核通过后完成在线签约，即可体验各项产品能力。

③ 绑定场景。如需自行开发完成收款，需将商户号与 APPID 进行绑定，或者开通微信收款商业版完成收款。

2. Native 支付

Native 支付是指商户系统按微信支付协议生成支付二维码，用户再用微信"扫一扫"完成支付的模式。

（1）应用场景

用户扫描商户展示在各种场景的二维码进行支付，具体操作流程如下。

① 商户根据微信支付协议，为不同商品生成不同的二维码，将二维码展示在各种场景，用于用户购买商品时扫描。

② 用户使用微信"扫一扫"功能扫描二维码后，获取商品支付信息，这些信息会引导用户完成支付。

③ 用户确认支付，输入支付密码。

④ 支付完成后会提示用户支付成功，商户后台得到支付成功的通知。

（2）接入前准备

① 参数申请。申请 APPID 和 Mchid，绑定 APPID 和 mchid。APPID 是微信开放平台为 App 生成的唯一标识，在开放平台申请 App 账号后，微信会自动分配对应的 APPID，用于标识该应用。Mchid 即微信支付商户号，是商户申请微信支付后由微信支付平台分配的商户收款账号。

② 配置 API 密钥。API v3 密钥主要用于平台证书解密、回调信息解密。商户登录微信商户平台，选择"账户中心"→"API 安全"→"API 安全"，单击"API v3 密钥"，根据提示完成配置。

③ 下载并配置商户证书。商户可登录微信商户平台，选择"账户中心"→"API 安全"→"API 证书"下载证书并完成配置。

（3）搭建和配置开发环境

微信提供了 Java、PHP、GO 这 3 种语言的开发库，封装了签名生成、签名验证、敏感信息加/解密、媒体文件上传等基础功能。

（4）接口调用

用户在自己的程序中通过 API 接入 Native 支付产品，完成与微信支付的对接。微信为 Native 支付提供的 API 非常丰富，包括 Native 下单、查询订单、关闭订单、Native 调起支付、支付结果通知、申请退款、查询单笔退款、退款结果通知、申请交易账单、申请资金账单、下载账单等。

3. JSAPI 支付

JSAPI 支付是指商户通过调用微信支付提供的 JSAPI，在支付场景中调起微信支付模块完成收款。

若商户已有商城网站，用户通过消息或扫描二维码在微信内打开网页时，可以调用微信支付完成下单购买的流程。

① 商户下发图文消息或者通过自定义菜单吸引用户进入商户页面。

② 进入商户页面，用户选择购买，完成选购流程。

③ 调起微信支付控件，用户输入支付密码。

④ 密码验证通过，支付成功。商户后台得到支付成功的通知。

⑤ 返回商户页面，显示购买成功。该页面由商户自定义。

⑥ 微信支付公众号下发支付凭证。

JSAPI 支付的接入前准备、搭建和配置开发环境与 Native 支付基本相同。与 Native 支付不同的是，JSAPI 支付还涉及业务开发配置。首先设置支付授权目录（商户最后请求拉起微信支付收银台的页面地址），商户实际的支付授权目录必须和在微信支付商户平台设置的一致。然后设置授权域名，在 JSAPI 下单接口中要求必须上传用户 openid，而获取 openid 则需要用户在微信公众平台设置获取 openid 的域名，只有被设置过的域名才是有效的获取 openid 的域名，否则将获取失败。

用户在自己的程序中通过 API 接入 JSAPI 支付产品，完成与微信支付的对接。微信为 JSAPI 支付提供的 API 非常丰富，与 Native 支付 API 的功能基本相同。

【任务实施】

任务实施　体验京东
商城的在线支付流程

【拓展实验】

拓展实验 体验电子商
务网站的在线支付流程

【项目小结】

　　支付是整个电子商务网站建设的重要环节。科技赋能支付，随着互联网技术和金融科技的发展，在线支付已经成为电子商务网站最主要的支付方式之一，其中网银支付和第三方支付最常用。源自第三方支付的快捷支付在降低网上支付门槛的同时提高了安全保障，是一种广受欢迎的在线支付方式。作为对第三方支付平台服务的拓展，第四方支付将第三方支付和多种支付渠道聚合到统一的支付平台，大大降低了中小型电子商务网站的接入难度。通过对本项目的学习，读者应当了解上述电子支付的基础知识，但是最终要落实到电子商务网站的在线支付实现，还需掌握电子商务网站的在线支付流程、支付接口的选择和支付接口的申请，了解网站如何集成主流的支付宝支付接口和微信支付接口。考虑到需要以正式的商户身份才能与平台正式签约，本项目没有给出详细的电子商务网站集成支付接口的操作实例。电子支付属于金融科技，支付平台只有守正创新、合规运营才会有长远发展。再一次强调，我们为电子商务网站选择在线支付接口时，一定要选择合规运营的服务商。

【项目习题】

1. 登录支付宝开放平台，了解支付宝支付接口的有关知识。
2. 登录微信支付开发平台，了解微信支付接口的有关知识。
3. 体验淘宝的在线支付流程。
4. 为电子商务网站设计一个在线支付流程图。
5. 登录支付宝开放平台，下载 PHP 版本的计算机网站支付开发包，分析其代码。（选做）

项目七
电子商务网站推广

07

【知识目标】

1. 了解网站推广的含义；
2. 知晓传统的网站推广方式；
3. 知晓网络推广的方式；
4. 明白企业网站推广的目的。

【技能目标】

1. 能够掌握一种网站推广方法；
2. 能够独立或者与小组成员一起撰写网站推广方案；
3. 能够实施一次网站推广计划，并记录推广效果。

【预备知识】

1. 计算机和网络基础知识；
2. 营销学基础知识；
3. 电子商务基础知识；
4. 网页设计基础知识；
5. 统计调查与数据分析知识。

　　网站建立之后，下一步就是要提高访问量，因为一个没有人知道的网站是无法发挥作用的。为了提高企业网站访问量，使企业获得更多的商业机会，有效的推广非常重要。除了在企业的视觉识别（Visual Identity，VI）系统和宣传广告中印上公司的网址外，让网站登录搜索引擎（如百度等）并提高其在搜索结果中的排名是主要的推广手段。根据企业需要，可借助广播、报纸、电视、微信、手机短信、搜索引擎、二维码等推广网站。

　　推广功能完善的电子商务网站并非易事，因为要涉及网上支付、网络安全、商品配送等一系列复杂的问题，不仅投资巨大，而且需要大量专业技术人员。

　　许多企业创建网站后，不用心管理，以为万事大吉；有些企业创建网站后，进行了网站的推广，网站浏览量上来了，但企业创建网站的目的并没有达到，浏览量根本没有带来期望的交易对象。网站的推广要解决两方面的问题：一方面是提高网站的知名度，增加用户的访问量（可以通过技术方法统计）；另一方面是在已经浏览过企业网站的用户中有选择地保留住企业网站的潜在用户。这两个问题解决好了，企业网站的推广就基本成功了，企业的网站就有了更大存在的价值。

7.1 传统推广方式

传统推广方式包括传统媒体广告以及 VI 系统推广。

7.1.1 传统媒体广告

1. 报纸

作为传统媒体，报纸具有传播范围广、便于收藏、发行量大等特点，曾经一直作为承载企业广告的主要媒体。企业的电子商务网站也可以用其进行网站的推广工作。

2. 电视

作为传统媒体，电视具有收看人数多（经常达到亿人次），传播信息生动，可一次制作、反复使用等特点，长期以来受到各类企业的欢迎。企业在推广电子商务网站时，可借助此媒体。

3. 电台

作为最早的媒体之一，电台具有众多听众，它具有收听人数多，可收听条件简单，可一次制作、反复使用等特点。企业的电子商务网站的推广可以通过电台广播开展。

4. 杂志

作为传统媒体，杂志一般具有面向对象针对性强、发行范围广、便于保存等特点，在杂志上刊登广告，一般情况下等于企业选择了目标用户。在推广电子商务网站时，这种具有针对性的选择十分重要。

5. 户外广告

户外广告包括灯箱广告、路牌广告、横幅广告、巨型广告牌等多种形式。由于广告是在户外展示，特别是陈列在繁华地带、高速公路两侧、建筑物顶层等位置，所以特别吸引人。可以通过户外广告推广网站。

6. DM

简单来说，DM（Direct Mail）就是直投广告。此类广告针对性强，可以是企业网站的简介，也可以是企业的产品信息。由于信息更新速度快，有些企业每月或每旬均制作 DM，以更新产品、更新价格、更新服务等的信息。DM 成本较低，以制作 50 000 份 16 开广告为例，所需制作费和投递费在 7000 元左右。如果将企业网站的相关内容制作成 DM，投递到准用户家中，推广效果会比较明显。

7. 口头传播

口头传播就是平时所说的"听说"的传播过程。有传媒研究机构分析结果显示，平均每个人在得到一条消息后，会将消息传播给 7 个听众。如果此分析结果成立的话，企业网站的口头宣传就有以一当十的可能。根据 CNNIC 的调查，在得知新网址的途径中，经朋友、同学、同事介绍的占 56.8%，经网友介绍的占 28.6%。可以说，"道听途说"对网站的推广意义重大。

近几年，由于纸媒使用率的下降，企业在选择推广方式时，多与其他媒体形式结合，形成复合推广形式，如电视节目播放时使用二维码就是一种比较普遍的组合。

7.1.2 VI 系统推广

企业形象全称为企业形象识别系统（Corporate Identity System，CIS），包括理念识别（Mind Identity，MI）、视觉识别（Visual Identity，VI）、行为识别（Behavior Identity，BI）和听觉识别（Hear Identity，HI）4 个部分。其中，VI 是 CIS 的中心部分，所以普遍意义上的 CIS 指的就是 VI。VI 包括基

本设计要素和应用设计要素两大部分。基本设计要素包括标志、标志制图法、标志的使用规范、象征图案、中文标准字（横式、竖式）、中文指定印刷体、英文标准字、英文指定印刷体、标志与标准字组合、企业标准色、企业辅助色、标志与标准色彩使用规范等。应用设计要素包括办公用品类、广告使用类、车辆使用类、服装类及其他使用延伸。

如果企业拥有良好的 VI 系统，可以借助上述形式，推广企业的网站。好的标志能给人留下深刻的印象，醒目的标志能让人过目不忘。在 VI 系统中可以加入网站的推广信息，如介绍网址、展示企业 E-mail 等。

7.2　网络推广方式

长期以来，网站推广一直是网络营销的重点。电子商务企业将网站创建好后，是否还需花大力气利用网络来进行网站的推广呢？从电子商务发展的趋势、电子商务交易对象的特点、网站的经营特色来看，网络推广十分必要。短视频、社交媒体、搜索引擎、新闻资讯、电商平台、长视频和垂直平台成为主要的网络广告形式。网站的推广如果采用网络推广方式，可以对其类别加以统筹。

7.2.1　登录搜索引擎

搜索引擎（Search Engine）是可以搜索网上信息的地方，在搜索引擎上，几乎可以查找到任何想要查找的东西，解答大多数问题。形象地说，搜索引擎是网络的超级"黄页"、超级大的百科全书。

1. 登录搜索引擎的重要性

全球最大的网络调查公司之一的 CyberAtlas 的一项调查表明：网站 75% 的访问量都来自搜索引擎的推荐。美国顾问公司 IMT Strategy 调查"发现新网站的有效途径"的结果表明，搜索引擎的占比达 85%。搜索引擎作为网站推广的主要媒介，有着不可忽视的作用。国际上除电子邮件以外，信息搜索已成为第二大互联网应用，并且随着技术的进步，搜索效率不断提高，用户在查询资料时不仅越来越依赖搜索引擎，而且对搜索引擎的信任度也日渐提高。有了如此雄厚的用户基础，利用搜索引擎宣传企业形象和产品服务当然就能获得极好的效果。所以对于信息提供者，尤其是对中小型企业网站来说，目前很大程度上都是依靠搜索引擎来扩大自己的知名度，扩大自己的产品销售渠道的。

搜索引擎的出现，极大地方便了信息的查找，同时也给推广产品和服务创造了绝佳的机会。人们通过搜索引擎及其他网站提供的链接找到企业的网站，以获取企业的产品或服务的信息，这是网上营销的被动方式。很显然，只有对某种产品或服务感兴趣的人才会输入与此产品、服务相关的关键词，从而找到提供此种产品或提供此种服务的商家。得益于 Internet 覆盖全世界的用户（超过 40 亿），只要有中彩票的概率（二百万分之一），就有了 2000 个潜在客户，即便只是悉心挖掘这 2000 个潜在客户，也会获得不菲的收益。实际上获得潜在客户的概率要大得多，全球有那么多企业在 Internet 上踊跃建站的最主要的原因之一就是在网站上的投资获得了巨额的回报。

登录搜索引擎的重要性体现在以下几个方面。

① 搜索引擎上的信息针对性都很强。用搜索引擎查找资料的人都是对某一特定领域感兴趣的群体，所以愿意花费精力找到企业网站的人，往往很有可能就是企业渴望已久的交易对象。

② 方便潜在用户发现网站。潜在的用户也许以前从没听说过某个企业，但是，通过搜索引擎找寻服务时，可以非常容易地找到能提供服务的企业网站，进而与该公司联系。

③ 让网站登录搜索引擎的最大优势之一是具有极高的性价比。多数搜索引擎都免费接受网站注册，即使现在有些搜索引擎开始对商业网站收取费用，但相对其宣传效果来说，这点成本简直微不足道。中国部分搜索引擎在中国 2021 年的使用状况如图 7-1 所示。根据山西杰迅科技有限公司官方账号，2021 年中国搜索引擎市场占有率数据显示，2021 年百度搜索以 85.48% 的市场占有率高居榜首。

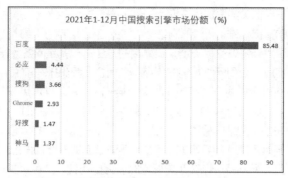

图 7-1 部分搜索引擎 2021 年在中国的使用状况

2. 登录搜索引擎的技术方法

现在，不少企业认识到在搜索引擎上注册的重要性，纷纷在搜索引擎上登录注册了网站，但是效果仍然不佳，因为做好网络营销并不是轻而易举的。只有对搜索引擎进行研究，对寻求服务的信息搜索者的行为习惯进行分析，才能真正地做好营销的每一步。登录搜索引擎要考虑的问题如下。

① 选取人气最旺的搜索引擎。国内、外的搜索引擎非常多，但主要的、影响力较大的不过十多个。

② 选取恰当的关键词（Key Word）。在网上查找和在图书文献中查找一样，需要确定恰当的关键词。只有选取了恰当的关键词，才能让查找者方便地找到。例如，生产食品机械的公司，如果为自己选取的关键词为"食品""机械"，就会导致很多寻找食品或其他机械的人来到其网站，从而造成宣传的效果不佳。如把"食品机械"作为关键词，针对性与实用性就强得多。在选取上，应该从产品名称、特点、学术界的标准、访问者的习惯等方面考虑。特别要注意的是英文关键词，由于翻译的水平所限，其表达的意思往往与国外行为习惯有偏差，选取时要特别细心。

③ 确保排名（Rank）靠前。当信息查找者在搜索引擎上使用关键词查找信息时，查找结果是相关企业网站的列表，这个列表包括全部已经登记并注册的相关公司网站。按关键词"电脑公司"搜索的结果如图 7-2 所示，搜索到 3 152 480 个结果。据调查，几乎所有的查找者都只看排在前 10 位或前 20 位的企业网站，而这些排在前面的网站几乎占了 90% 以上的访问量。

图 7-2 按关键词"电脑公司"进行搜索的结果

185

可以说，当用户以与产品相关的关键词在搜索引擎上搜索时，企业网站是否排在众多的竞争者之前，是搜索引擎推广成功与否的直接标准。新建的网站上线后的首要工作就是要让搜索引擎的"蜘蛛"来"爬行"并收录你的网站，除了发外链、交换友链，最直接的方法之一就是向各大搜索引擎提交你的 URL。正因如此，搜索引擎的排名成了公司网络营销的焦点，任何企业都想排在前面，抢占商机。

通常，在推广企业网站时会将同一站点加注两次。第一次，网站推广用来封锁客户可能检索的词，之后的网站描述就是用这些词组合起来的。第二次，网站的描述，说是描述，事实上是反复分析后得到的核心关键词，分析用户在各个网站的检索量、相关的可能的关键词及检索量。为什么这里要重复进行一次搜索加注？因为企业要尽可能地用好听的、可以让用户感到振奋的话去描述企业的网站，以起到广告作用。这样交叉起来，企业网站就可以在用户搜索时被直接找到，并且至少在搜索引擎的两个静态目录下出现。同时交叉的还有相关关键词，如搜索"可口可乐"的同时出现"百事可乐"的网站。这样就可以从源头上封锁机会——"被找到的机会"。怕花钱，可能反而会将钱分散地花在许多徒劳无功的反复摸索中。所以如果关键词不突出，就必须改造。

3．搜索引擎的评测标准

由于提供同类产品的网站众多，其排名有的在前、有的在后是必然的。而谁在前？谁在后？怎样决定？对于这些问题，提供查找服务的搜索引擎自有一套评估方法，并有评分细则。越符合其规则的网站，就会排在越前面。而且，这个规则是不公开的。大多数搜索引擎的评分规则都包括下面几点。

- 网站内容与关键词的相关程度。
- 网站是否完善，网站结构是否完整，是否无错误（链接、文字、显示……）。
- 网站的流行与普及程度。
- 网站的管理与维护情况。
- 其他情况。

搜索引擎的任务就是向查找者提供准确的资料。各个不同的搜索引擎，有各自的"喜好"，排名评分的细则也有所不同。只有针对这种规则进行认真研究，才可以得到种种使网站排名靠前的技巧。只有熟悉这种游戏规则，才能做好搜索引擎的推广工作。如果要从营销的角度建设企业网站，其中一大部分工作就是要在设计网站时使网站遵循这些规则。现在国内企业的网站，很多都没有注意到这一点，推广工作的效果当然不够好。

7.2.2 群件发送推广

如果说登录搜索引擎推广是一种被动式的网络营销，那么电子邮件群件发送推广则是一种主动式的推广，是类似于根据企业名录发征订单的一种宣传推广方式。

1．群件发送的优势

电子邮件群件发送利用邮件地址列表（企业名录），将信息通过 E-mail 发送到对方邮箱，以期达到宣传推广的目的。电子邮件是目前使用最广泛的互联网应用之一。它方便快捷，成本低，不失为一种有效的联络工具。电子邮件群件发送类似传统的直销方式，属于主动信息发布，带有一定的强制性。通过表 7-1 可以看出，电子邮箱是广大用户使用最多的网络服务项目之一，在 2017 年有 36.8% 的网民使用它，如果借助它来进行电子商务网站的推广，势必会带来比较明显的宣传效果。

表 7-1 用户电子邮件使用情况

应用	2017 年 12 月		2016 年 12 月		年增长率
	用户规模	网民使用率	用户规模	网民使用率	
电子邮件	28 422 万人	36.8%	24 815 万人	33.9%	14.5%

2. 群件发送应注意的问题

通过电子邮件推广产品，必须要谨慎，要尊重用户。如果不顾用户的感受，滥发邮件，容易引起用户反感，造成负面的影响。现在国内外都设立了法律禁止电子邮件的滥发。

有些非法搜索用户 E-mail 地址的软件，打着"网络营销"的旗号，利用部分用户急功近利、贪图便宜的心理来牟取私利，对网络营销环境造成了很大破坏。尽管国内已经成立了反垃圾邮件组织，但能否遏制垃圾邮件的泛滥仍然是未知数。

正是因为电子邮件是互联网上使用最广泛的功能之一，同时它又容易给用户带来负面影响，所以在通过电子邮件群件发送推广时要注意以下几点。

- 发送的对象必须是有兴趣（行业相关）的个人消费者或交易对象。
- 把握发送的频率。
- 认真、仔细地编写邮件的内容，要简短、有说服力。
- 必须将宣传对象吸引到网站上来，因为网站才能提供详尽的信息，才更有说服力。

3. 借助电子邮箱的功能进行推广

中国互联网络信息中心发布的报告显示，70%左右的用户对收到网站的广告邮件并不反感，如表 7-2 所示的数据显示。企业可以利用用户的心态进行电子商务推广。

表 7-2　用户将收到的网络广告邮件作为选择物品或服务的参考

用户态度	愿意	无所谓	不愿意
所占比例（%）	20.2	49.1	30.7

群件发送推广的方法主要包括以下几种。

① 借助互联网，直接向企业的潜在用户群发邮件。E-mail 地址可以通过企业的活动、网站的用户注册等手段进行收集。使用此方法一定要从用户的角度进行推广工作。要考虑的问题包括发件周期、发件格式、回复周期等。如果发件周期过于频繁，会使用户反感。发件格式一定要人性化，使浏览者能够轻松完成浏览。回复周期应该较短，使用户能够快速得到反馈信息。

② 借助无线通信网络，直接向更大范围的潜在用户群发邮件。英国的无线营销公司 Enpocket 发表的调查称，23%的手机用户会将收到的包含营销信息的短信保存起来以后阅读，20%的用户会将这些短信给自己的朋友看。平均来说，有 8%的手机用户会回复包含营销信息的短信，6%的手机用户会访问相关网站，4%的用户会购买通过短信进行推广的产品。

4. 电子邮件群件发送推广的评价

评价电子邮件群件发送推广的有效性有多个指标，送达率是其中最重要的一个。邮件退信率的上升就意味着送达率的下降。根据对电子邮件推广专业领域的了解，一些服务商的邮件退信率已经接近甚至超过 60%。造成邮件退信的主要原因包括邮件服务商对邮件的屏蔽、用户废弃原来的邮箱、免费邮箱终止服务、用户加入列表时的邮件地址不准确等。受众情况、价格及邮件资源也是评价的重要指标。

7.2.3　信息流推广

信息流推广就是在人们进行日常社交、信息检索或信息浏览时发布广告，受众在不知不觉中接收广告信息，通常用户体验不明显，投放信息针对性强。如果是有经验的广告制作者，可能会通过大流量、先进算法、多种多样的形式实现精准投放，还有企业有 AI 工具，使推广效果更突出。

以百度营销为例，推出的信息流广告将用户的推广信息自然融入各类信息中，易传播，易操作。百度信息流广告的优势就是根据客户主动搜索的关键词，在用户浏览信息时，定向展现营销内容，能够做到精准触达用户，即根据客户主动搜索的关键词，精准推荐相关信息；广告即内容，也就是在百度信息流中穿插原生广告，使用户潜移默化接收信息；承载亿级流量，即拥有海量优质内容和媒体资源。

1. 百度 App

7 亿用户在使用的手机"搜索+信息"客户端，依托百度网页、百度图片、百度新闻、百度知道、百度百科、百度地图、百度音乐、百度视频等专业垂直搜索频道，方便用户随时随地使用百度搜索服务，如图 7-3 所示。

2. 百度地图

百度地图具备全球化地理信息服务能力，日均响应 1200 亿次位置服务请求，涉及智能定位、POI（Point Of Interest，兴趣点）检索、路线规划、导航、路况等。导航定位精准、路线选择多，用户可选择使用躲避拥堵功能。地图服务覆盖出行全场景，如图 7-4 所示。

图 7-3 百度 App

图 7-4 百度地图

3. 百度贴吧

百度贴吧基于关键词的主题交流社区，它与搜索紧密结合，准确把握用户需求，为兴趣而生。贴吧目录涵盖社会、地区、生活、教育、娱乐、游戏、体育、企业等方面，是全球领先的中文交流平台，如图 7-5 所示。

图 7-5 百度贴吧

4. 好看视频

好看视频是拥有 1.1 亿客户和好看视频全域 DAU（Daily Active User，日活跃用户数）30 亿短视频播放量，为用户提供海量优质短视频内容的专业聚合平台，提供覆盖美食、房产家居、旅游、运动健康、穿搭美妆、开箱评测、汽车等的优质短视频。通过百度智能推荐算法，为用户推荐量身定制的视频内容，如图 7-6 所示。

5. 爱奇艺

爱奇艺拥有超过 5.6 亿的爱奇艺 App 月活跃用户，秉承"悦享品质"的品牌口号，积极推动产品、技术、内容、营销等全方位创新，为用户提供丰富、高清、流畅的专业视频体验，致力于让人们平等、便捷地获得更多、更好的视频，如图 7-7 所示。

图 7-6　好看视频

图 7-7　爱奇艺

6. 百度网盘

百度网盘是超 7 亿用户信赖的个人云存储产品，为超过 7 亿用户提供专业、安全的云存储服务。用户可以将计算机及手机中的文件上传到云端备份、预览、分享，以更便捷、安全地管理数据，并可跨终端随时随地查看数据，如图 7-8 所示。

图 7-8　百度网盘

7. 百度知道

百度知道有超 5.5 亿的已解决问题量，1.5 亿日活跃用户，百度知道是基于搜索的互动式知识问答分享平台。百度知道和搜索引擎的完美结合，让用户拥有的隐性知识转化成显性知识，用户既是百度知道内容的使用者，同时又是百度知道内容的创造者，累积的知识数据可以反映到搜索结果中，如图 7-9 所示。

8. 百度百科

拥有 1500 万覆盖词条数量，4 亿日均访问人次的百度百科是百度公司推出的一部内容开放的网络百科全书。其汇聚上亿用户的头脑智慧，通过用户的积极交流和分享，从不同层次满足用户对信息的需求，提供全面、系统、专业、权威的知识分享服务，如图 7-10 所示。

图 7-9　百度知道

图 7-10　百度百科

7.2.4　微信推广

1. 微信

微信是腾讯公司 2011 年 1 月 21 日推出的为智能终端提供即时通信服务的应用程序，它支持语音短信、视频、图片和文字，同时提供"摇一摇""朋友圈"和"小程序"等服务。百度百科显示，截至 2016 年第二季度，微信已经覆盖中国 94%以上的智能手机，全球月活跃用户达到 8.06 亿，用户覆盖 200 多个国家和地区，支持超过 20 种语言。此外，微信公众号总数已经超过 800 万个，移动应用对接数量超过 85 000 个，广告收入增至 36.79 亿元人民币，微信支付用户数则达到了 4 亿左右。由于微信具有将内容分享给好友以及将用户看到的精彩内容分享到微信朋友圈的强大功能，在研究网站推广时，必然会采用微信推广手段。

2. 微信推广的优势

微信推广的优势如下。

（1）用户群体规模庞大

根据 2021 年 11 月 15 日腾讯公布的财报显示，微信的总月活跃账户数达到 12.6 亿，相当于有 12 亿人为潜在的微信推广对象。借助这个群体，可以开展网站的推广活动，将产品或者企业直接推送到微信用户面前，用户可以选择查看，也可以选择不查看。从已知的数据看，有 1%的用户会主动打开未知的微信公众号，阅读推送的信息。这样来看，群体的确能带来浏览量，扩大对企业或产品产生兴趣的群体的规模，进而黏住这部分群体，以完成电子商务业务。

（2）推广过程针对性强

微信推广具有标题醒目，文、图、视频等多种媒体同时存在的特征，便于开展有针对性的推广活动。例如，企业可以直接写入"家装空间""红叶服装"等作为微信推广内容的开头，便于信息接收者随时关注相关内容，对于那些与工作或者生活具有高相关度的信息，马上可以获取；还可以通过接收者的自愿发布，让更多有相关性的人接收到微信的推广内容。

（3）营销方式"推""拉"结合

在营销理论中有"推""拉"之说。所谓"推"是指企业直接向用户发送即时信息，进行营销活动。在这种方式中以往以短信营销居多，现在以微信营销为主。从表面上看，推广方是活动的主动方。所谓"拉"是指企业或者个人有信息需求，会主动寻找信息，完成交易或者获得服务的活动。过去网页搜索是主要的"拉"的方式，需求者通过搜索，将远端的信息捕获到本地。微信可以完成"拉"的过程。在微信推广发布范围内，接收信息人有时会通过微信推广主动寻找需要的信息，完成过去只能通过搜索才能实现的功能。这样看来，微信推广兼具"推""拉"双重效果，更便于企业推广网站和消费者或者企业获得网站推广信息。

（4）手段经济实惠

自从 2013 年推出微信公众号以来，微信提供的服务号和订阅号服务，帮助企业、媒体、政府机构、非营利组织、个人等发布信息，其费用非常低。微信本身具有的群功能等，更可以帮助推广者将内容广而告之，其费用为 300 元/年。这样的开支，对个人和企业都是微不足道的，却可以产生巨大的经济效益。越来越多的企业开始使用公众号开展推广活动。据 IT 之家 2022 年 1 月 11 日发布的统计信息，企业微信活跃用户数为 1.8 亿，每小时有 115 万企业员工通过企业微信与微信上的用户进行 1.4 亿次服务互动。由此看出，企业对微信的推广手段还是非常认同的。

3. 微信推广的方法

日常生活中，微信已经成为不可或缺的工具。由于使用习惯各异，通常用户只涉及微信推广的一部分应用。据腾讯营销平台发布的统计信息，微信的推广方法多种多样，主要包括朋友圈广告、公众号广告、小程序广告、视频号广告、支付订单详情页广告和原生推广页等。

（1）朋友圈广告

朋友圈广告是基于微信生态体系，以类似朋友的原创内容形式在用户朋友圈进行展示的原生广告。通过整合亿级优质用户流量，利用专业数据处理算法，朋友圈广告为广告主提供了一个国内独一无二的互联网社交推广营销平台。朋友圈广告当前已开放 36 个一级行业类目，只需要符合朋友圈广告准入行业要求，即可投放朋友圈广告，如图 7-11 所示。

（2）公众号广告

公众号广告是基于微信公众平台生态，以类似公众号文章内容的形式在包括文章底部广告、文章中部广告、公众号互选广告、视频贴片、订阅号消息列表广告 5 个广告资源位进行展示的内容广告。通过整合亿级优质用户流量，利用专业数据处理算法，公众号广告为广告主提供了一个成本可控、效益可观、精准定向的互联网内容营销平台。只需要符合公众号广告准入行业要求，即可投放公众号广告，如图 7-12 所示。

（3）小程序广告

小程序广告是基于微信小程序与小游戏生态，利用专业数据处理算法实现成本可控、效益可观、精准触达的广告投放系统。广告位在小程序页面内，由小程序流量主决定实际播放位置，流量场景丰富多样。当前小程序广告已开放 36 个一级行业类目，只需要符合小程序广告准入行业要求，即可投放小程序广告，如图 7-13 所示。

（4）视频号广告

视频号广告是基于微信生态体系，以视频号相关能力在微信朋友圈、公众平台流量场景内进行展示的内容广告。视频号广告涵盖内容广告与程序化广告，一方面，支持广告主与视频创作者通过互选合作，达成更优质的内容广告；另一方面，通过整合亿万优质用户流量，利用专业数据处理算法，结合视频号直播能力与行业组件能力，为广告主提供成本可控、效益可观、有效曝光的广告形式。视频号广告当前已开放36个一级行业类目，只需要符合视频号广告准入行业要求，即可投放视频号广告，如图7-14所示。

图7-11　朋友圈广告

图7-12　公众号广告

图7-13　小程序广告

图7-14　视频号广告

（5）支付订单详情页广告

产品特点：广告展示在线下支付完成场景，广告直接触达优质的高潜购物消费人群，支持不同售卖方式，兼顾品牌、效果和客户需求；支持多种推广页，按需设置广告跳转效果。

适用场景：支付订单详情页广告出现在线下支付的场景中，适用于多种推广目标，能提升广告的转化效率，如图 7-15 所示。

（6）原生推广页

全屏原生体验，让用户沉浸在天马行空的创意之中。

原生推广页特点：支持丰富的功能组件，原生、全屏的沉浸式浏览体验；针对不同推广目标，支持不同模板与跳转行动按钮；特别注意，原生推广页要求广告外层素材与内层顶部素材一致，如设置视频广告时仅可以选择顶部素材为视频的自定义原生推广页，如图 7-16 所示。

图 7-15　支付订单详情页广告

图 7-16　原生推广页

7.2.5　网络广告与交换链接推广

1. 旗帜广告

旗帜广告即通常所说的"Banner Advertising"。Internet 广告起源于位于网站顶部或底部的长方形的旗帜广告。它利用互联网的链接特点，浏览者如果对广告感兴趣，只要用鼠标一点击，就能进入相应站点查看详细信息。通常，旗帜广告宽为 17.78cm、高为 2.54cm，展示静态或动画 GIF 图形。图 7-17 所示为一个通栏的旗帜广告。

图 7-17　旗帜广告

虽然现在有许多广告业内人士主张，网站广告要超越"旗帜广告"的形式，但是，由于现在人们在旗帜广告这种形式上已经投入了大量资金，并且能够吸引众多的观众，因此，旗帜广告这种互联网广告的基本形式在短时间内不可能被其他形式的广告取代。

2. 旗帜广告的特点

由于网络广告的易于跟踪、定向等特点，其增长幅度在近几年是非常惊人的。下面是旗帜广告的几个突出特点。

（1）可定向性

旗帜广告（包括其他所有的在线广告形式）具有完全的可定向特点。所谓定向实际上是对用户的筛选，即广告的显示是根据访问者决定的，先进的广告管理系统能够提供多种多样的定向方式。例如，按访问者的地理区域选择不同的广告出现时间，在一天或一周中不同的时间出现不同性质厂商的广告，根据用户所使用的操作系统或浏览器版本展现不同的旗帜广告格式等。如果某用户对旅游感兴趣，那么，每当他开启浏览器或进入某特定站点时，广告商就可以向他展示有关旅游的广告。现在，虽然旗帜广告还不能按照性别或其他人类特征进行定向，但在不久的将来，相信它能够按照使用者的所有特征进行定向。

（2）可跟踪性

市场经营者借此特性可以了解用户对其品牌的看法，还可以了解用户对哪些产品更加感兴趣。通过发布不同的旗帜广告（及其他在线广告），观察用户对广告的回复率，能够准确追踪观众对产品产生兴趣的来源。

（3）方便、灵活的可操作性

可以每天 24 小时、每周 7 天、每年 365 天操作旗帜广告，使其无时不在迎接全世界的观众，并且，可以随时发布、更新或者取消任何旗帜广告。所有广告人能够在广告发布的头一个星期以最短的时间了解广告的效果，以决定不同的广告策略。但是，在其他传统的广告形式中，不可能有这样直观并且高效率的操作性。

（4）交互性

广告人的目标是让观众真正参与到其产品或服务中来，让客户真正体验其产品或服务。旗帜广告（在线广告）可以做到这一点，它可以引导观众打开产品或服务的介绍网站，观看产品或服务的演示实例。对于软件产品，观众可以立即下载有关的演示操作版本，体验真实的产品或服务。这在其他传统的广告形式中是根本无法实现的。

3. 旗帜广告的评估

在传统的广告宣传测量中，最重要的测量方法之一是 CPM（Cost Per Thousand，千人成本），一般都基于印刷品的发行量或电视播出的预计观众数量。这些统计量只是经验数据，并不能代表真实的观众数量。

但是，在基于 Web 的旗帜广告测量中，很容易记录观众访问次数及点击旗帜广告的次数。尽管如此，目前的旗帜广告测量还不能说非常完善，如访问者个人信息用现有的测量手段和工具还不能获得。然而，没有理由怀疑在今后不能完成这些现在还不可能完成的测量工作。下面是进行旗帜广告测量时的基本要素。

（1）广告浏览量（Ad Views）

广告浏览量是指旗帜广告被用户下载、显示的次数，一般以一段时间内的次数来衡量。

（2）服务器响应量（Hit）

服务器响应量是指从一个网页提取信息点的数量。网页上的每一个图标、链接点都会产生服务器响应量，所以一篇网页的一次被访问由于所含图标数量、浏览器设置的不同，可以产生多次服务器响应量。因此，用一段时间内有多少服务器响应量来比较网站访问人数是不准确的。

（3）访问量（Visit）

访问量指特定用户在特定时间段中的有效连续调用，在这里，特定用户以有效的 IP 地址来确定。这个时间段从 15 分钟到 2 小时不等，但平均为 30 分钟。

（4）IP 地址

每台访问网页的计算机都有其特定的 IP 地址。根据有效的 IP 地址可以追溯到访问网站的计算机，但因为一台计算机可能会使用几个独立的 IP 地址，所以，IP 地址并不能反映出实际的用户数量。

（5）有效用户量（Unique User）

访问网站的有效用户量通常是通过网站上的登记表格或其他身份验明系统得到的。对于那些只完成网站用户注册信息登记的用户，如果从来没有实际浏览网页，不能计入有效用户量的统计中。

（6）域名（Domain Name）

域名是为了让人们更加容易识别以数字代号命名的计算机而规定的文字代表符号。主要的顶级域名有 com、net、edu 等，并用圆点"."分隔。

（7）次数

曝光率（Exposure Rate）、印次（Impression）为广告基本术语，用来描述广告被看到的次数。

（8）点击（Click）

点击指访问者使用鼠标点击旗帜广告，并自动链接到目标网站的过程。

（9）点击率（Click Through Rate）

点击率，即用户使用鼠标点击旗帜广告的次数与旗帜广告显示次数的比率。根据 i-PRO 提供的统计资料，旗帜广告的平均点击率为 2.6%（尽管有些目标范围准确的旗帜广告的点击率可以达到 30%）。

一般提供旗帜广告空间的商家能够提供适合旗帜广告投放网站的访问测量情况，如上面的评估基本要素。可以要求商家提供上面的基本信息或相关信息。再结合企业的目标用户情况，制定出最佳的旗帜广告策略。

4. 旗帜广告的设计

对旗帜广告而言，其有效性的标志就是用户的点击次数。如果要以小图像来吸引用户的注意，提高广告的点击率，就必须掌握旗帜广告的创作技巧，学会设计旗帜广告。

（1）创作技巧如下

① 在广告的创意上，必须对旗帜广告所链接的目标站点内容有全面的了解，找出目标站点最吸引访问者的地方，转换为旗帜广告设计时的卖点，不要夸大目标站点，否则上过当的访客将很难有勇气再次点击这个旗帜广告。

② 可能客户目标网站同时提供很多内容的服务或产品，但可以选择一个最具有吸引力的内容，作为旗帜广告创作的主题。可能目标站点是个销售性的站点，可以选择折扣最大的商品作为主要的宣传对象，切勿对打折泛泛而谈。

③ 在卖点的设计上，应该站在访问者的角度。注意卖点与广告站点内容的相关性，要使点击率能够提高。例如，一家网球俱乐部的旗帜广告，如果出现在体育站点，则应该强调网球是健身娱乐的理想运动项目；而如果出现在金融信息站点，则应该强调加入网球俱乐部是身份与地位的象征。

④ 语言中有许多具有冲击力的词汇，但仅有冲击力是不够的。

⑤ 旗帜广告的文字不能太多。一般用一句话来表达，配合的图形也无须太繁杂，文字尽量使用黑体等粗壮的字体，否则在视觉上很容易被网页其他内容淹没，也极容易在 72 点/英寸（1 英寸≈2.54 厘米）的屏幕分辨率下产生"花字"。图形尽量选择颜色数少、能够说明问题的事物。如果选择颜色很复杂的物体，就要考虑在低颜色数的情况下是否会有明显的色斑。

⑥ 尽量不要使用复杂的特技图形效果。这样做会大大增加图形占据的颜色数，除非存储为 JPG 格式的静态图形，否则颜色最好不要超过 32 色。旗帜广告的外围边框最好是深色的，因为很多站点不为旗帜广告对象加轮廓，这样，如果旗帜广告内容都集中在中央，四周会过于空白而融于页面底色，降低旗帜广告的注目率。

⑦ 使用创作 GIF 旗帜广告的软件。目前功能比较强大的组合是首先使用 Photoshop 来构筑各个层

面的物件，逐层调整文字和图形的效果，再输出确定颜色数的图像文件。如果需要制作动画 GIF，则在 Photoshop 文件中变化各层物体的形态，分别导出几个文件，最后使用 GIF Animator（微软的 Image 包含此软件）等软件来生成动画。

（2）旗帜广告的设计

① 打开 Photoshop，新建文件。在"程序"中选择"Adobe Photoshop"，打开 Photoshop。选择"文件"→"新建"，弹出"新建"对话框，在"新建"对话框中设置旗帜广告的规格，如图 7-18 所示。单击"确定"按钮，窗口中将显示新建的空白文件，如图 7-19 所示。

图 7-18　"新建"对话框

图 7-19　新建的空白文件

② 设置旗帜广告的底色。将前景色设置为白色，将背景色设置为蓝色，使用工具箱中的渐变工具 ，选择前景色到背景色的渐变，选择线性渐变，从左至右沿对角线方向拖曳，松开鼠标后，渐变色就填充好了，如图 7-20 所示。

图 7-20　填充了渐变色的旗帜广告

③ 设计字体。选择"工具箱"中的"文字工具" T ，选择不同的字体、字形、字号和颜色，分别输入"全民阅读""终生学习"。输入文字后的旗帜广告如图 7-21 所示。

图 7-21　输入了"全民阅读""终生学习"后的旗帜广告

④ 设计旗帜广告的其他内容。为全民阅读旗帜广告增添图片，分别打开图书、女教师图片，利用魔术棒进行需要部分的选取，复制后将其粘贴到旗帜广告的适当位置。利用 Ctrl+T 组合键对图片规格、旋转角度进行适当调整。设置后的旗帜广告如图 7-22 所示。

图 7-22 增添了图片的旗帜广告

⑤ 保存文件。为便于日后修改，将旗帜广告文件保存为 PSD 格式。为便于在网页上使用，再将旗帜广告另存为 JPG 格式。

这样，旗帜广告的设计工作就结束了。

5. 旗帜广告交换链接

简单来说，旗帜广告交换链接就是如果甲企业的网页上免费发布乙企业的旗帜广告，那么，乙企业的网页也可以免费发布甲企业的旗帜广告。这是一种典型的互惠互利行为，双方都不需要花费任何费用，就可共享对方的访客资源。对于一些初创站点而言，旗帜广告交换链接是迅速扩大知名度的有效方式，特别是在双方业务高度相关的情形下，如一方是旅行社的站点，另一方是一家旅店的站点。访问旅行社站点的顾客可能也会访问旅店的站点，反之亦然。

目前旗帜广告交换有两种方式。

（1）通过广告联盟组织

例如，以广告联盟等作为中介，和广告联盟内的成员进行交互。目前这种方式用得比较多，许多个人首页和小型站点通过这种方式进行旗帜广告交换，交换时一般要遵循中介的规定和管理，同时在旗帜广告上放置广告联盟中介的标志。这种方式交换面比较广，但定向性差，很难控制显示广告的网页的类型。

那么，如何进行旗帜广告交换呢？非常简单。如果是通过广告联盟交换广告，只要进入其网站，根据要求填写相应的表格后，把旗帜广告图像传给该组织，再把它给的一段 HTML 代码放入网页中就行了。随后，只要将其他企业的广告在企业的网页上显示几次，企业的广告就可按预定的比例在该组织成员的网页上显示相应的次数。

（2）愿意交换旗帜广告的双方直接进行交换

这种方式直接、方便、定向性强，但交换的面比较窄，一些小有名气的站点多采用该方式。

如果是双方直接进行交换就更简单了，只要彼此同意，把广告图（或一段指明了图像位置的 HTML 代码）传给对方，再放到网页上就行了。

网站之间互相交换链接和旗帜广告有助于增加双方的访问量，但这是对个人首页或非商业性的以提供信息为主的网站而言的。企业网站如借鉴这种方式则可能搬起石头砸自己的脚，搞不好会将自己好不容易吸引过来的客户拱手让给别人。

企业在链接竞争者的网站之前，一定要慎重权衡利弊。如果网站提供的是某种服务，而与其他网站的内容刚好互补，这时不妨考虑与其建立链接或交换广告。一来可以增加双方的访问量，二来可以给客户提供更加周全的服务，同时也避免了直接的竞争。此外，还可考虑与门户或专业站点建立链接，不过这项工作负担很重。首先要逐一确定链接对象的影响力，其次要征得对方的同意。现实情况往往是，小网站迫切希望建立链接，而大网站却常常不太情愿，除非在经济上或信息内容上确实能带来好处。

旗帜广告交换的目的主要是免费扩大站点的影响力，如果站点的知名度已经建立，访问率相对稳定，这时候就要考虑旗帜交换广告是否有必要了。因为如果网页的访问率较高，旗帜广告可能轻易将访问者带到交换对象站点，而交换对象站点却可能很难带来访问者，这时就需要进行评估和分析。一般来说，知名站点在访问者稳定后，一般都不参与旗帜广告交换，此时它们可以卖旗帜广告位。

6. 旗帜广告媒体的选择

① 旗帜广告媒体的选择与传统广告媒体的选择基本类似，要考虑广告费用。目前，广告费用一般是根据 CPM×访问量计算得到的。CPM 就是每千人的访问成本，目前大多是根据美元定价，国内与国外定价基本类似，一般为 35 美元左右。但是需要注意的是，CPM 的计算标准有许多种，不同方法差异很大，如有点击（Click）、点击率（Click Through Rate）、IP 地址访问量等方法。目前，国内根据 CNNIC 的统计排名，前十位都开展了网上广告服务，他们的收入占总的广告收入的 60%以上。

② 考虑广告的收益。如广告发布后是否增加了访问量、是否增加了销售收入等。

③ 考虑广告的效率。广告的效率即广告接收者是否是企业想接触的人群。

④ 媒体的形象是否与企业广告推广形象相吻合。要考虑媒体能否给企业提供详细的广告效果统计分析数据，这是网络媒体与传统媒体的最大区别所在。

据 CNNIC 2018 年 1 月的报告，2017 年中国网络广告市场进一步成熟，市场结构趋于稳定，广告主的投放预算向移动端转移，主流互联网广告运营商的广告收入呈现移动端压倒 PC 端的态势。2017 年，中国网络广告市场规模为 2957 亿元人民币，在 2016 年的基础上增长了 28.8%。

除了对网络广告市场行情的关注之外，作为网络营销的具体方式之一，对网络广告的关注更多地还在于其实用效果。

目前，网络广告处于变革中，主要不是表现在尺寸和制作技术方面，而是通过网络广告可以展示更多的信息，达到更好的营销效果。与早期的网络广告只能链接到广告主的网站不同，一些交互式广告本身已经成为迷你网站，可以完整地展示产品信息，并且用户可以对广告进行操作，根据自己的需要改变广告的显示方式和显示内容。但网络广告仍存在一定的缺陷，如过分注重多媒体效果，除了在视觉或听觉方面给人以刺激之外，很难产生让人记忆犹新、赏心悦目的效果，网络广告仍需要继续在提升营销效果方面创新。

7.3 对推广效果进行监测

企业根据自己网站的特点和实力，选择了一些网站推广的措施后，针对网站访问情况的变化，对推广效果进行监测，以考核网站的吸引力。

7.3.1 推广的效果

经过多种方式的营销推广，所取得的宣传效果表现在以下几个方面。

- 浏览量大幅度提升：表示认知的用户增多。
- E-mail 反馈信息量增加：表示用户开始使用电子邮件与企业进行沟通，准用户增多。
- 电话咨询频繁：用户利用传统方式了解企业。
- 在线咨询增多：用户利用网络方式了解企业。
- 由点击率带来的用户转化率越来越高。

这些都是很有价值的信息，能主动来询问产品情况的人往往就是未来的用户。至于哪些是网络营销推广带来的，可以在接触中了解。在把推广做到一定程度时，可利用访问统计系统等工具进行监测，对各种网络营销推广的做法进行评估，并改善不足之处。

7.3.2 推广的后期工作

企业网站的推广只是第一步，它给企业带来了商机，必须认真做好后续工作，才能把商机变为生意，给企业带来真正的效益。对反馈信息进行处理，其实就是销售的工作，在注意销售技巧的同时，必须注意以下 4 点。

- 领导重视，专人负责。
- 迅速判断潜在客户的需求、意图，并尽量通过各种途径去了解用户概况。
- 反应迅速。回复必须快速、及时，一般要在当天完成。
- 不能只用 E-mail、在线客服等网上方式联系，为了电子商务的发展，需采取传统手段与电子手段并用、固定端与移动端并用的模式。

7.4 电子商务网站的优化

电子商务网站的优化，如今已经成为电子商务网站策划、建设及营销策略中不可或缺的一项内容。如果在电子商务网站建设中没有体现网站优化的基本思想，那么电子商务网站的整体营销水平很难在不断发展的网络营销环境中获得竞争优势。

7.4.1 网站关键词的选取

关键词的选取在电子商务网站的策划阶段就应该考虑，网站定位、栏目设置、产品所在行业的特点、目标群体所在区域等因素都会影响关键词的选取。

1. 不要选取通用关键词

关键词不能过于宽泛，也就是说尽量不要选取通用关键词。例如，"书"这个关键词每日的搜索量巨大，如果能在该关键词上取得好的排名，则肯定能引入不错的流量，进而提高在线销售的转化率。然而关键词的竞争非常激烈，一个在线销售的手机店铺与世界排名数一数二的手机销售商去争"手机"这个关键词是不值得的。

这些通用关键词，如"旅游""计算机""手机""视频""网络""书"的竞争者数不胜数，商家可以花钱获取较好的排名，但会有人拿出更多的钱来竞争，这样还是不划算，所以应该尽量不使用通用关键词，否则即便能排到前面，而且带来了不小的流量，但由于搜索通用关键词的用户的目的并不明确，这些流量并不具有很强的目的性，而且用户所在地区未必包含在既定的市场范围内，其订单的转化率也很低，所以应该将区域、品牌等因素都考虑周全。例如，使用 360 搜索就能搜索到约 100 000 000 项符合"手机"这个关键词的查询结果，相当于有约 100 000 000 个页面共同竞争"手机"这个关键词，而搜索"华为 Pro 手机"却只有 19 800 000 个页面，还不到"手机"这个关键词的五分之一。

2. 关键词不能太生僻

生僻的关键词取得好排名很容易，但是引入的用户量会比较少，不要以公司名称为主要关键词，即便是有一定品牌知名度的公司，也很少会搜索公司名称，因为网站优化的目的是使不知道公司及产品的人转化为客户。

3. 调查用户的搜索习惯

用户在网络上如何了解即将购买的产品？会通过搜索什么样的词汇来获取信息呢？

网站设计者、经营者熟悉自己的产品及所在行业的特点，在选择关键词的时候，容易想当然地觉得某些关键词是重要的，是用户肯定会搜索的，但实际上用户的思考方式和商家的思考方式不一定一样。例如，一些技术专用词，普通客户也许并不清楚，也不会用它去搜索，但卖产品的人却觉得这些词很重要。

最有效率的关键词就是那些竞争网页最少，同时被用户搜索次数最多的词。有的关键词很可能竞争的网页非常多，使得效益很低，还要花很多钱、很多精力才能排到前面，但实际上搜索这个词的人并不是很多。

所以应该做详细的调查，列出综合这两者之后效能最好的关键词。

4. 关键词要和网站内容相关

关键词一般是从网页的内容中提炼出来的，所以其选定，要以网站提供的内容出发，通过仔细揣摩目标访问者的心理，设想用户在查询相关信息时最可能使用的关键词。有时候分析一下竞争对手的网站，看看其他网站使用的是哪些关键词，可以起到事半功倍的作用。

7.4.2　页面优化

网页优化首先要考虑的是页面内的标题、<meta>标签和页面内容。

标题是非常重要的，注意要将其内容长度限制在 15 个词以内，最好能包含重要的关键词。标题要尽可能地反映页面的内容。

在设置标题时要注意以下两点。

● 标题将在搜寻结果中显示，所以要尽可能地吸引人的注意力。如果只是放置一些关键词，就会使人们不明白这是一个什么样的网站。

● 标题要与页面的内容相关，是内容的概括。

<meta>标签的 description 用于对网页内容的概述，要确定放的关键词和只言片语在网页内容里有。为得到最好的搜寻结果，最好不要超过 200 个字母。

例如，<meta name="description" content="网站的简单描述">。

Meta keywords 放置不宜超过 1000 个字母，单词之间要用逗号分开，尽量避免重复关键词。

例如，<meta name = "keywords" content = "关键词 1，关键词 2，扩展关键词，……">。

挑选的关键词必须与自己的产品或服务有关，无效的关键词对访问者来说是误导，不但不会带来有效的访问者，反而会增加服务器的负载。

<meta>标签并不能决定搜索引擎的结果，需要综合考虑<meta>标签、标题和页面内容，即使有了很好的关键词，但是与内容不能很好地结合或内容没有优化，那么网站还是不能在搜索引擎中占据较好排名。

多数搜索引擎检索每一个页面中的单词时会比较在标题和<meta>标签的关键词。所以，网页的内容很重要。网站确定了关键词以后，先定义标题和<meta>标签的内容，然后优化网页内容，内容中最好能出现 5~10 个关键词，并尽可能地靠近<body>标签。<image>的 alt 也可以考虑进去，可以用来设置图片的说明。页面优化技术有很多，要注意的是，过多地重复关键词反而会遭到有些搜索引擎的降级，即降低网站的排位。一般说来，在大多数的搜索引擎中，关键词密度在 2%~8%较为适当，有利于网站在搜索引擎中排名，同时也不会被搜索引擎视为关键词填充。另外，不同的组合词、错别字和错拼查询都是要考虑的。

电子商务网站在进行优化的时候，一定要对各个页面分别优化，分别设置关键词，这样从搜索引擎跳转过来的用户才会更有效地找到相关页面，网站才能更有效地推广产品。

7.4.3　动态页面静态化

动态页面静态化后，网页访问地址中没有特殊字符，如"？""～"等，并以".html"或".htm"结尾。

网页静态化有两种结果：真实的静态页面和伪造的静态页面。

1. 真实的静态页面

通过网站管理后台的操作，使网站的每一个页面都生成真正的静态页面（即无须调用数据库、无须运行网站程序的文档），真实的静态页面的优点和缺点都是显而易见的。重要的是，几乎所有的大中型网站都采用静态页面（以".html"结尾的网页），因为页面生成的时候仅麻烦一次，得到的好处却非常多。例如，搜索引擎会很好地收录这些网页；在访问量很高的时候，网站也不会崩溃；数据库和程序不能工作的时候，网站仍能正常显示等。

生成真实的静态页面，可以通过 FSO 组件来实现。它一般在后台生成静态页面，以提供给用户浏览。

2. 伪造的静态页面

伪造的静态页面仍然会调用数据库，仍然会运行一定的程序，但网页地址是以.html 结尾的，网页地址中没有特殊字符，这适合网上商店等需要调用数据库的场合，由于是伪造的静态页面，所以能够让搜索引擎比较好地收录。在隐藏真实地址的同时增加了数据库的安全性，因为在真实地址中包含一些程序的参数信息及网站代码的语言种类。

生成伪造的静态页面，在 Windows Server 2012 中可以使用 ISAPI_Rewrite。ISAPI_Rewrite 是一个强大的基于正则表达式的 URL 处理引擎，可以将动态页面的 URL 转换为静态页面的 URL 的样式，但仍然能够进行数据库的交互操作。

7.4.4 站内相关内容推荐

电子商务网站的主要目的是推销产品以及介绍商家的产品。有时用户访问到了某个电子商务网站，但没有发现其需要的信息，而该网站内应该有相关信息，只是不是在那一页而已。如果用户看到网站里有相关内容推荐，就可以通过站内相关内容推荐查找到所需要的信息。如果没有相关内容推荐，那么用户的下一个动作极有可能就是离开，而去搜索引擎再做一次搜索。由此可见站内相关内容推荐的重要性。

虽然站内相关内容推荐不能够称为网站优化，但是用户因为站内相关内容推荐，可能会长时间地浏览网站，这样更有利于用户了解产品，更有利于商家宣传产品，也更有可能会让用户了解到其他新产品的相关信息，从而有利于新产品的推广。

【任务实施】

任务 1　传统方法推广"冬藏"网站

任务 2　微信推广"冬藏"网站

任务 3　优化搜索引擎推广"冬藏"网站

【拓展实验】

实验 1　邮件群发推广"叮当"网站

实验 2　微信推广"叮当"网站

实验 3　优化搜索引擎推广"叮当"网站

【项目小结】

本项目比较详尽地介绍了电子商务网站推广的技术方法和应遵守的规则。在企业策划网站推广工作时，可以充分考虑各种推广方式的优劣，结合自己企业的情况，确定网站推广的手段以及网站优化的方式。本项目在广泛介绍推广方法的同时，有针对性地介绍了现实推广技巧。这些技巧既包括理论分析，也包括实际工作参与者的经验与教训。为了提高学习者的实际动手能力，本项目将一些常用的操作步骤——分解、详细说明，采用图文并茂的方式展开。学生通过本项目的学习，将为参与电子商务网站的推广工作打下理论与实际操作基础。学生在策划、建立或维护电子商务网站的同时应注意网站的优化，从而使电子商务网站更有效地为企业和用户服务。随着移动端用户队伍的不断壮大，新型的推广方式正在产生更强大的网站推广效果。PC端的搜索引擎等应用，也有了网站推广的新平台、新技术，需要持续关注，并尝试使用。

【项目习题】

1. 练习使用群件发送的方式进行网站推广。

（1）注册邮箱。使用网易、搜狐、TOM 等网站提供的免费邮箱。

（2）将搜集到的用户邮箱分类，如录入、分组等。

（3）书写一封召开 IT 年会的邮件，在信中说明报名时间为一周，以群件方式进行发送。

（4）观察一周后的反馈情况。

2. 任意浏览一个电子商务网站，查看其源代码，并分析该页面的关键词，寻找是否有其他更合适、更有利于搜索的关键词。

3. 练习制作旗帜广告。

（1）确定主题思想，如产品宣传、电子商务网站宣传、服务宣传等。

（2）策划。确定使用的软件、硬件，如 Windows、Photoshop 等。

（3）开始实施。打开 Photoshop，对旗帜广告进行制作、修改。旗帜广告规格一定要符合网站的需要，文件保存为 JPG 格式。

（4）寻找链接站点，进行实际链接，观察效果。

项目八
综合实例

08

【知识目标】

1. 进一步熟悉电子商务网站建设流程；
2. 进一步了解网站开发；
3. 熟悉电子商务网站的业务架构。

【技能目标】

1. 掌握电子商务网站的规划；
2. 掌握电子商务网站前后台页面的基本设计；
3. 熟悉电子商务网站的完整实施过程。

【预备知识】

1. 熟悉 HTML 主要标签的功能和用法；
2. 熟悉 CSS 的功能和使用方法；
3. 熟悉 Dreamweaver 软件的功能和网页制作方法；
4. 具备 MySQL 数据库知识；
5. 掌握 PHP 编程语言。

本项目将以循序渐进的方式示范如何建立"冬藏"网络书店，引领读者逐步了解电子商务网站的建设及其基本运作过程。"冬藏"网络书店是通过 PHP 程序实现的电子商务网站。本项目的例子主要使用 Dreamweaver CS 2015 软件开发，并在 WAMP 平台上完成测试。

8.1 规划和建设"冬藏"网络书店

电子商务是传统商务贸易的电子化表现。在规划网络书店的初期，我们应该从现实生活中的实体书店出发，考虑方方面面的问题，然后通过 Web 网站将其实现。

8.1.1 系统商务分析

传统的商业大多是商家坐等客户，而网络销售则是主动出击去寻找潜在的消费群体。网络影响着人们的消费方式。电子商务可以通过配送体系主动出击、送货上门。网络销售中的前台商品展示是虚拟的，但后台进销存及配送体系却是具体而现实的。没有强有力的后台支持，就不可能实现网络销售这种电子商务形式。虚拟的网络世界不如传统的商业具体和现实。但这种缺憾完全可以通过配送、不满意退货的承诺等予以消除，使其不能构成网络销售的障碍，而成为满足客户所需的便捷途径。同时，网上购物对任何规模的企业来说，都有着很大的潜在商机。

电子商务利用便捷、高效和低成本的 IT，在 Internet 上开展买卖交易的各种商业活动，通过新型商业运作模式，实现网上选购、在线支付等电子交易活动。

1. 需求分析

（1）企业需求

对企业而言，由企业自身的生存、发展所引发的对电子商务系统的系统需求，称为企业需求。企业为了充分利用网络技术，解决传统商务模式下的一些弊端，实现无时空限制的、高效的商务模式，纷纷发展网上购物系统。

（2）市场需求

由市场供求不平衡或其他原因所引发的对商务系统的需求，称为市场需求。随着经济和科学技术的发展，人们对文化的需求日益增长，越来越多的消费者开始倾向利用网络获得商品和服务，这极大地促进了电子商务的发展。而网络技术的发展为人们的需求提供了便捷的服务平台。对于消费类网上购物系统而言，无论是企业需求还是市场需求，总归都是来自网上客户的需求。

2. 市场分析

（1）市场环境

良好的地区经济环境、政府的支持及所属地区设施的完备程度都对电子商务有影响，要综合这些因素，确定市场环境是否有利于网上购物系统的建设。

（2）客户分析

客户可以是企业或个人，需要分析客户的受教育程度和网民结构等。

8.1.2　系统规划设计

网上购物系统规划设计包括确定商务模式、制订营销计划、确定系统构成、确定系统流程等。

1. 确定商务模式

确定商务模式包括确定总体商务模式与网上服务等模式。

2. 制订营销计划

制订营销计划主要是制订具体的网上交易计划。

3. 确定系统构成

确定系统构成包括确定系统功能模块或子系统。

4. 确定系统流程

确定系统流程包括确定用户从登录到购物结账、从交易产生到处理完毕等流程的设计。商务网站可以划分为商品管理（进货、销售、库存等）、订单管理（订货单）、会员管理、商品配送、财务结算及报表统计等几个子系统。

8.1.3　网站建设规划设计

建立一个网络书店系统，必须规划系统的设计目的和设计结构，选取合适的软件环境、编辑工具和测试运行环境，而且需要规划好建设网络书店系统的具体步骤。

1. 设计网络书店的目的

● 宣传企业形象，提高企业知名度，增强市场竞争力。

- 销售图书商品。
- 提供相关文化活动信息。

2. 网站结构的规划

确定网站结构规划的主题主要依据建站的目的。以树状结构为例，网站可分为前台和后台两大部分，前台部分可以包括首页、用户中心、商品展示、购物结算等主题，后台部分包括商品管理、订单管理等主题。一个简易网络书店网站的结构如图 8-1 所示。

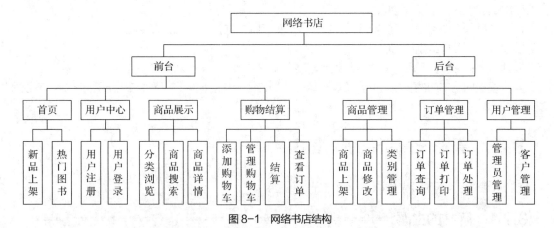

图 8-1　网络书店结构

3. 选择 Web 网站开发工具和后台支撑系统

Web 网站开发工具和后台支撑系统的选择如下。

- 操作系统：采用 Windows Server 2016。
- Web 服务器：Apache。开源、稳定、模块丰富是 Apache 的优势。Apache 提供了缓存模块，可以有效地提高访问响应能力。作为 Web 服务器，它也是负载 PHP 应用程序的最佳选择之一。
- Web 应用开发语言：PHP。PHP 是一种跨平台的服务器端的嵌入式脚本语言。PHP 程序执行效率非常高，支持大多数数据库，并且是完全免费的。
- 后台数据库系统：后台数据库系统可根据企业建站的规模、经济实力和具体情况选择合适的数据库系统。MySQL 是一款高性能、多线程、多用户、支持 SQL 的关系数据库软件，是在性能、稳定性和功能方面都很优秀的开源数据库软件，也是实现 Apache+PHP 网站的最佳搭档之一。本项目构建的是简易网络书店，使用 MySQL 非常方便。
- 网页编辑工具：选择适合初学者的 Dreamweaver CS 2015。

> **注意**　Apache+MySQL+PHP 的组合方案被称为 AMP。在 Linux 平台上部署的 AMP 方案简称为 LAMP，具有免费、高效、稳定的优点，是比较成熟的架构，很多流行的商业应用就是采用的这个架构。当然在 Windows 平台上部署的 AMP 方案就被称为 WAMP。

4. 网络书店系统的测试运行环境

网站测试运行环境是指网站系统所选择的操作系统和 Web 服务器。Web 服务器的主要作用是提供 Internet 上的信息服务。只有架设了 Web 服务器，申请了 IP 地址以及域名，并且将服务器连接到了 Internet 上，才能提供 Web 服务，用户才能通过 Internet 访问服务器上的 Web 网页。架设服务器，首先要选择服务器的操作系统和 Web 服务器软件。Web 服务器架设有多种方案，方案的选择主要取决于服务器的操作系统和 Web 服务器软件。常见的 Web 服务器有 Apache、IIS 等。在确定操作系统时，要根据服务器设备的硬件情况与系统要求而定。UNIX 一般运行在工作站或大、中、小型计算机上，Windows Server 一般运行在专用服务器或高档微型计算机上，开源的 Linux 继承了 UNIX 系统卓越的稳定性表现，也适合架设 Web 服务器。

考虑到 Windows Server 操作系统便于部署、管理和使用等优点，本实例的网站测试运行环境选择 Windows Server 2016 操作系统，并在该系统上部署 AMP 方案来运行网站。

5. 规划网络书店实施的具体步骤

网络书店的具体实施步骤如下。

① 安装操作系统和 Web 应用运行环境，安装好相应的应用软件和开发平台。

② 建立一个简单的网络书店。

③ 建立数据库，实现网站有关信息的动态更新。

④ 为适应网络书店的发展，逐步实现和增强规划的各个功能模块，使网络书店成为一个比较完善的电子商务网站。

8.2　建设一个简易的网络书店

建设网络书店一般需要考虑以下几个方面的问题。

8.2.1　网站的主题

网站的主题将直接影响网络书店网站的整体设计。即将建立的网络书店主要经营与传统文化有关的图书，所以网站的主题要体现网络书店的经营范围，突出传统文化的特色。

8.2.2　网站的名称

网站的名称也是 CIS 设计的重要内容，而且是关键因素。在现实生活中，网站名称是否合适，对网站的形象和推广有很大影响。

原则上，网站的名称应当与经营范围相适应，而且网站的名称要容易记忆，重要的是名称要突出网站特色。根据书店的经营范围描述，书店的客户主要是青少年，在经营的同时面向青少年推广我国传统文化。中医常讲"春生、夏长、秋收、冬藏"，冬季天寒地冻，万物封藏，以备来年开春生发之所需。青少年的个人涵养也要着眼于"藏"，本书店特意取名为"冬藏"网络书店。

8.2.3　网站的布局与结构

为便于访客能够及时、快捷地找到所需信息和所需购买的物品，需要合理设计网站结构与布局。例如，网站前台首页总体设计为框架式网页，有网页头部、网站导航、焦点图、热销排行、新书推荐等部分，其他网页都超链接于导航区，由此实现静态网页和动态网页的融合，丰富网站的内容和形式。

根据书店的经营范围和推广传统文化的宗旨，可将书店的商品分为国学、党史、文学、教育、医学、科技等大类，每一大类相当于一个频道。

8.2.4　订购和付款方式

我们还要确定书店可以接受的订购和付款方式。对于客户而言，无论网上的商品如何具有吸引力，如果对网络交易的安全性缺乏把握，他们就根本不敢在网上进行买卖；对于企业而言更是如此。所以，网站要能提供足够安全的交易形式和技术。实际应用中，网上商城支持在线支付、货到付款、款到发货等多种方式。由于未实际接入电子商务交易平台，"冬藏"网络书店简单地模拟网上支付。

> **注意** "冬藏"网络书店是本书虚拟的一个网络书店，并非实际商业团体。所提供的信息只是为了教学方便，非真实资料。因教学实验需要，本项目仅示范部分功能模块的基本实现，并提供了配套的参考代码。本书还提供了一个示范性的"冬藏"网络书店网站版本，其首页部分如图 8-2 所示。此版本网站功能相对完整，包含网站前后台页面，以便有兴趣的读者进一步学习。

图 8-2 示范性网络书店首页部分

8.3 设计后台数据库

数据库是系统数据层的实现，在详细分析系统所要完成功能的基础上，进行数据分析，从而设计系统的数据库模型。在系统的数据库模型中不仅列出了各个表中的所有字段。

8.3.1 创建数据库 dongcang

本实例将使用 PHP 连接 MySQL 数据库技术，自动生成网站书目展示页的内容，用 PHP 程序实现网站书目展示页的动态更新。这样做的优点是，网页与数据库实时连接，客户每一次访问获得的都是最新的信息；每次更新网页只需要更新数据库内容，而不需要每次都直接修改网页，节省了网站管理的时间。

本书实例提供了"冬藏"的后台数据库 dongcang。在设计数据表结构之前，首先要创建一个 dongcang 数据库。请参照项目四创建 dongcang 数据库。

8.3.2　创建表

数据库 dongcang 包括 6 个表：书目信息表 tb_books、书目类别表 tb_class、主订单信息表 tb_order、子订单信息表 tb_suborder、会员（客户）信息表 tb_user 和管理员信息表 tb_admin。请参照项目四创建表。

8.4　会员注册与登录的实现

电子商务网站面向用户服务，注册和登录功能是必需的。会员注册用于实现新用户成为网站会员的功能，在注册页面中，用户需要提交自己的基本信息，程序会验证输入的账号的唯一性，只有注册信息符合条件才能成功注册。会员登录用于实现会员用户的网站登录，只有成功登录的用户才能执行要求会员身份的操作，比如购物。

8.4.1　会员注册

1. 概述

建立会员注册页面，如图 8-3 所示。各个文本框前面的提示文字与数据库中会员信息表 tb_user 的字段相对应：账号名、密码、重复密码、联系电话、E-mail 地址。为简化实验操作，这里均为必填项目。

图 8-3　会员注册页面

2. 页面实现

创建提供会员注册页面的 PHP 页面文件 register.php，提供输入用户信息的 HTML 表单，这里创建 5 个文本框和 2 个按钮，详细代码如下。

```
<FORM action="#" method="post" onSubmit="return checkRegister();">
  <TABLE cellSpacing=0 cellPadding=0 width=710 align=center border=0>
    <TBODY>
      <TR><TD colSpan=2 height=20> </TD></TR>
      <TR><TD colSpan=2 height=21>  请您填写以下表格进行注册。</TD></TR>
      <TR>
        <TD width=110 bgColor=#eff8e7 height=21>
          <DIV align=center>账 号 名: </DIV>
        </TD>
        <TD width=600 bgColor=#eff8e7 height=21><input type="text" name="username" id="username" size="40" placeholder="请输入账号名，账号名不接受中文" data-required="required" autocomplete="off">
      <TR>
        <TD width=110 bgColor=#eff8e7 height=21>
          <DIV align=center>密　　码: </DIV>
```

```
        </TD>
        <TD width=400 bgColor=#eff8e7 height=21><input type="password" name="passwd" id="passwd"
size="30" placeholder="请输入密码，密码不能少于 6 位" data-required="required" autocomplete="off"></TD>
      </TR>
      <TR><TD width=110 bgColor=#eff8e7 height=21> <DIV align=center>重复密码: </DIV></TD>
        <TD width=400 bgColor=#eff8e7 height=21><input type="password" name="repasswd"
id="repasswd" size="30" placeholder="请再次输入密码，必须与上一密码相同" data-required="required"
autocomplete="off"></TD>
      </TR>
      <TR>
        <TD width=110 bgColor=#eff8e7 height=21>
          <DIV align=center>联系电话: </DIV>
        </TD>
        <TD width=381 bgColor=#eff8e7 height=21><input type="text" name="dianhua" id="dianhua"
size="15" placeholder="请输入联系电话" data-required="required" autocomplete="off"></TD>
      <TR>
        <TD width=90 bgColor=#eff8e7 height=21>
          <DIV align=center>E-mail:      </DIV>
        </TD>
        <TD width=500 bgColor=#eff8e7 height=21><input type="text" name="email" id="email"
size="30" placeholder="请输入电子邮箱" data-required="required" autocomplete="off"></TD>
      </TR>
      <TR>
        <TD colSpan=2 height=21><BR><BR>
          <DIV align=center>
            <input type="submit" value="注  册">
            <input type="reset" value="重  填">
          </DIV>
        </TD>
      </TR>
    </TBODY>
  </TABLE>
</FORM>
```

该文件还需加入 JavaScript 脚本，在其中定义用于校验用户输入的 checkRegister 函数，该函数的具体代码如下。

```
<script>
  function checkRegister() {
    if (document.getElementById("username").value.trim() == "") {
      alert("必须输入账号名称！ ");
      return false;
    }
    if (/^[\u4e00-\u9fa5]+$/.test(document.getElementById("username").value.trim())) {
      alert("账号不能输入汉字！ ");
      return false;
    }
    if (document.getElementById("passwd").value.trim().length < 6) {
      alert("密码不能少于 6 位！ ");
```

```
            return false;
        }
        if (document.getElementById("passwd").value.trim()!==document.getElementById("passwd").
value.trim()){
            alert('密码不一致！');
            return false;
        }
        if (document.getElementById("dianhua").value.trim() == "") {
            alert("必须输入联系电话！");
            return false;
        }
        if (isNaN(document.getElementById("dianhua").value.trim())) {
            alert("联系电话请输入数字");
            return false;
        }
        if (document.getElementById("email").value.trim() !== "") {
            if (!(/[A-z]+[A-z0-9_-]*\@[A-z0-9]+\.[A-z]+/.test(document.getElementById("email").value.trim()))) {
                alert('邮箱格式不对！');
                return false;
            }
        }
        return true;
    }
</script>
```

3. 功能实现

在图 8-3 所示的页面中，填写相应的用户信息后，点击"注册"按钮，将通过 checkRegister 函数校验用户的输入（表单提供的信息）是否符合要求，确认符合要求之后就向服务器提交用户输入数据。完整的用户注册功能可以通过 PHP 文件实现，也就是用户提交的表单由其所在页面接收和处理。这里在 register.php 文件中添加代码，用于接收和处理用户提交的数据，并在会员信息表 tb_user 中增加一条新的用户注册记录，相关的代码如下。

```php
<?php
if ($_SERVER['REQUEST_METHOD'] == 'POST') {
    include("conn.php"); //包含数据库连接文件
    $username = $_POST['username']; //获取用户输入的用户名
    $passwd = md5($_POST['passwd']); //获取用户输入的密码
    //查询用户账户、联系电话、电子邮箱是否有任意一个匹配
    $sql=mysqli_query($conn,"select * from tb_user where name='".$username."' or dianhua=
'".$username."' or email='".$username."'");
    $info = mysqli_fetch_array($sql); //将查询结果返回到数组中
    if ($info == false) { //如果查询结果为空
        echo "<script language='javascript'>alert('不存在会员账户！');history.back();</script>"; //弹出提示信息
    } else {
        if ($info['pwd'] == $passwd) { //如果用户密码输入正确
            session_start(); //启动 session
            $_SESSION['username'] = $info['name']; //将登录用户名存储在 Session 变量中
            if (isset($_SESSION['userurl'])) {   //可以返回到要求登录的页面或首页
                $url = $_SESSION['userurl'];
```

```
    } else {
      $url = "index.html";
    }
    echo "<meta http-equiv=\"refresh\" content=\"1.0;url=$url\">"; //1s 后跳转
  } else {
    echo "<script language='javascript'>alert('密码输入错误! ');history.back();</script>"; //弹出提示信息
  }
 }
}
?>
```

实现注册功能需要操作数据库。本项目采用 MySQLi 扩展连接 MySQL 数据库，使用一个专门的 PHP 文件（本例为 conn.php）来定义数据库连接，代码如下。

```
$conn=mysqli_connect("localhost","root","root","dongcang")  or  die(" 数 据 库 服 务 器 连 接 错 误 ".mysqli_connect_error($conn));
mysqli_query($conn,"set character set utf8");
mysqli_query($conn,"set names utf8");
```

由于数据库中使用中文，需要设置字符集，否则数据库操作结果中会出现乱码。连接在脚本执行完后会自动关闭。项目中所有涉及数据库的操作都可以直接包含 conn.php，以免重复编写代码。

注意数据库中存储的用户密码不是明文的，而是使用 MD5 算法加密过的。

8.4.2 会员登录

1. 概述

先建立一个会员登录页面，如图 8-4 所示。会员可以使用会员账号名、联系电话或电子邮箱中的任何一种作为账号进行登录。

图 8-4　会员登录页面

2. 页面实现

创建提供会员登录页面的 PHP 页面文件 login.php，提供输入登录信息的 HTML 表单，创建 2 个文本框和 2 个按钮，详细代码如下。

```
<TABLE cellSpacing=0 cellPadding=0 width=760 border=0 align="center">
  <TBODY>
   <TR>
     <TD align=middle height=30><FONT color=#000000 size=4><B>会员登录</B></FONT></TD>
   </TR>
  </TBODY>
</TABLE>
<FORM action="#" method="post" onSubmit="return checkLogin();">
  <TABLE width=300 align="center"   border=0>
   <TR>
     <TD vAlign=top align="left" width=50 >账　号: </TD>
     <TD><input type="text" name="username" id="username" placeholder="请输账号/手机号/邮箱" data-required="required" autocomplete="off"></TD>
   </TR>
   <TR>
     <TD align="left"   width=50>密　码: </TD>
     <TD><input  type="password"  name="passwd"  id="passwd"  placeholder=" 请 输 入 密 码 "
```

211

```
data-required="required" autocomplete="off"></TD>
      </TR>
      <TR>
        <TD colSpan=2 height=21><BR>
          <DIV align=center>
            <input type="submit"    value="登    录">
            <input type="button" value="立即注册" onclick="javascript:window.location.href='register.php'" >
          </DIV></TD>
      </TR>
    </TABLE>
  </FORM>
```

该文件还提供用于客户端校验登录信息的 JavaScript 函数 checkLogin 的定义，该函数的具体代码如下。

```
<script>
  function checkLogin() {
    if (document.getElementById("username").value.trim() == "") {
      alert("必须输入账号名称！");
      return false;
    }
    if (/^[\u4e00-\u9fa5]+$/.test(document.getElementById("username").value)) {
      alert("账号不能输入汉字！");
      return false;
    }
    if (document.getElementById("passwd").value.length < 6) {
      alert("密码不能少于 6 位！");
      return false;
    }
    return true;
  }
</script>
```

3. 功能实现

在图 8-4 所示的页面中，填写相应的登录信息后，单击"登录"按钮后，将通过 checkLogin 函数校验用户的输入（表单提供的信息）是否符合要求，确认符合要求之后就向服务器提交登录信息。这里使用单独的 login.php 文件中添加以下代码，以处理用户登录请求。

```
<?php
if ($_SERVER['REQUEST_METHOD'] == 'POST') {
  include("conn.php"); //包含数据库连接文件
  $username = $_POST['username']; //获取用户输入的用户名
  $passwd = md5($_POST['passwd']); //获取用户输入的密码
  //查询用户账户、联系电话、电子邮箱是否有任意一个匹配
  $sql=mysqli_query($conn,"select * from tb_user where name='".$username."' or dianhua=
'".$username."' or email='".$username."'");
  $info = mysqli_fetch_array($sql); //将查询结果返回到数组中
  if ($info == false) { //如果查询结果为空
    echo "<script language='javascript'>alert('不存在会员账户！');history.back();</script>"; //弹出提示信息
  } else {
    if ($info['pwd'] == $passwd) { //如果用户密码输入正确
```

```
            session_start(); //启动 session
            $_SESSION['username'] = $info['name']; //将登录用户名存储在 Session 变量中
            if (isset($_SESSION['userurl'])) {   //可以返回到要求登录的页面或首页
              $url = $_SESSION['userurl'];
            } else {
              $url = "index.html";
            }
            echo "<meta http-equiv=\"refresh\" content=\"1.0;url=$url\">"; //1s 后跳转
          } else {
            echo "<script language='javascript'>alert('密码输入错误！');history.back();</script>"; //弹出提示信息
          }
      }
  }
?>
```

程序会验证登录信息，通过验证即可登录。登录成功后，服务器会将登录用户名存储在 Session 变量中，便于跟踪用户登录状态。

8.5 书目信息的动态更新

8.5.1 概述

在本实例所实现的“冬藏”网络书店网站中，书目信息的展示是其最重要的基础之一。书目信息表 tb_books 用来保存该书店的书目信息。listbooks.php 是书目信息列表页面，该页面上提供 tb_books 表中的相关书目信息，如图 8-5 所示。

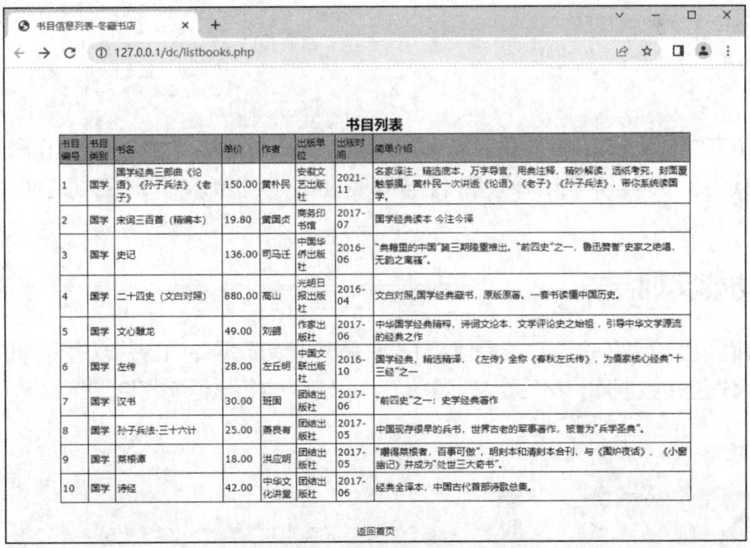

书目编号	书目类别	书名	单价	作者	出版单位	出版时间	简单介绍
1	国学	国学经典三部曲《论语》《孙子兵法》《老子》	150.00	黄朴民	安徽文艺出版社	2021-11	名家译注，精选底本，万字导言，用典注释，精妙解读，选纸考究，封面覆触感膜，黄朴民一次讲透《论语》《老子》《孙子兵法》，带你系统读国学。
2	国学	宋词三百首（精编本）	19.80	黄国贞	商务印书馆	2017-07	国学经典读本 今注今译
3	国学	史记	136.00	司马迁	中国华侨出版社	2016-06	“典籍里的中国”第三期隆重推出，“前四史”之一，鲁迅赞誉“史家之绝唱，无韵之离骚”。
4	国学	二十四史（文白对照）	880.00	高山	光明日报出版社	2016-04	文白对照,国学经典藏书，原版原著。一套书读懂中国历史。
5	国学	文心雕龙	49.00	刘勰	作家出版社	2017-06	中华国学经典精粹，诗词文论本，文学评论史之始祖，引导中华文学源流的经典之作
6	国学	左传	28.00	左丘明	中国文联出版社	2016-10	国学经典，精选精译，《左传》全称《春秋左氏传》，为儒家核心经典“十三经”之一
7	国学	汉书	30.00	班固	团结出版社	2017-06	“前四史”之一：史学经典著作
8	国学	孙子兵法·三十六计	25.00	善良有	团结出版社	2017-05	中国现存很早的兵书，世界古老的军事著作，被誉为“兵学圣典”。
9	国学	菜根谭	18.00	洪应明	团结出版社	2017-05	“嚼得菜根者，百事可做”，明刻本和清刻本合刊，与《围炉夜话》、《小窗幽记》并成为“处世三大奇书”。
10	国学	诗经	42.00	中华文化讲堂	团结出版社	2017-06	经典全译本，中国古代首部诗歌总集。

返回首页

图 8-5 书目信息列表

8.5.2 页面的实现

创建 PHP 页面文件 listbooks.php，并在其中创建 HTML 表格，用数据库中表的数据填充表格，以便格式化数据表或查询的结果。页面实现部分的详细代码如下。

```
<TABLE cellSpacing="1" cellpadding="2" rules="all" MaintainState="false" border="1" style="background-color:White;border-color:Black;font-family:Verdana;font-size:8pt;">
    <TR style="background-color:Cyan;">
        <TD>书目编号</TD>
        <TD>书目类别</TD>
        <TD>书名</TD>
        <TD>单价</TD>
        <TD>作者</TD>
        <TD>出版单位</TD>
        <TD>出版时间</TD>
        <TD>简单介绍</TD>
    </>
    <?php
    do  {
    ?>
        <TR>
        <TD><?php echo $info['id']; ?> </TD>
        <TD><?php echo $info['classname']; ?></TD>
        <TD><?php echo $info['mingcheng']; ?></TD>
        <TD><?php echo $info['dingjia']; ?></TD>
        <TD><?php echo $info['zuozhe']; ?></TD>
        <TD><?php echo $info['chubanjg']; ?></TD>
        <TD><?php echo $info['chubansj']; ?></TD>
        <TD><?php echo $info['jianjie']; ?></TD>
    </TR>
    <?php
    } ($info = mysqli_fetch_array($sql))     //每执行一次，指针向后自动移动一次
    ?>
</TABLE>
```

作为一种脚本文件，PHP 文件可包含文本、HTML 代码、JavaScript 代码和 PHP 代码。通常将 PHP 和 HTML 代码混合编写，使用 HTML 代码实现页面，其中嵌入 PHP 变量时使用特定标签<?php echo 变量名 ?>。

8.5.3　功能实现

listbooks.php 页面文件的主要功能是使用 PHP 程序查询数据库内容并以表格的形式输出。本例具体实现思路是，首先连接数据库，然后定义 SQL 查询语句，执行该语句将查询结果返回到数组中，相关代码如下。

```
<?php
include("conn.php"); //包含数据库连接文件
$sql = mysqli_query($conn, "select *,(select classname from tb_class where id=classid ) AS classname from tb_books limit 10 "); //执行查询语句
$info = mysqli_fetch_array($sql); //将查询结果返回到数组中
?>
```

数据库中书目信息由单独的书目类别表 tb_class 存放，书目信息表 tb_books 中仅存放书目编号（id），这里在从 tb_books 表中获取书目信息时，使用子查询语句"select classname from tb_class where id=classid) AS classname"获取具体的书目类别名称。

mysqli_fetch_array 函数的功能是从查询结果集中取得一行结果作为数字数组或关联数组。查询结果集最终以表格的形式输出，本例使用循环语句逐行显示每一条记录，注意 mysqli_fetch_row 函数每执行一次，指针向后自动移动一次，直到最后没有数据记录，该函数返回 false 为止。这一部分代码请参见以上页面实现代码。

8.6 书店库房管理

电子商务是传统商务的电子化，所以库房管理自然也就成为电子商务活动管理的重要内容。如果以 Internet 为界限，在线上以网页形式显示出来的内容可以称为电子商务的外在表现，而线下的部分就应该实现对传统商务的优化和电子化。

在前面的内容里，虽然做到了"冬藏"网络书店的网页实时动态更新，即书店的经营内容在网页上得到了及时展现，访问客户也能访问到某一时刻最新的商品信息。可是对书店库房的管理依然没有触及，也就是说对 tb_books 表的更新只能在服务器上以手动方式进行。这样的处理方式不是不可以，只是存在如下明显的缺陷。

① tb_books 数据表是数据库 dongcang 中的一个表，需要专门的操作人员才可以处理。

② 手动操作往往采取批量处理的方式进行，书店库房的数据更新的时效受到限制。

③ 手动处理数据经常会产生误操作，而由于手动操作是直接对数据库记录进行的，所以一旦产生错误往往很难恢复。

④ 数据操作只能在服务器上进行，工作地域受到限制。

因此本节内容将集中实现"冬藏"网络书店的库房管理，包括增加书目信息、查询书目信息、修改书目信息和删除书目信息等，帮助读者练习编写实现数据的"增查改删"功能的 PHP 程序。

8.6.1 增加书目信息

由于"冬藏"书店网站的库房管理属于网站后台运营数据的管理，其页面不是任何人都可以访问的，只有具有相应权限的后台管理员才能够进入库房管理的页面。所以首先要进行管理员登录，只有登录成功后，才能进行增加书目信息的操作。实现管理员登录的页面文件是 adminlogin.php，页面如图 8-6 所示。

图 8-6　管理员登录

管理员登录页面的程序设计与会员登录页面的程序设计非常类似，这里不再重复，请参考任务实施部分的任务 2。

1. 概述

先建立书目信息添加页面，如图 8-7 所示。本例先展示添加的 5 条最新的记录，然后提供 HTML 表单用于输入数据。各个表单项前面的提示文字与数据库中书目信息表 tb_books 的字段相对应。

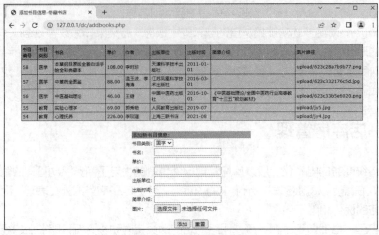

图 8-7　书目信息添加页面

2. 页面的实现

创建用于添加书目信息的 PHP 页面文件 addbooks.php，页面部分的详细代码如下。

```php
<tr>
  <td nowrap>书目类别:</td>
  <td>
    <?php
    $sql1 = mysqli_query($conn, "select * from tb_class order by id "); //提取类别名称
    $info1 = mysqli_fetch_array($sql1); //将查询结果返回到数组中
    if ($info1 == false) { //如果查询结果为空
      echo "请先添加图书类别!"; //输出字符串
    } else {
    ?>
      <select name="classid">
        <?php
        do {
        ?>
          <option value=<?php echo $info1['id']; ?>><?php echo $info1['classname']; ?></option>
        <?php
        } while ($info1 = mysqli_fetch_array($sql1)); //对查询结果执行 while 循环
        ?>
      </select>
    <?php
    }
    ?>
  </td>
</tr>
<tr>
  <td nowrap>书名:</td>
  <td><input type="text" id="mingcheng" name="mingcheng" />
  </td>
</tr>
<tr>
```

```
      <td nowrap>单价:</td>
      <td><input type="text" id="dingjia" name="dingjia" />
      </td>
    </tr>
    <tr>
      <td nowrap>作者:</td>
      <td><input type="text" id="zuozhe" name="zuozhe" />
      </td>
    </tr>
    <tr>
      <td nowrap>出版单位:</td>
      <td><input type="text" id="chubanjg" name="chubanjg" />
      </td>
    </tr>
    <tr>
      <td nowrap>出版时间:</td>
      <td><input type="text" id="chubansj" name="chubansj" />
      </td>
    </tr>
    <tr>
      <td nowrap>简单介绍:</td>
      <td><input type="text" id="jianjie" name="jianjie" />
      </td>
    </tr>
    <tr>
      <td nowrap>图片:</td>
      <td>
        <input type="hidden" name="MAX_FILE_SIZE" value="2000000">
        <input type="file" id="upfile" name="upfile">
      </td>
    </tr>
    <tr>
      <td colspan="2" style="padding-top:15" align="center">
        <input type="submit" value="添加" />
        <input type="reset" value="重置" />
      </td>
    </tr>
```

其中书目类别在表 tb_books 中存储的是类别 id，这里从书目类别表 tb_class 中获取相应的类别名称并以 HTML 下拉列表的形式提供给管理员，以便管理员直观地选择。图片字段存储的是图片路径，这里提供用于上传文件的 HTML 表单控件来解决图片选择和上传的问题。

3. 功能实现

在图 8-7 中，填写相应的书目信息后，单击"添加"按钮后，输入的表单数据会被提交给相应页面，由 PHP 代码接收并处理，在 tb_books 表中增加一条书目记录。相应的代码如下。

```php
<?php
session_start(); //启动会话
if (!isset($_SESSION['adminname'])) { //如果管理员未登录
  $_SESSION['adminurl'] =  $_SERVER['REQUEST_URI'];
```

```
      echo '<script language=javascript>window.location.href="adminlogin.php"</script>';
   }
   include("conn.php"); //包含数据库连接文件
   if ($_SERVER['REQUEST_METHOD'] == 'POST') {
      if (is_numeric($_POST['dingjia']) == false) //如果输入的价格不是数字
      {
         echo "<script>alert('价格只能为数字！');history.back();</script>"; //弹出提示信息
         exit; //退出程序
      }
      $mingcheng = $_POST['mingcheng'];       //获取提交的表单数据
      $shangjiasj = date("Y-m-d");
      $dingjia = $_POST['dingjia'];
      $classid = $_POST['classid'];
      $zuozhe = $_POST['zuozhe'];
      $chubanjg = $_POST['chubanjg'];
      $chubansj = $_POST['chubansj'];
      function getname($extname)   { //定义获取上传文件路径和名称的函数
         $dir = "upload/"; //定义上传目录
         if (!is_dir($dir)) { //如果目录不存在
            mkdir($dir, 0777); //创建目录
         }
         $name = uniqid() . "." . $extname; //定义上传后的文件名称
         return $dir . $name; //返回上传文件的路径和名称
      }
      $extname = strtolower(substr($_FILES['upfile']['name'], (strrpos($_FILES['upfile']['name'], '.') + 1))); //
获取上传文件的文件名结尾
      $uploadfile = getname($extname); //执行函数
      echo "<script>alert('图片" . $uploadfile . "添加成功!')</script>";
      move_uploaded_file($_FILES['upfile']['tmp_name'], $uploadfile); //执行文件上传操作
      if (trim($_FILES['upfile']['name'] == "")) { //如果上传文件为空
         $uploadfile = ""; //定义插入数据表的文件路径
      }
      $jianjie = $_POST['jianjie'];
      mysqli_query($conn, "insert into tb_books(mingcheng,jianjie,shangjiasj,zuozhe,tupian,classid,dingjia,
chubanjg,chubansj)values('$mingcheng','$jianjie','$shangjiasj','$zuozhe','$uploadfile','$classid','$dingjia','$ch
ubanjg','$chubansj')"); //执行更新语句
      echo "<script>alert('图书-" . $mingcheng . "添加成功!');window.location.href='#';</script>";
   }
   //以下代码用于获取最新添加的 5 条记录
   $sql = mysqli_query($conn, "select *,(select classname from tb_class where id=classid ) AS
classname from tb_books order by id desc limit 5 "); //执行查询语句
   $info = mysqli_fetch_array($sql); //将查询结果返回到数组中
   ?>
```

访问该页面需要先以管理员身份登录。这里通过$_SESSION['adminname'])变量判断管理员是否登录。如果没有登录，则通过$_SESSION['adminurl']变量来保存登录前所处的网页地址，以便在登录之后自动返回到该网页；如果$_SESSION['adminurl']变量未设置，则自动跳转到管理首页。后面的修改和删除书目信息也需要这样处理。

该 PHP 文件除了将表单提交的书名等信息存入数据库之外，还需要处理提交的图书图片文件，这里利用 PHP 的相关图片处理函数来实现，将图片文件保存到 upload 目录下，并通过 uniqid 函数将基于以 μs 计的当前时间生成唯一的数字串作为图片文件的名称，在数据库表中的图片字段存储的是图片文件名。

8.6.2 查询书目信息

1. 概述

信息查询，可以进行分类查询，也可以通过关键字进行查询。本例提供的是将书名、作者、出版社、类别等多条件任意组合的查询，多条件采用"与"组合，即同时满足多条件。类别通过下拉列表进行选择。书目信息查询页面如图 8-8 所示。单击"查询"按钮后，将显示查询结果，如图 8-9 所示。

图 8-8　书目信息查询页面

图 8-9　书目查询结果页面

2. 页面的实现

实现书目信息查询的页面文件是 searchbooks.php，其查询页面设计的主要代码如下。

```
<TABLE width=600 align="center" border=0>
  <TR>
   <TD nowrap>书名:</TD>
   <TD><input type="text" id="mingcheng" name="mingcheng" value="<?php echo $mingcheng; ?>" />
</TD>
   <TD nowrap>作者:</TD>
   <TD><input type="text" id="zuozhe" name="zuozhe" value="<?php echo $zuozhe; ?>" /></TD>
   <TD nowrap>出版单位:</TD>
   <TD><input type="text" id="chubanjg" name="chubanjg" value="<?php echo $chubanjg; ?>" />
</TD>
   <TD nowrap>类别:</TD>
   <TD align="center">
    <select name="classid">
```

```
            <option value=0>不限</option>
            <?php
            $sql1 = mysqli_query($conn, "select * from tb_class order by id "); //获取类别名称
            while ($info1 = mysqli_fetch_array($sql1)) {
                if ($info1['id'] == $classid) {
            ?>
            <option value=<?php echo $info1['id'];?> selected="selected"><?php echo $info1['classname']; ?>
</option>
            <?php
                } else {
            ?>
            <option value=<?php echo $info1['id']; ?>><?php echo $info1['classname']; ?></option>
            <?php
                }
            } //对查询结果执行 while 循环
            ?>
            </select>
        </TD>
    </TR>
    <TR>
        <TD align="center" colspan="8"><input type="submit" value="查询" style="width:45px;" />
            <input type="reset" value="重置" style="width:45px;" />
        </TD>
    </TR>
</TABLE>
```

其中图书类别需要从 tb_class 表中提取类别名称，并使用 HTML 表单的下拉列表供用户选择。对于不限制类别的查询，单独提供一个下拉列表项。

书目查询结果页面设计的主要代码如下。

```
<TABLE cellSpacing="1" cellpadding="2" rules="all" MaintainState="false" border="1" style="background-color:White;border-color:Black;font-family:Verdana;font-size:8pt;">
<TR style="background-color:Cyan;">
    <TD>书目编号</TD>
    <TD>书目类别</TD>
    <TD>书名</TD>
    <TD>单价</TD>
    <TD>作者</TD>
    <TD>出版单位</TD>
    <TD>出版时间</TD>
    <TD>简单介绍</TD>
</TR>
<?php
do {
?>
<TR>
    <TD><?php echo $info['id']; ?> </TD>
    <TD><?php echo $info['classname']; ?></TD>
    <TD><?php echo $info['mingcheng']; ?></TD>
```

```
    <TD><?php echo $info['dingjia']; ?></TD>
    <TD><?php echo $info['zuozhe']; ?></TD>
    <TD><?php echo $info['chubanjg']; ?></TD>
    <TD><?php echo $info['chubansj']; ?></TD>
    <TD><?php echo $info['jianjie']; ?></TD>
</TR>
<?php
} while ($info = mysqli_fetch_array($sql)); //每执行一次，指针向后自动移动一次
?>
</TABLE>
```

另外，每次查询完毕返回结果时，将该次查询条件同时返回到查询条件输入页面中，具体实现请参见上述查询页面设计代码。

3. 功能实现

在书目信息查询页面中单击"查询"按钮后，查询请求将被提交给本页面的 PHP 代码进行处理，相关代码如下。

```
<?php
include("conn.php"); //包含数据库连接文件
if ($_SERVER['REQUEST_METHOD'] == 'POST') {
    $mingcheng = $_POST['mingcheng'];
    $classid = $_POST['classid'];
    $zuozhe = $_POST['zuozhe'];
    $chubanjg = $_POST['chubanjg'];
    $conditon = "";   //查询条件变量
    if ($classid > 0) {
        $conditon = " classid = " . $classid;
    }
    if (strlen($mingcheng) > 0) {
        if (strlen($conditon) > 0)
            $conditon .= " and mingcheng like '%" . $mingcheng . "%'";
        else
            $conditon .= " mingcheng like '%" . $mingcheng . "%'";
    }
    if (strlen($zuozhe) > 0) {
        if (strlen($conditon) > 0)
            $conditon .= " and zuozhe like '%" . $zuozhe . "%'";
        else
            $conditon .= " zuozhe like '%" . $zuozhe . "%'";
    }
    if (strlen($chubanjg) > 0) {
        if (strlen($conditon) > 0)
            $conditon .= " and chubanjg like '%" . $chubanjg . "%'";
        else
            $conditon .= " chubanjg like '%" . $chubanjg . "%'";
    }
    if (strlen($conditon) > 0) {
        $conditon = " where " . $conditon;
    }
```

```
    $sql = mysqli_query($conn, "select *,(select classname from tb_class where id=classid ) AS
classname from tb_books " . $conditon); //执行查询语句
    $info = mysqli_fetch_array($sql);
    $count = mysqli_num_rows($sql); //获取查询记录数
}
?>
```

8.6.3 修改书目信息

1. 概述

修改书目信息需要保证以管理员身份登录，只有登录成功后，才有修改书目信息的权限。修改书目信息首先需要定位要修改的记录，可以通过浏览书目信息找到要修改的记录，也可以通过查询书目信息来找到要修改的记录。这里设计书目信息更改（修改、删除）页面来定位要操作的记录，并提供修改和删除操作链接，页面如图 8-10 所示。

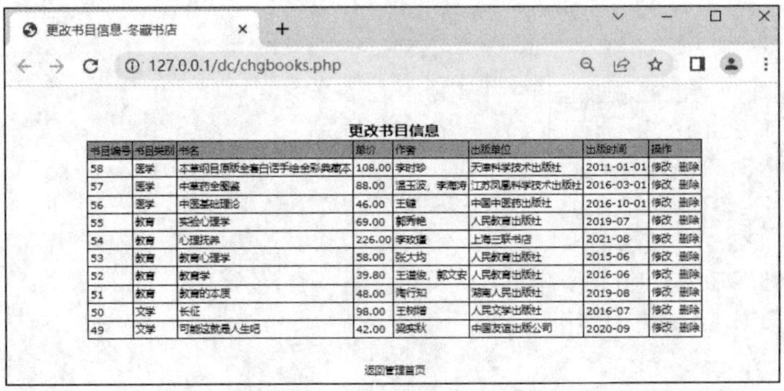

图 8-10 书目信息更改页面

然后对要修改的记录进行编辑。找到要修改的记录之后，单击对应的"修改"按钮，打开图 8-11 所示的编辑页面，其中显示该图书原来的记录信息，可以根据需要进行编辑。

图 8-11 编辑书目信息页面

最后确定是否完成更改，确认后会将修改后的书目信息写回到数据库的书目信息表中。如果单击"取消修改"按钮，表示放弃本次修改。

2. 页面的实现

创建书目信息更改（修改、删除）页面文件 chgbooks.php。为简化示例，将采用浏览书目的方式来定位记录，本例仅显示最新的 10 条记录。参照 8.5 节显示书目列表的方法，删除"简单介绍"列，增加"操作"列，在该列中加入指向书目编辑页面文件 editbooks.php 的链接，并将当前记录的 id 传递给该编辑页面，具体代码如下。

```
<TD><a href="editbooks.php?id=<?php echo $info['id']; ?>" target="_blank">修改</a>  
<a href="delbooks.php?id=<?php echo $info['id']; ?>">删除</a></TD>
```

这里也提供指向书目删除页面文件 delbooks.php 的链接。

创建书目信息编辑页面文件 editbooks.php，主要代码如下。

```
<table style="font: 8pt verdana" align="center">
  <TR>
    <TD colspan="2" bgcolor="#aaaadd" style="font:10pt verdana">编辑书目信息：</TD>
  </TR>
  <TR>
    <TD nowrap>书目类别:</TD>
    <TD>
      <?php
      $sql1 = mysqli_query($conn, "select * from tb_class order by id "); //执行查询语句
      $info1 = mysqli_fetch_array($sql1); //将查询结果返回到数组中
      ?>
      <select name="classid">
      <?php
      do {
        if ($info1['id'] == $info['classid']) {
      ?>
        <option value=<?php echo $info1['id']; ?> selected="selected"><?php echo $info1['classname']; ?>
</option>
        <?php
        } else {
      ?>
        <option value=<?php echo $info1['id']; ?>><?php echo $info1['classname']; ?></option>
        <?php
        }
      } while ($info1 = mysqli_fetch_array($sql1)); //对查询结果执行 while 循环
      ?>
      </select>
    </TD>
  </TR>
  <TR>
    <TD nowrap>书名:</TD>
    <TD><input type="text" id="mingcheng" name="mingcheng" value="<?php echo $info
['mingcheng']; ?>" />
    </TD>
  </TR>
#此处省略其他字段
  <TR>
    <TD nowrap>简单介绍:</TD>
    <TD><input type="text" id="jianjie" name="jianjie" value="<?php echo $info['jianjie']; ?>" />
    </TD>
  </TR>
```

```
<TR>
  <TD nowrap>图片:</TD>
  <TD>
    <input type="hidden" name="MAX_FILE_SIZE" value="2000000">
    <input type="file" id="upfile" name="upfile">
  </TD>
</TR>
<TR>
  <TD colspan="2" style="padding-top:15" align="center">
    <input type="submit" value="确认修改" />
    <input type="reset" value="取消修改" />
  </TD>
</TR>
</table>
```

3. 功能实现

当用户完成书目记录的编辑之后，单击"确认修改"按钮会将表单数据提交给对应页面的 PHP 代码处理，相关的代码如下。

```php
<?php
session_start(); //启动会话
if (!isset($_SESSION['adminname'])) { //如果用户未登录
    $_SESSION['adminurl'] = $_SERVER['REQUEST_URI'];
    echo '<script language=javascript>window.location.href="adminlogin.php"</script>';
}
$id = $_GET['id'];
include("conn.php"); //包含数据库连接文件
if ($_SERVER['REQUEST_METHOD'] == 'POST') {
    $mingcheng = $_POST['mingcheng'];
    $dingjia = $_POST['dingjia'];
    $classid = $_POST['classid'];
    $zuozhe = $_POST['zuozhe'];
    $chubanjg = $_POST['chubanjg'];
    $chubansj = $_POST['chubansj'];
    $jianjie = $_POST['jianjie'];
    $shangjiasj = date("Y-m-d");
    $upfile = $_FILES['upfile']['name'];
    if ($upfile != "") //如果上传文件不为空
    {
        $sql = mysqli_query($conn, "select * from tb_books where id=" . $id . ""); //执行查询语句
        $info = mysqli_fetch_array($sql); //将查询结果返回到数组中
        @unlink($info['tupian']); //删除图书对应的图片
        $extname = sTRtolower(subsTR($_FILES['upfile']['name'], (sTRrpos($_FILES['upfile']['name'], '.') +
1))); //获取上传文件扩展名
        $uploadfile = getname($extname); //执行函数获取上传文件路径和名称
        move_uploaded_file($_FILES['upfile']['tmp_name'], $uploadfile); //执行文件上传操作
        mysqli_query($conn, "update tb_books set mingcheng='$mingcheng',jianjie='$jianjie',shangjiasj=
'$shangjiasj',zuozhe='$zuozhe',tupian='$uploadfile',classid='$classid',dingjia='$dingjia',zhekoujia='$zhekouji
a',chubanjg='$chubanjg',chubansj='$chubansj',shuliang='$shuliang' where id=" . $id); //执行更新语句
    } else {
```

```
    mysqli_query($conn, "update tb_books set mingcheng='$mingcheng',jianjie='$jianjie',shangjiasj=
'$shangjiasj',zuozhe='$zuozhe',classid='$classid',dingjia='$dingjia',chubanjg='$chubanjg',chubansj='$chub
ansj' where id=" . $id); //执行更新语句
    }
    echo "<script>alert('图书-" . $mingcheng . "修改成功!');window.close();</script>"; //弹出提示信息
    function getname($extname) { //定义获取上传文件路径和名称的函数
        $dir = "upload/"; //定义上传目录
        $i = 1; //定义变量
        if (!is_dir($dir)) { //如果目录不存在
            mkdir($dir, 0777); //创建目录
        }
        $name = uniqid() . "." . $extname; //定义上传后的文件名称
        return $dir . $name; //返回上传文件路径和名称
    }
}
$sql = mysqli_query($conn, "select * from tb_books where id=" . $id . ""); //执行查询语句
$info = mysqli_fetch_array($sql); //将查询结果返回到数组中
?>
```

注意，在修改书目信息处理提交的图书图片文件时，需要将原记录的图片文件删除。

8.6.4 删除书目信息

要完成删除书目信息的操作也需要先定位要删除的记录，这里采用前面的书目信息更改（修改、删除）页面来定位要操作的记录。找到要删除的记录之后，单击对应的"删除"链接，即可完成删除操作。

删除操作通过单独的 PHP 页面文件 delbooks.php 来实现，本身无须专门的页面，只需通过 PHP 代码输出提示信息即可。完整的代码如下。

```
<?php
header("Content-type: text/html; charset=utf-8"); //设置文件编码格式
session_start(); //启动会话
if (!isset($_SESSION['adminname'])) { //如果用户未登录
    $_SESSION['adminurl'] =  $_SERVER['REQUEST_URI'];
    echo '<script language=javascript>window.location.href="adminlogin.php"</script>';
}
include("conn.php"); //包含数据库连接文件
$id = $_GET['id'];
$sql = mysqli_query($conn, "select tupian from tb_books where id='" . $id . "'"); //执行查询语句
$info = mysqli_fetch_array($sql); //将查询结果返回到数组中
$mingcheng = $info['mingcheng'];
if ($info['tupian'] != "") { //如果查询结果中 tupian 字段的值不为空
    @unlink($info['tupian']); //删除图书对应的图片
}
$sql1 = mysqli_query($conn, "select * from tb_suborder "); //执行查询语句
while ($info1 = mysqli_fetch_array($sql1)) { //将查询结果循环返回到数组中
    if ($info1['bookid'] == $id) { //如果订单信息表中 bookid 字段的值等于图书的 id 值
        $row = array(); //定义空数组
        $orderid = $info1['orderid']; //获取订单信息表中 orderid 字段的值
        mysqli_query($conn, "delete from tb_suborder where id='" . $info1['id'] . "'"); //执行删除操作
        $sql2 = mysqli_query($conn, "select orderid from tb_suborder"); //执行查询操作
```

```
        while ($info2 = mysqli_fetch_array($sql2)) { //将查询结果循环返回到数组中
            $row[] = $info2['orderid']; //将查询结果中 orderid 字段的值存储在数组中
        }
        if (!in_array($orderid, $row)) { //如果$orderid 的值不在数组$row 中
            mysqli_query($conn, "delete from tb_order where id='" . $orderid . "'"); //执行删除操作
        }
    }
}
mysqli_query($conn, "delete from tb_books where id='" . $id . "'"); //执行删除操作
echo "<script>alert('图书-" . $mingcheng . "删除成功!');</script>"; //弹出提示信息
header("location:chgbooks.php"); //网页跳转
?>
```

8.7 实时订单处理

到目前为止，"冬藏"网络书店已经完成的内容：建立了书店网站，并实现了网页的动态更新；创建了书店库房的管理页面，实现了书目信息的增加、查询、修改和删除功能；实现了会员注册和登录、管理员登录等。

本节将讨论订单的实时处理。

"冬藏"网络书店是对传统书店经营模式的优化和网络化处理，所以追求订单的实时处理，提高用户的满意程度，同时减少成本支出始终是网站关注的重点。

实时订单处理主要从如下两个角度考虑。

① 从客户角度，需要及时知道自己订单的状况。比如，该订单是否提交成功、订购的书具体有哪些、什么时候订购的、订单的状态等。

② 从书店管理角度，需要知道目前订单的处理情况。比如，哪些订单没有处理、哪些订单已经收到货款、哪些订单应该发货等。

在下面的程序实例中，将逐一解决这些问题。

8.7.1 实时订单处理要解决的问题

实时订单处理要解决如下问题。

① 订单数据不是通过格式文本返回的，而是直接写到订单数据表中的，必须记录登录用户的用户名。

② 将用户信息传递到实现后台处理的 PHP 程序中。

③ 订购时，将订购信息实时写进购物车（用户名暂时存储在会话中），并显示订购信息给客户。

④ 当用户确认完订购信息无误后，PHP 程序将根据用户名查找订单信息表需要的相关信息，这些信息将与订购数量同时写到订单数据表中。

⑤ 允许书店工作人员查询和更新订单状态。

⑥ 允许书店工作人员更新未处理的预定信息。

⑦ 允许客户查询订单状态。

8.7.2 解决问题的步骤

1. 会员登录

考虑到电子商务网站有管理的需求和客户查询订单的需求，且客户必须注册为会员后方可购物，所

以当客户到达本站首页后，如果不是会员，应建议其先注册为会员，然后登录。登录时系统用 Session 变量记录会员的用户名，然后在后台的程序中直接读取 Session 变量的内容。会员注册和登录页面的实现见 8.4 节。

从添加商品到购物车开始，之后的业务流程都要求用户登录，为此在相关网页中使用类似以下的代码来判断用户的登录状态。

```
if(!isset($_SESSION['username'])){   //如果用户未登录
    echo "<script>alert('请登录后再购物!');</script>";   //提示用户登录
    $_SESSION['userurl'] =  $_SERVER['REQUEST_URI']; //将当前页面地址存储到 Session 变量
    echo '<script language=javascript>window.location.href="login.php"</script>';   //跳转到登录页面
    exit;//退出程序
}
```

通过$_SESSION['userurl']变量来保存登录前所处的网页地址，以便登录之后自动回到该网页。如果该 Session 变量未设置，则自动跳转到首页。

2. 订购商品

（1）概述

订购商品时需要进入书目订购页面（见图 8-12）浏览书目的详细信息，从中选择所需的商品。此时即便会员未登录也可以浏览商品。本例由 orderlist.php 文件实现，具体请参考任务实施部分的任务 3。

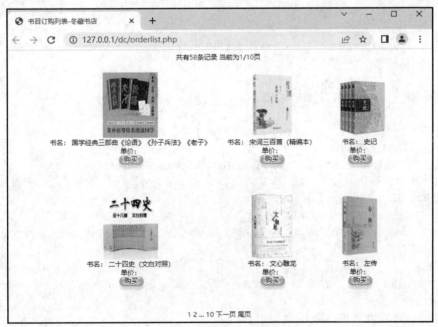

图 8-12　书目订购页面

当用户决定购买某一本书时，系统先将用户订购的详细信息反馈给用户，由用户决定购买数量，是否真的订购，确定是否结算。

当用户在书目订购页面中选中所需商品后，单击"购买"按钮，将选购的商品信息提交给 addcart.php 页面文件，出现图 8-13 所示的页面，可以在该页面将所选记录信息添加到购物车中，弹出图 8-14 中所示的页面（由 listcart.php 文件实现），可在该页面检查购物车并查看购物车的货物清单。此时可以将不需要的从购物车中删除（通过清单中相应的"删除"链接），还可以继续购物，即通过"继续购物"链接返回书目订购页面，继续选购商品，将新选购的商品添加到购物车。

图 8-13　添加购物车页面

图 8-14　检查购物车

（2）添加购物车页面的设计与功能实现

将商品添加到购物车的页面文件是 addcart.php，其页面设计的代码如下。

```html
<form method="post" action="#">
    <TR>
        <TD height=30 align="center">
            <span id="lblTitle" style="font-size:25pt;">添加购物车</span>
        </TD>
    </TR><TR>
        <TD height=30 align="left">
            <span id="lblsm">书名:<?php echo $info['mingcheng']; ?> </span>
        </TD>
    </TR>
    #此处省略书目类别等字段的表单定义
    </TR>
    <TR>
        <TD height=30 align="left">数　　量:
            <input type="text" maxlength="20" size="15" id="gmsl" name="gmsl" />
        </TD>
    </TR><TR>
        <TD height=30 align="center">
            <input type="submit" name="butOK" value="添加" id="butOK" Type="Submit" />
        </TD>
    </TR>
        <input type="hidden" name="bookid" value="<?php echo $id; ?>" />
</form>
```

具体将商品添加到购物车的 PHP 代码如下。

```php
<?php
header("Content-type: text/html; charset=utf-8"); //设置文件编码格式
session_start(); //启动会话
include("conn.php"); //包含数据库连接文件
if (!isset($_SESSION['username'])) { //如果用户未登录
    $_SESSION['userurl'] =  $_SERVER['REQUEST_URI']; //将当前页面地址存储到 Session 变量
    echo "<script>alert('请登录后再购物!');</script>"; //弹出提示信息
    echo '<script language=javascript>window.location.href="login.php"</script>';
    exit; //退出程序
```

```
    }
    if ($_SERVER['REQUEST_METHOD'] == 'GET') {
        $id = $_GET['id'];
        $sql = mysqli_query($conn, "select *,(select classname from tb_class where id=classid ) AS
classname from tb_books where id='" . $id . "'"); //执行查询语句
        $info = mysqli_fetch_array($sql); //将查询结果返回到数组中
    }
    if ($_SERVER['REQUEST_METHOD'] == 'POST') {
        $id = strval($_POST['bookid']); //获取购买图书的 id
        $num = strval($_POST['gmsl']); //获取购买图书的数量
        $sql = mysqli_query($conn, "select * from tb_books where id='" . $id . "'"); //执行查询语句
        $info = mysqli_fetch_array($sql); //将查询结果返回到数组中
        if ($info['shuliang'] <= 0) { //如果图书数量小于等于 0
            echo "<script>alert('该图书已经售完!');history.back();</script>"; //弹出提示信息
            exit; //退出程序
        }
        $array = explode("@", isset($_SESSION['cartbooklist']) ? $_SESSION['cartbooklist'] : ""); //将购物车
中各图书 id 的值分割为数组
        if (count($array) == 1) { //如果购物车中图书为空
            $_SESSION['cartbooklist'] = $_SESSION['cartbooklist'] . $id . "@";//将购买图书的 id 添加到
Session 变量中
            $_SESSION['cartbookcount'] = $_SESSION['cartbookcount'] . $num . "@"; //将购买图书的数量添
加到 Session 变量中
        }
        if (count($array) != 1) { //如果购物车中图书不为空
            if (!in_array($id, $array)) { //如果购买图书的 id 不在图书数组中
                $_SESSION['cartbooklist'] = $_SESSION['cartbooklist'] . $id . "@"; //将购买图书的 id 添加到
Session 变量中
                $_SESSION['cartbookcount'] = $_SESSION['cartbookcount'] . $num . "@"; //将购买图书的
数量添加到 Session 变量中
            } else {
                $arraycartbookcount = explode("@", $_SESSION['cartbookcount']); //将购物车中各图书数
量的值分割为数组
                $key = array_search($id, $array); //获取购买图书的 id 在图书数组中的键值
                $arraycartbookcount[$key] = $arraycartbookcount[$key] + $num; //将购物车中该图书的数
量更新
                $_SESSION['cartbookcount'] = implode("@", $arraycartbookcount); //将购物车中各图书数
量的值重新合成字符串
            }
        }
        header("location:checkcart.php"); //跳转到检查购物车页面
    }
    ?>
```

下单的商品存入 Session 变量中，跳转到检查购物车网页。这里通过 Session 变量来临时保存会员的购物车信息。

（3）检查购物车页面的设计与功能实现

检查购物车并显示购物车货物清单的页面文件是 checkcart.php，其页面设计的主要代码如下。

```php
<TD height=30 align="center">
<?php
if (!isset($_SESSION['cartbooklist']) || !isset($_SESSION['cartbookcount']) || $_SESSION['cartbooklist']
== "" || $_SESSION['cartbookcount'] == "") { //如果购物车为空
?>
<p style="color:red;"> 当前购物车是空的！ </p>
<div><a href="orderlist.php">继续购物</a></div>
<?php
} else {
?>
<table cellspacing="0" cellpadding="2" rules="all" MaintainState="false" border="1"  style="background-
color:White;border-color:Black;font-family:Verdana;font-size:8pt;width:600px;border-collapse:collapse;">
    <tr style="background-color:#AAAADD;">
      <td>图片</td>
      <td>书名</td>
      <td>单价</td>
      <td>订购数量</td>
      <td>合计金额</td>
      <td> </td>
    </tr>
    <?php
$total = 0; //为变量初始化赋值
$arr = explode("@", $_SESSION['cartbooklist']); //将购物车中各图书的 id 的值分割为数组
$arr_bookcount = explode("@", $_SESSION['cartbookcount']); //将购物车中各图书数量的值分割为
数组

for ($i = 0; $i < count($arr) – 1; $i++) { //循环遍历购物车中的图书
    $id = $arr[$i]; //获取图书 id
    $num = $arr_bookcount[$i]; //获取图书数量
    if ($id != "") { //如果图书 id 的值不为空
      $sql = mysqli_query($conn, "select * from tb_books where id='" . $id . "'"); //执行查询语句
      $info = mysqli_fetch_array($sql); //将查询结果返回到数组中
      $subtotal = $num * $info['dingjia']; //获取该图书的总价
      $total += $subtotal; //获取所有图书的总价
?>
    <tr>
      <td><a href="booksDetail.php?id=<?php echo $id; ?>"><img width="80px" src="<?php echo
$info['tupian']; ?>">  </a></td>
      <td width="30%"><a href="booksDetail.php?id=<?php echo $id; ?>"> <?php echo $info
['mingcheng']; ?></a></td>
      <td width="20%">￥<?php echo $info['dingjia']; ?></td>
      <td width="10%"><?php echo $num; ?></td>
                <td width="15%"><span>￥<?php echo sprintf("%.2f", $subtotal); ?></span>
</td>
      <td><a href="delcart.php?no=<?php echo $i; ?>">删除</a></td>
    </tr>
    <?php
    }
}
?>
```

```
    </table>
    <?php
    }
    ?>
</TD>
```

其中，显示购物车货物清单时，会直接从 Session 变量中获取图书 id，然后从 tb_books 表中提取书目详细信息。

在购物车清单中单击"删除"将删除购物车中已添加的商品，具体提交给 delcart.php 文件处理，完成删除处理之后，自动返回检查购物车页面。该文件的代码如下。

```
<?php
session_start(); //启动 session
if (!isset($_SESSION['username'])) { //如果用户未登录
    $_SESSION['userurl'] = $_SERVER['REQUEST_URI']; //将当前地址存储到 Session 变量
    echo "<script>alert('请先登录再操作购物车!');window.location.href='login.php';</script>";
    exit(); //退出程序
} else {
    $no = strval($_GET['no']); //获取购买图书的 id 值
    $arrgoods = explode("@", $_SESSION['cartbooklist']); //将购物车中各图书的 id 值分割为数组
    $arrcartbookcount = explode("@", $_SESSION['cartbookcount']); //将购物车中各图书的数量的值分割为数组
    unset($arrgoods[$no]); //清空购物车中图书的 id
    unset($arrcartbookcount[$no]); //清空购物车中图书数量
    $_SESSION['cartbooklist'] = implode("@", $arrgoods); //将购买的图书的 id 添加到 Session 变量中
    $_SESSION['cartbookcount'] = implode("@", $arrcartbookcount); //将购买的图书数量添加到 Session 变量中
    header("location:checkcart.php"); //网页跳转
}
```

3. 结算

在检查购物车页面中，用户确定购物车中要订购的商品，单击"去结算"后，执行后台处理程序，进入购物车结算页面（由页面文件 toorder.php 实现），如图 8-15 所示，核对其中订购的商品的信息，填写订购客户信息。这里将购物车的信息转移过来，然后给出表单供用户填写订购客户信息。完整的代码请参见配套的源代码。

图 8-15 购物车结算页面

4. 提交订单

如果用户已选购好所有所需的书目，确认购物车结算页面信息无误后，单击"提交订单"按钮，就可以订购，网页将会执行 checkorder.php 程序，生成订单，进入订购完成页面，如图 8-16 所示。

图 8-16　订购完成页面

为简化示例操作，这里没有将订单数据添加到订单信息表中，只是将购物结算清单中的商品信息和订购客户信息转移过来以展示订单信息。订单生成之后，需要将客户购物车中的信息删除，本例相关的代码如下。

```
$insFlag = true; //插入成功标志
//此处应将订单数据添加到订单信息表中，为简化操作这里不写入数据库
if ($insFlag == false) { //如果变量$insFlag 的值为 false
    echo "<script>alert('订单无效');history.back();</script>"; //弹出提示信息
} else {    //订单数据添加成功之后需清除购物车中的数据（本例为相关的 Session 变量）
    $_SESSION['cartbooklist'] = ""; //清空购物车中图书的 id
    $_SESSION['cartbookcount'] = ""; //清空购物车中图书的数量
}
```

完整的代码请参见配套的源代码。

实际应用中应对订单信息表的数据提供查询和修改功能，这两个功能都是前面学习过的查询方法的应用，不再举详细例子。但需要做如下说明。

① 对订单数据的处理，必须随使用对象不同而不同，如针对书店客户，不需要修改功能，可查看的信息也要受到限制。

② 一般情况下，客户只需要查看自己的、没有完成的订单，而书店工作人员可以查看所有的订单。

8.8　更进一步的思考

电子商务活动是指实现从售前服务到售后支持的整个商务或者贸易活动环节的电子化、自动化。它所覆盖的范围包括传统商务活动的方方面面。"冬藏"网络书店仅是一个示范性的虚拟项目，实际的电子商务网站的建设和运维更为复杂。由于篇幅有限，不能深入讨论，这里简单介绍一下"冬藏"网络书店实用化还需改进的地方。

8.8.1　改进客户服务

电子商务是借助电子化的手段进行商务活动，并非将信息放到网上，提供购买渠道就万事大吉。怎

样利用先进的 IT，提供更加快捷、人性化、特色化的服务，是电子商务企业必须考虑的问题，因为现在网络上的商店和现实中的一样比比皆是，竞争同样残酷、激烈。

那么，当"冬藏"网络书店顺利开业，把相关商品分门别类地码到"网上书架"后，还可以做些什么来提升"冬藏"这个品牌的影响力和价值呢？不妨参考以下建议。

1. 导读服务

在策划之初，"冬藏"网络书店的服务对象就以青少年为主，面向他们普及传统文化，所以及时提供青少年喜闻乐见的传统文化导读服务，帮助和指导他们选择好书是很有意义的举措。

2. 同龄人书评

提供 BBS 讨论园地，让大家对"冬藏"网络书店里的书各抒己见，既为客户提供交流的场所，同时也可以扩大书店的影响力，为书店获取更多的市场信息，为某一时期的宣传促销活动搜集资料和信息。

3. 网络互动活动

作者签名售书是比较流行的线下图书促销手段，"冬藏"网络书店是不可能举办这样的活动的。但是借助 Internet 先天的网络优势，可以做的事还有很多，如可以利用聊天室功能，组织作者与读者的网络洽谈；邀请文化名人举办主题讨论等。

4. 文化出版新闻

及时传播文化出版新闻，也是推广"冬藏"网络书店的重要手段。

5. 促销活动

促销活动分为目录促销、购物车促销和优惠券促销等类型。可以在后台定义不同的促销规则，以举办日常促销活动，如购物折扣、购物赠送积分、购物赠送优惠券、购物免运输费、特价商品、特定会员购买特定商品、折上折、买二送一等。

8.8.2 改进购物结算

购物结算是前台系统的关键环节，可以从以下几方面进行改进。

1. 商品展示

可以在图书类别的基础上增加额外的分类层次，形成树形的商品目录，提高用户分类浏览的体验，还可以设置商品关联和商品推荐，帮助用户选购。

2. 商品评论

大部分客户在网上购物时比较看重商品评论，在下单之前会先看相关评论。客户的评论对电子商务网站来说非常重要，有客户评论服务的电商网站能大大提升客户转化率。可以为用户提供商品评论区，让用户完成交易之后提交评论信息，然后在展示商品详情的同时展示该商品的评论信息。

3. 购物车

目前购物车是通过 Session 变量实现的，用户退出页面之后相关信息会丢失。可以将购物车信息保存到数据库，这样就可以保存用户购物车信息，使其不受用户登录退出的影响，还可以实现更全面的购物车管理功能。例如，可以让用户在购物车中任意选定要订购的商品，调整数量，然后去结算。

4. 付款

随着电子支付的发展，在线支付业务已经非常成熟。"冬藏"网络书店可以向第三方支付平台或第四方支付平台申请在线支付接口，在网站中集成并开通在线付款业务，这将大大缩短购物过程中从付款到收款的时间。

5. 订单

可以增加订单更改、订单取消、订单物流跟踪、退货、换货等功能。

8.8.3　订单管理

"冬藏"网络书店目前的订单管理比较简单，仅提供了筛选、查看打印、处理等简单功能，而且是以子订单为单位的。实际的应用应以主订单为单位，在后台实现订单的编辑、解锁、取消、拆分、增减商品、备货确认等功能，还要针对促销规则发生变化引起的价格变化提供订单调整功能。订单处理完毕还有退货、换货流程需要衔接。

8.8.4　库存管理

实际的网上商城要提供库存管理功能，如查看库存明细、调整库存量（增加、减少），对单品设置保留数量、库存预警存量、再进货数量等。

8.8.5　商品配送

商品配送看似简单，不就是把商品送到客户手中吗？其实不然。从客户的角度出发，从付款的那一刻开始，客户就希望尽快拿到所购买的商品；而从书店的角度出发，书店的经理会有以下顾虑。

- 如果都用普通邮寄，客户一定不能忍受；如果都用特快专递，书店又不能承担过高的邮寄费用。
- 如果向客户收取邮寄费用，收取多了客户不干，少了又需要网站垫付。
- 如果采取货到付款的方式，怎样保证客户一定按时收到货物，货款又如何及时返回书店呢？

如此种种，怎样做才能既快速安全又省钱成了需要思考的关键问题。

从现代物流的角度来看，如果配送问题处理不好，将直接影响书店的库存，从而直接影响书店的效益。

所以，商品配送必须纳入网络书店经营管理的重要日程。

具体的商品配送涉及备货、发货、退换货。备货和发货包括创建备货单、打印备货单、打印发货单、打印物流快递单、完成发货等一系列物流配送的操作。退换货主要是选择需要对退换货的订单进行收货流程的处理。

8.8.6　人员管理

在电子商务网站实施的过程中，还需考虑"冬藏"网络书店的人员管理，主要是改进后台系统中的人员管理。这样做的好处有以下几个。

- "冬藏"网络书店的管理（售前、售中到售后的全过程）将在系统程序的管理下，依据预先指定的商务流程自动进行，简化手续，提高工作效率。
- 各个工作人员在商务流程中担任不同的角色，享有不同的系统权限，同时承担相应的职责，有利于书店的顺利运作。
- 人员管理还可以兼顾人事管理，相关的系统功能可以在此基础上完成。

8.8.7　统计分析

如果一个书店只有销售而没有报表统计和分析，可以想象这样的书店是怎样运营的吗？在"冬藏"网络书店现有的数据基础上，至少可以做出这样几张统计分析报表。

1. 日流量统计

经过一段时间积累的日流量统计，可以帮助"冬藏"网络书店确定某一时期内的平均的日工作量，合理安排人员工作和商品配送等相关事宜。

2. 按图书名称或者类别统计

通过按图书名称或类别统计可以了解哪些图书或者哪类图书畅销。

3. 按作者统计

通过按作者统计可以清楚地了解哪些作者比较受欢迎。

4. 按客户群分布统计

通过按客户群分布统计可以分析在不同地区不同图书的销售量,从而有针对性地开展一些活动。

5. 订单与存货的对比分析

通过对订单与存货的对比分析可以对相应图书及时做出库存调整,使"冬藏"网络书店的库存随时保持在比较合理的范围。

总之,任何可以改善书店经营、提高工作效率,或者减少书店运营成本的方法,都可以纳入电子商务活动的工作范畴。然后,分析、讨论方法的可行性,对可行的方法进行优化,最后通过 IT 手段实现。另外,电子商务网站在上线之后,还需要随着业务的发展和用户需求的变化不断更新和迭代。

【任务实施】

任务 1　在 Dreamweaver 中为"冬藏"网络书店项目创建站点

任务 2　实现管理员登录功能

任务 3　实现书目订购页面功能

【拓展实验】

实验 1　实现增加书目信息功能

实验 2　实现修改书目信息功能

实验 3　实现书目订购页面功能

【项目小结】

本项目以"冬藏"网络书店为例,示范了电子商务网站的实施过程,重点介绍了会员注册与登录、书目管理和实时订单处理等功能的初步实现。通过本项目的实施,读者应当巩固前面所学的电子商务网站建设知识和技能,进一步提高电子商务网站的建设和运作能力。

由于是教学示例,所以并没有完成实际网络书店的所有功能,有兴趣的读者可以在此基础上,继续扩展其他功能。关于最终网站的发布和推广，由于前面的项目已有详细论述，故在此不赘述。

本项目在技术上，初步涉及了 Dreamweaver 开发工具、MySQL 数据库、PHP 数据库连接方法、PHP 编程和 SQL 等方面的内容。但基本上都只概括了核心内容或核心语句，很多方面需要读者更加深入地研究。比如，依照客户信息管理的数据处理方式，在处理书目数据时，读者根据书中列出的核心语句和处理方法，稍加修改就可以编写出完整的 PHP 程序。

在管理上，本项目试图通过逐步深化书店管理功能的内容安排，使读者能够在实现数字化网络书店的过程中，依次理解 IT 与传统商务的结合点，进而全面了解电子商务的特点和操作过程。

电子商务是 IT 在传统商务活动中的具体应用，它涵盖售前、售中和售后的商务运作的全过程。它包括经常表现在 Internet 上的网站内容，企业内部的运作更是其包含的重要内容。所以，应该全面看待电子商务，而不应拘泥于商务模式的讨论，不应拘泥于某一环节的处理，更不应拘泥于某一项技术的应用。

明确业务目标，优化业务流程，然后进行数字化和网络化改造，是实施电子商务的普遍规律。

【项目习题】

1. 在 MySQL 服务器上建立自己的数据库，并尝试使用 PHP 语言编程实现数据库连接。
2. 会员数据一般不建议删除，为什么呢？请组织讨论。
3. 有些会员的账户可以暂时冻结，讨论如何实现账户冻结。
4. 编写显示热销排行图书列表的 PHP 程序。
5. 组织讨论在 MySQL 数据库中如何定义价格和金额字段。
6. 组织讨论如果使用数据库来存储购物车信息，在 MySQL 数据库中如何定义购物车信息表的结构。
7. 对于"冬藏"网络书店的经营管理，还有什么好的方法？